政府信息公开

Open Government Information

肖卫兵 著

复旦大学出版社

前言

我国《政府信息公开条例》于2007年1月17日通过，2008年5月1日开始实施。2019年4月3日，《政府信息公开条例》完成第一次修订，并于5月15日正式施行。自修订后的《政府信息公开条例》实施以来，国家层面分别制定出台了公共企事业单位信息公开、行政机关主动公开和依申请公开配套规定。至此，我国政府信息公开制度体系基本形成。近年来，社会各界的关注点开始转向政府信息公开制度的施行效果。这就意味着有必要针对修订后的《政府信息公开条例》开展全面或专项的立法后考察评估。对此，我们选中依申请办理结果和信息处理费收取，结合政府信息公开工作年度报告的数据开展了具体的实证分析。放眼全球，国际社会已经形成了一套相对稳定和较为成熟的涉及政府信息公开法律制定和实施方面的评价体系。前者的代表性成果是全球信息公开法评级体系（Global RTI Rating），后者是基于联合国2030年可持续发展指标体系当中的SDG16.10.2信息公开指标落实所形成的FOIAnet联盟指标体系。国际上的这些努力为我国未来考虑通过编纂行政基本法典提升政府信息公开立法位阶提供了有益参考。另外，我们还基于收件、办理和答复三个关键环节汇编了政府信息公开的典型案例。我们倡导的一个核心理念是：鼓励各级行政机关确保在依法行政的前提下加强便民的政府信息公开申请答复处理实践。

目录

第一章 《政府信息公开条例》的内容注解 ………… 1
  一、总则篇 ……………………………………………… 1
  二、公开的主体和范围篇 ……………………………… 7
  三、主动公开篇 ………………………………………… 25
  四、依申请公开篇 ……………………………………… 32
  五、监督和保障篇 ……………………………………… 56
  六、附则篇 ……………………………………………… 62

第二章 《政府信息公开条例》的配套规定 ………… 65
  一、概述 ………………………………………………… 65
  二、公共企事业单位信息公开配套规定 ……………… 67
  三、行政机关主动公开配套规定 ……………………… 86
  四、行政机关依申请公开配套规定 …………………… 105
  五、行政复议和行政诉讼配套规定 …………………… 114

第三章 全国层面依申请办理结果的实证分析 ……… 125
  一、全国层面依申请办理结果实证分析的必要性 …… 126
  二、全国层面依申请办理结果实证分析的可行性 …… 131

三、修订后的条例实施三年来全国层面依申请办理
结果实证分析 ·· 137
四、修订后依申请公开制度施行实效初步分析及
未来提升建议 ··· 146

第四章 政府信息公开信息处理费制度的施行效果考察 ········ 155
一、我国政府信息公开信息处理费制度的沿革 ········ 156
二、首年度政府信息公开信息处理费收取情况实证
分析 ·· 163
三、首年度政府信息公开信息处理费收取情况实证
分析结果 ·· 165
四、我国政府信息公开信息处理费制度施行的改进
建议 ·· 177

第五章 信息公开立法内容的国际评估 ························· 181
一、背景 ·· 181
二、全球信息公开法评级体系的介绍 ······················ 182
三、全球信息公开法评级体系评估结果的评析 ········ 187
四、运用全球信息公开法评级体系对我国立法的
评估 ·· 189
五、全球化信息公开评级体系的得失分析 ··············· 193

第六章 信息公开法律实施的国际评估 ························· 197
一、背景 ·· 198
二、SDG16.10.2指标的介绍及定位分析 ················· 199

三、UNESCO 主导的官方调查实践 ················· 204
四、FOIAnet 联盟倡导的第三方评估实践 ············ 209
五、我国未来开展 SDG16.10.2 指标评估的展望 ······· 215

第七章　政府信息公开典型案例汇编 ············· 219
一、收件环节 ···································· 219
二、办理环节 ···································· 226
三、答复环节 ···································· 275

附录 ··· 293
中华人民共和国政府信息公开条例 ················· 293
《政府信息公开条例》修订前后条文对照表 ·········· 306

参考文献 ··· 321

第一章
《政府信息公开条例》的内容注解

【本章概要】 2019年修订后的《政府信息公开条例》与2007年的《政府信息公开条例》相比，总条款从38条增加到56条；在逻辑上比旧条例更加严密，共分六章，包括总则、公开的主体和范围、主动公开、依申请公开、监督和保障以及附则。新《政府信息公开条例》现已生效施行逾四年，本章结合最新实践，针对《政府信息公开条例》中的各个条款进行全面系统的注解。

【学习目标】 了解《政府信息公开条例》的总则内容；掌握《政府信息公开条例》的主动公开内容；熟悉《政府信息公开条例》的依申请公开内容。

一、总则篇

第一章是总则，共9条，从第1条到第9条。

（一）立法目的

第1条规定了立法目的。该条规定："为了保障公民、法人和其他组织依法获取政府信息，提高政府工作的透明度，建设法治政府，充分发挥政府信息对人民群众生产、生活和经济社会活动的服务作用，制定本条例。"

【注解】 立法目的主要有四个：第一个立法目的是为了保障公民、法人和其他组织依法获取政府信息，《政府信息公开条例》以这种表述间接地保障了公众的知情权；第二个立法目的是提高政府工作的透明度，建设开放政府、廉洁政府；第三个立法目的是建设法治政府，将之前旧条例的"促进依法行政"改成"建设法治政府"，政府信息公开成为法治政府建设的应有内容或内在组成部分，更加突出了政府信息公开的法治意涵；第四个立法目的是充分发挥政府信息对人民群众生产、生活和经济社会活动的服务作用，打造服务政府。

（二）政府信息的定义

第2条是定义条款，明确了政府信息的定义。该条规定："本条例所称政府信息是指行政机关在履行行政管理职能过程中制作或者获取的，以一定形式记录、保存的信息。"

【注解】 该定义涉及判断构成政府信息的"四要素"，包括主体要素、职能要素、来源要素、形式要素。实践过程中主要从政府信息的产生过程（职能要素）、产生主体（主体要素）、产生方式（来源要素）与存在形式（形式要素）这四个方面判断所申请的信息是否是政府信息。行政机关通常的判断思路是：第一步，如果产生主体属于非行政机关，则直接答复非政府信息不予公开。第二步，如果产生主体没有异议，则从产生过程是否属于行政机关履行行政管理职能范围进行判断。如不属于，则行政机关以"非政府信息"答复申请人；如属于，则进入第三步，从产生方式及存在形式进行判断。产生方式限定为行政机关制作或获取。存在形式要求所申请公开的政府信息应是客观存在的。

针对机构改革后政府信息公开申请办理问题，国务院办公厅政府信息与政务公开办公室于2019年2月2日印发了《关于机构改革后政府信息公开申请办理问题的解释》(国办公开办函〔2019〕14号)对此进行了解答。文件提出了如下五点处理意见:(1)行政机关涉及职权划转的,应当尽快将相关政府信息一并划转。(2)申请人向职权划出行政机关申请相关政府信息公开的,职权划出行政机关可在征求职权划入行政机关意见后作出相应处理,也可告知申请人向职权划入行政机关另行提出申请。(3)申请人向职权划入行政机关申请相关政府信息公开的,职权划入行政机关应当严格依法办理,与职权划出行政机关做好衔接,不得以相关政府信息尚未划转为由拒绝。(4)相关政府信息已经依法移交国家档案馆、成为国家档案的,按照《中华人民共和国档案法》及相关规定管理。对于相关政府信息公开申请,行政机关可以告知申请人按照档案法的规定办理。(5)行政机关职权划入党的机关的,如果党的机关对外加挂行政机关牌子,相关信息公开事项以行政机关名义参照前述规定办理;如果党的机关没有对外加挂行政机关牌子,相关信息公开事项按照《中国共产党党务公开条例(试行)》办理。

由政府信息概念延伸而来的一个重要概念就是政府信息公开。政府信息公开是指行政机关通过法定形式和程序,在规定时限内,主动将其所制作或获取的政府信息向社会公众或依申请向特定的个人或组织公开的制度。

(三)政府信息公开工作主管部门及其职责

第3条规定了主管部门及其职责。该条共4款。第1款规定:"各级人民政府应当加强对政府信息公开工作的组织领导。"第2款规定:"国务院办公厅是全国政府信息公开工作的主管部门,负责推进、指导、协调、监督全国的政府信息公开工作。"第3款规定:"县级以上地方人民政府办公厅(室)是本行政区域的政府信息公开工作主管部门,负责推进、指导、协调、监督本行政区域的政府信息公开工作。"第4款规定:"实行垂直领导的部门的办公厅(室)主管本系统的政府信息公开工作。"

【注解】该条确定了各级人民政府办公厅(室)是政府信息公开工作的主管部门,不再由地方人民政府确定的其他部门主管,对垂直领导的部门的主管部门也统一为办公厅(室),具体分如下三种情况:(1)国务院办公厅是全国政府信息公开工作的主管部门;(2)县级以上地方人民政府办公厅(室)是本行政区域的政府信息公开工作主管部门;(3)实行垂直领导的部门的办公厅(室)主管本系统的政府信息公开工作。

(四)政府信息公开工作机构及其职责

第4条规定了具体负责政府信息公开的工作机构及其职责。该条强调各级人民政府及县级以上人民政府部门应当建立健全本行政机关的政府信息公开工作制度,并指定机构负责本行政机关政府信息公开的日常工作。政府信息公开工作机构的具体职能是:(1)办理本行政机关的政府信息公开事宜;(2)维护和更新本行政机关公开的政府信息;(3)组织编制本行政机关的政府信息公开指南、政府信息公开目录和政府信息公开工作年度报告;(4)组织开展对拟公开政府信息的审查;(5)本行政机关规定的与政府信息公开有关的其他职能。

【注解】这一规定中的"机构",指的是本行政机关内设工作机构,而不是其他行政机关。政府信息公开工作机构一般由各级人民政府和县级以上人民政府部门的办公厅(室)中的业务处室承担,如某某人民政府办公厅政务公开办公室或某某人民政府办公室政务公开科。实践中,因机构改革的原因,有些具体承担政府信息公开工作的内设机构被划转至其他行政机关，如行政审批服务局或政务服务数据管理局。这种划转属于过渡性措施。政府信息公开工作职责可暂时由其他行政机关承担，但是对外必须以原行政机关的名义开展工作。行政机关未来最好将已经划出的内设机构中涉及政府信息公开工作职能部分划回，或者在本机关内设机构中重新指定政府信息公开工作机构。

（五）政府信息公开的法律原则

第5条明确了政府信息公开的法律原则。该条主要规定了五大原则。其中最为突出的一个原则是"公开为常态、不公开为例外"原则。其他四大原则分别是公正原则、公平原则、合法原则、便民原则。

【注解】与旧条例相比，新条例增加了"公开为常态、不公开为例外"原则。对这一法律原则不能仅仅从最大化公开理解，而应从最优化公开理解。基于最优化公开，"公开为常态、不公开为例外"原则可以细化理解成如下五层含义，包括不公开清单外尽公开、部分公开优先适用、可公开可不公开时以公开处理、以主动公开常态降低依申请公开、主动公开的质优于主动公开的量。这种理解更符合新时代政务公开突出公开效果的主旨。[①] 当然，落实该原则并非一蹴而就，还需要分计划分步骤地不断推进。修改还增加了合法原则，强调在合法前提下的便民。[②] 鼓励多用便民指引或告知是好事，但前提是确保依法。妥善处理好两者的关系非常关键。

---

① 肖卫兵：《新时代政务公开》，复旦大学出版社2023年版，第43页。
② 肖卫兵：《论便民原则在政府信息公开申请答复中的适用》，《河北法学》2014年第4期，第123页。

（六）回应关切

第 6 条是回应关切条款。该条要求行政机关应当及时、准确地公开政府信息。同时，行政机关发现影响或者可能影响社会稳定、扰乱社会和经济管理秩序的虚假或者不完整信息的，应当发布准确的政府信息予以澄清。

【注解】 该条是《政府信息公开条例》中体现政务公开内容方面最为显著的部分。回应关切是行政机关在发现影响或者可能影响社会稳定、扰乱社会和经济管理秩序的虚假或者不完整信息时，应当及时发布准确的政府信息予以澄清的被动式主动公开制度。①

（七）逐步增加公开内容

第 7 条是动态调整条款。该条要求各级人民政府应当积极推进政府信息公开工作，逐步增加政府信息公开的内容。

【注解】 该条提出了逐步增加信息公开内容的要求。可以预见的是，未来我国政府信息公开的大门只会越开越大，公开的广度、深度、力度只会越来越大。

（八）标准化、规范化建设

第 8 条是标准化、规范化建设条款。该条规定："各级人民政府应当加强政府信息资源的规范化、标准化、信息化管理，加强互联网政府信息公开平台建设，推进政府信息公开平台与政务服务平台融合，提高政府信息公开在线办理水平。"

【注解】 该条是对 2017 年启动的在全国 15 个省 100 个区

---

① 肖卫兵：《新时代政务公开》，复旦大学出版社 2023 年版，第 121 页。

（县）推进的基层政务公开标准化、规范化试点工作的肯定。该条同时还强调信息化。这为提升行政机关的政务信息管理能力提供了依据。该条还强调了平台建设和平台融合，以规范化、标准化、信息化为抓手，不断落实便民原则。

（九）公众批评建议权

第9条是公众的批评建议权条款。该条规定："公民、法人和其他组织有权对行政机关的政府信息公开工作进行监督，并提出批评和建议。"

【注解】这为公众参与政府信息公开工作改进过程创造了可能。2022年年初，有网友通过中国政府网上的"我向总理说句话"栏目提交了"信息公开网站访问速度和用户体验待提高"的建议。

二、公开的主体和范围篇

第二章是公开的主体和范围，共9条，从第10条到第18条。

（一）公开主体

第10条是公开主体条款。该条共有3款。第1款规定："行政机关制作的政府信息，由制作该政府信息的行政机关负责公开。行政机关从公民、法人和其他组织获取的政府信息，由保存该政府信息的行政机关负责公开；行政机关获取的其他行政机关的政府信息，由制作或者最初获取该政府信息的行政机关负责公开。法律、法规对政府信息公开的权限另有规定的，从其规定。"

【注解】对该款的理解目前分歧最大。实践过程中，一般按照"谁制作,谁公开;谁保存,谁公开"的原则处理。要求"谁制作,谁公开",是因为相比其他行政机关,作为某项具体政府信息的原始制作者、采集者的行政机关更加了解政府信息的内容以及相关背景资料,也能够更加全面地把握、权衡该政府信息是否公开。①

目前最难达成一致的是对该款规定当中的"最初获取"一词的理解。我们认为,对于行政机关获取的其他行政机关的政府信息,还是一概按照"谁制作,谁公开"的原则来理解并不妥当。同时,将过多的精力放在纠结何为"最初获取"的理解上也并不合适。这是因为实际情形非常复杂多样。修订后的条例增加了"最初获取"的立法本意应该是鼓励一种程度更高的便民。遇到如下情形时,收到政府信息公开申请的行政机关不宜以不属于本机关负责公开来答复申请人,具体包括:(1)申请已明确标明主动公开属性的政府信息;(2)申请自身作为主送机关获取到的政府信息;(3)申请其他部门制作的,但是本机关将之作为对外执法依据的信息。②减少居高不下的不属于本机关负责公开答复的数量应该是各级行政机关办理政府信息公开申请时所需追求的目标。

关于"法律、法规对政府信息公开的权限另有规定的,从其规定",意味着如果其他法律法规明确为行政机关设定了公开义务,无论是制作机关还是获取机关,行政机关均应遵守,不能简单地以不属于本机关负责公开为理由而拒绝。③

---

① 参见最高人民法院(2017)最高法行申5153号。
② 参见北京市高级人民法院(2017)京行终3232号。
③ 有复议机关认为,依据《上海市城乡规划条例》第24条的规定,即城乡规划经批准后20日内组织编制机关应当通过政府网站或者其他途径将城乡规划向社会公布,上海市规划和自然资源局作为组织编制机关对于申请人要求获取相关地块控制性详细规划等信息负有公开职责,不应按照《政府信息公开条例》关于界分公开职责的原则性规定,将公开职责径直推给作为批准机关的上海市人民政府。参见上海市人民政府沪府复字(2016)第700号行政复议决定书。

第 2 款规定:"行政机关设立的派出机构、内设机构依照法律、法规对外以自己名义履行行政管理职能的,可以由该派出机构、内设机构负责与所履行行政管理职能有关的政府信息公开工作。"

【注解】派出机构和内设机构承担公开义务的前提条件是有法律法规规定其以自身名义对外履行行政管理职能。这方面的典型例子是公安派出所。依据《治安管理处罚法》第 91 条关于警告和 500 元以下罚款可以由公安派出所决定的规定,区县公安分局可以要求公安派出所对于该两项治安管理处罚信息负有直接公开义务。①还有一种比较常见的情形是各级政府设立的管委会。管委会是否负有公开义务需要具体情况具体分析。一种是明确规定负有公开义务,如作为上海市人民政府派出机构的上海推进科技创新中心建设办公室;另一种是未经法律法规授权的管委会,性质上属于受一级政府委托的组织,被《政府信息公开条例》排除在公开主体之外,不具有公开权限。不过,需要说明的是,基于《政府信息公开条例》的便民原则,一级政府应当规范申请办理内部流程,赋予这些派出机构和内设机构及时转交职责,减少不属于本机关负责公开答复,让申请人"少跑路"。

第 3 款规定:"两个以上行政机关共同制作的政府信息,由牵头制作的行政机关负责公开。"

【注解】这里规定的是"谁牵头,谁公开"。判断"谁牵头"并不是难事,本意也是为了减少实践中出现的多头申请导

---

① 《公安部关于印发修订后的〈公安机关办理政府信息公开行政复议案件若干问题的规定〉的通知》(公通字〔2019〕35 号)第 8 条第 2 款规定:"申请公开的政府信息与公安机关设立的派出机构、内设机构依照法律、法规对外以自己名义履行行政管理职能有关的,由收到申请的公安机关或者派出机构、内设机构负责公开。"

致的多头答复以及多部门意见征询的低效处理，同时尊重牵头机关在涉及信息是否公开上所具有的更权威、更准确的判断权。对该款的理解要注意两点：（1）对于公开属性明确或不需要变更公开属性的政府信息，一般不需要征求相关行政机关意见，收到申请的另一联合制作的行政机关可以直接根据公开属性处理即可；（2）对于未明确公开属性或者需要变更公开属性的政府信息，牵头制作的行政机关在收到政府信息公开申请后，应当征求相关行政机关的意见后再最终作出是否公开的决定。参与制作的行政机关收到政府信息公开申请后，应当征求牵头制作的行政机关意见，牵头制作的行政机关同意公开的，收到申请的参与制作的行政机关应当提供给申请人；牵头制作的行政机关不同意公开的，收到申请的参与制作的行政机关应当答复"不属于本机关负责公开"，并指引申请人向牵头制作的行政机关提出申请。

（二）政府信息公开协调机制

第 11 条是政府信息公开协调机制条款。该条分 2 款。第 1 款规定："行政机关应当建立健全政府信息公开协调机制。行政机关公开政府信息涉及其他机关的，应当与有关机关协商、确认，保证行政机关公开的政府信息准确一致。"

【注解】该款强调了政府信息公开协调机制的重要性，实践中，需要以行政机关内部的协调一致来提升政府的公信力。当出现行政机关公开政府信息前，知道该政府信息涉及其他机关的，或该政府信息涉及两个以上机关，但与相关机关已公开的政府信息内容不一致的情况时，行政机关应当与有关机关进行沟通、确认，保证行政机关公开的政府信息准确一致。相关行政机关对政府信息发布的内容意见不一致，但政府信息内容可以根据行政机关职责权限作区分的，其可按照有权机关的意见办理；职责权限无法区分的，提请共同的上级行政机关确定。

第 2 款规定："行政机关公开政府信息依照法律、行政法规和国家有关规定需要批准的，经批准予以公开。"

【注解】该款从政府信息一致性要求提出了公开政府信息前需履行相应的报批手续的要求。① 典型的例子是《测绘法》。该法第 37 条规定："中华人民共和国领域和中华人民共和国管辖的其他海域的位置、高程、深度、面积、长度等重要地理信息数据，由国务院测绘地理信息主管部门审核，并与国务院其他有关部门、军队测绘部门会商后，报国务院批准，由国务院或者国务院授权的部门公布。"其他的还有《传染病防治法》。根据该法第 4 条的规定，其他乙类传染病和突发原因不明的传染病需要采取或解除甲类传染病的预防、控制措施的，应由国务院卫生行政部门报经国务院批准后予以公布。这种需要经批准后公开的情况因涉及多个公开义务主体，实践中如何规范还有待进一步研究。

（三）政府信息公开指南和目录

第 12 条是政府信息公开指南和目录条款。指南和目录强调的是做好文件管理工作对做好政府信息公开工作的重要性。该条分 3 款。第 1 款从动态更新的角度对指南和目录提出了要求。该款规定："行政机关编制、公布的政府信息公开指南和政府信息公开目录应当及时更新。"

第 2、3 款规范了政府信息公开指南和目录的构成要素。对于政府信息公开指南，应当包括政府信息的分类、编排体系、获取方式和政府信息公开工作机构的名称、办公地址、办公时间、

---

① 王学堂：《政府信息公开一本通》，中国法制出版社 2021 年版，第 88 页。

联系电话、传真号码、互联网联系方式等内容。对于政府信息公开目录，应当包括政府信息的索引、名称、内容概述、生成日期等内容。

【注解】 理解政府信息公开指南，需要注意如下三点：（1）实践中，各级行政机关对政府信息公开指南的编制内容进行了丰富、更新，已经侧重从公众的角度，围绕依申请公开作了更多说明，包括申请注意事项和申请办理说明等。对于互联网联系方式的理解，这里主要是指电子邮箱，但并不意味着就只有电子邮箱一种。（2）作为用于指引申请人便捷、规范地提出政府信息公开申请的政府信息公开指南还需行政机关做到充分发挥其作用，做到动态更新，一般一年更新一次或在指南内容有变更时做到在3个工作日内更新并重新发布。（3）行政机关对所开通的申请接收渠道及具体的使用注意事项应在政府信息公开指南中专门说明并向社会公告。特别需要指出的是，对于指南中所提供的电子邮箱，如添加了"本邮箱仅用于接收信息公开工作咨询及有关意见建议，如需提交政府信息公开申请，请参阅前述申请接收渠道"这类表述，就意味着告知申请人，电子邮箱不是该行政机关法定的政府信息公开申请受理渠道。

政府信息公开目录是集中展示本行政机关具体掌握和公开了哪些政府信息，便于公民、法人和其他组织检索和获取所需政府信息的重要载体。随着政府信息公开工作的不断深入发展，行政机关公开的信息量不断扩大，网站检索功能也不断提升，逐一列出包含索引、名称、内容概述、生成日期等要素的政府信息形成的目录已较难满足当前公开工作的发展实际。因此，应当将政府信息公开目录工作与基层政务公开标准化、规范化工作紧密结合，按照行政机关各项业务职能对政府信息进行划分，做到分类归集，更加便捷公众检索和获取相应的政府信息。

（四）公开范围限定和方式

第 13 条是公开范围限定及方式。该条分 2 款。第 1 款规定："除本条例第十四条、第十五条、第十六条规定的政府信息外，政府信息应当公开。"

【注解】 该款可以理解成是一种"扎口"规定，除了第 14 条到第 16 条外，条例原则上不允许新增别的法定不予公开理由。同时，实践中如果适用得好，该条规定可以提高复议机关和法院直接判决公开信息的可能性。有案例认为，在裁判时机成熟（意味着作出这样一个具体的、全面满足原告诉讼请求的判决所依赖的所有事实和法律上的前提均已具备）的情况下，人民法院应当直接判决行政机关向原告提供其所申请的某一个政府信息，而不是仅仅将行政机关的拒绝决定一撤了之，或者仅仅原则性地判决行政机关重新作出答复。[①]

第 2 款规定了公开方式。该款规定："行政机关公开政府信息，采取主动公开和依申请公开的方式。"

【注解】 该款明确了主动公开和依申请公开两种公开方式。主动公开是指行政机关在制作或获取政府信息后，依《政府信息公开条例》等其他法律、法规和国家有关规定，主动将涉及公众利益调整、需要公众广泛知晓或者需要公众参与决策的政府信息通过政府公报、政府网站、政务新媒体等多种渠道在 20 个工作日内及时向社会公众或特定受众公开的制度。

从政府的角度来说，依申请公开是行政机关公开政府信息的一种被动方式。依申请公开也叫被动公开，是指行政机关收到公民、法人或者其他组织提交的政府信息公开申请后，依据《政府

---

① 参见最高人民法院（2018）最高法行申 543 号。

信息公开条例》的有关规定进行答复处理的制度。从公众的角度来讲，依申请公开是公民、法人和其他组织保障自身知情权的一种制度安排。

该款并没有说明公开方式和公开属性的关系。实践中，主动公开和依申请公开还被作为公开属性对待。对于公开属性，最理想的状态是结合部分公开，具体细分成主动公开全部、主动公开部分、依申请公开全部、依申请公开部分和不予公开（应当不予公开和可以不予公开）五种，如图1-1所示。

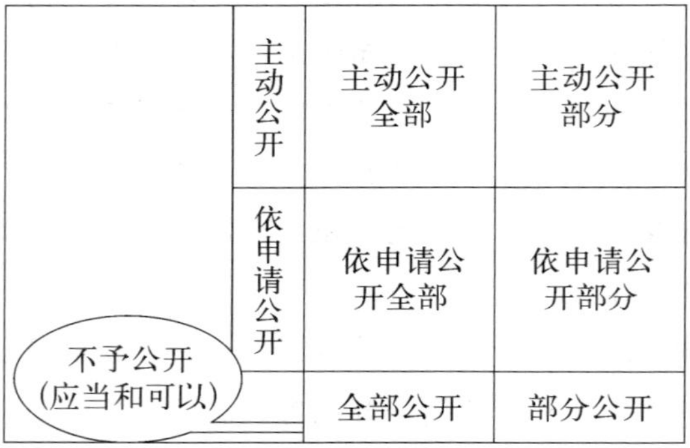

	主动公开全部	主动公开部分
主动公开		
依申请公开	依申请公开全部	依申请公开部分
不予公开（应当和可以）	全部公开	部分公开

图 1-1　公开属性

（五）公开例外

1. 公开例外分类

第 14 条到第 16 条是《政府信息公开条例》所规定的法定不予公开理由或政府信息公开例外的核心条款。从各国的立法实践来看，政府信息公开例外立法出现了分类多样性的特征。内在机理是既发挥行政机关自由裁量权这一主观能动性，又对之进行合理约束，进而贯彻落实"公开为常态，不公开为例外"这一法律原则。基于此，可以将政府信息公开例外分为强制式和任意式、类别式和损害式、绝对式和相对式三大类别。具体梳理结果可见表1-1。

表1-1 公开例外分类

类别	具体类别	核 心 特 征	具 体 例 外
Ⅰ	强制式	应当不予公开	国家秘密、其他法律行政法规禁止公开、"三安全一稳定"
	任意式	可以不予公开	内部事务信息、过程性信息、行政执法案卷
Ⅱ	类别式	无需损害判断	国家秘密、其他法律行政法规禁止公开
	损害式	需要损害判断	"三安全一稳定"、商业秘密、个人隐私、其他第三方信息
Ⅲ	绝对式	无需公共利益衡量	国家秘密、其他法律行政法规禁止公开、"三安全一稳定"、内部事务信息、过程性信息、行政执法案卷
	相对式	需要公共利益衡量	商业秘密、个人隐私、其他第三方信息

2. 国家秘密、其他法律行政法规禁止公开、"三安全一稳定"三个例外

第14条规定了一组法定不予公开理由,包括国家秘密、其他法律行政法规禁止公开、"三安全一稳定"三个例外。该条规定:"依法确定为国家秘密的政府信息,法律、行政法规禁止公开的政府信息,以及公开后可能危及国家安全、公共安全、经济安全、社会稳定的政府信息,不予公开。"

【注解】对于国家秘密例外,需要注意的是前面的"依法确定"这一条例修订后新增的限定。这意味着国家秘密的确定需经法定定密程序予以确认。虽然符合定密条件,但是行政机关无法提供相关证据予以佐证属于国家秘密,该国家秘密理由主张无法得到法院支持。依据《保守国家秘密法》第2条的规定,国家秘

密被界定为关系国家安全和利益,依照法定程序确定,在一定时间内只限一定范围的人员知悉的事项。国家秘密的范围可见《保守国家秘密法》第9条。密级分秘密、机密、绝密三种。保密期限对应不同的密级,一般分不超过10年、20年、30年。对于行政机关而言,在启用国家秘密不予公开理由确定属性或答复申请人时,有必要注意如下两点:(1)"依法确定"这一限定。行政机关需要树立证据规则意识,保存好相应的证据,否则,相应的主张难以得到法院支持;① (2)告知申请人以国家秘密理由不予公开并准确援引法律依据。当然,对于国家秘密例外,司法审查主要采取形式审查标准,即审查行政机关是否提交政府信息定密的程序、依据等手续、涉密信息的定密流程表等。

其他法律和行政法规禁止公开例外是各国立法中常见的一种例外。② 一般作为一种强制式、类别式和绝对式例外予以保护。③ 这方面的例子如2020年制定的《中华人民共和国香港特别行政区维护国家安全法》。该法第14条规定,香港特别行政区维护国家安全委员会的工作不受香港特别行政区任何其他机构、组织和个人的干涉,工作信息不予公开。对于该例外,需要注意的是《政府信息公开条例》将之限定在法律和行政法规上的要求,更低法律效力的规章和规范性文件规定的禁止公开要求不构成该例外。

"三安全一稳定"例外是国家安全、公共安全、经济安全、社会稳定例外的简称。启用该例外并不容易,主要原因是《政府信息公开条例》中缺少"三安全一稳定"类别的具体列举和内部程序控制。在《国家安全法》第2条里,国家安全被定义为国家

---

① 参见北京市高级人民法院(2018)京行终1235号。
② 王敬波:《政府信息公开国际视野与中国发展》,法律出版社2016年版,第87页。
③ 肖卫兵:《论我国政府信息公开例外体系构建完善》,《交大法学》2018年第1期,第136页。

政权、主权、统一和领土完整、人民福祉、经济社会可持续发展和国家其他重大利益相对处于没有危险和不受内外威胁的状态,以及保障持续安全状态的能力。结合《国家安全法》第3条的规定,在大安全时代的"总体国家安全观"下,公共安全、经济安全、社会稳定都归属于大的国家安全体系之内。与国家秘密不同的是,"三安全一稳定"例外是一种损害式例外,启用前需要判断是否"可能"造成损害以及是否"危及"这一损害后果。为了解决实践中该例外启用难问题,《上海市政府信息公开规定》特别规定了行政机关启用该例外之前,需向市政府办公厅书面报告这一内部控制程序,意在通过这一控制程序最大限度地防止该例外的不当适用。

3. 商业秘密、个人隐私及其他第三方信息例外

第15条规定了另一组法定不予公开理由,细分起来可以包括商业秘密、个人隐私及其他第三方信息例外。该条规定:"涉及商业秘密、个人隐私等公开会对第三方合法权益造成损害的政府信息,行政机关不得公开。但是,第三方同意公开或者行政机关认为不公开会对公共利益造成重大影响的,予以公开。"

【注解】(1) 判断所涉政府信息是否能够以商业秘密或个人隐私为由不予公开,需要按照如下四步法逐步进行:第一步是行政机关认为所申请公开的政府信息涉及商业秘密、个人隐私或其他第三方信息;第二步是行政机关书面征求第三方的意见,第三方不同意公开或不回复是否公开该政府信息,如果第三方同意公开,则直接以同意向申请人公开处理结束,无须进入后两步;第三步是行政机关判断不公开该政府信息不会对公共利益造成重大影响;第四步是该政府信息的全部内容均属于不应当公开的内容,或者无法通过区分处理而公开可以公开的信息内容。因此,对于该例外,实践中需要结合第32条的第三方意见征求和第37

条的区分处理规定进行最终判断。

（2）对于商业秘密的定义，依据《反不正当竞争法》第9条的规定，商业秘密是指不为公众所知悉、具有商业价值并经权利人采取相应保密措施的技术信息、经营信息等商业信息。基于该定义，判断所涉政府信息是否构成商业秘密，需要结合主体性、秘密性、价值性三个要素予以综合判断。实践中，只要一个要素不符合，如主体不是经营者、不具有秘密性的公司电话号码、应当或已经公开了的政府采购信息或产品配方、不属于技术和经营等商业信息（包括设计、程序、产品配方、制作工艺、制作方法、管理诀窍、客户名单、货源情报、产品策略、招投标中的标底及标书内容等信息）的，就不构成商业秘密。

（3）依据《民法典》第1032条的规定，个人隐私是指自然人的私人生活安宁和不愿为他人知晓的私密空间、私密活动和私密信息。《政府信息公开条例》所涉及的个人隐私更多的是指私密信息，具体指向《个人信息保护法》第28条的敏感个人信息。该信息是指一旦泄露或者非法使用，容易导致自然人的人格尊严受到侵害或者人身、财产安全受到危害的个人信息，包括生物识别、宗教信仰、特定身份、医疗健康、金融账户、行踪轨迹等信息，以及不满14周岁未成年人的个人信息。

（4）《政府信息公开条例》中用了"等"字，意味着这里还可以涵盖除了商业秘密、个人隐私外的其他第三方信息。对于这类信息，行政机关判断是否公开时需要启用损害衡量机制，即考虑会否对第三方合法权益造成损害后，才能作出最终处理。至于商业秘密和个人隐私，因其必然会对第三方合法权益造成损害，故无须进行损害判断。但是，如果公开《个人信息保护法》第4条所规定的个人信息，即以电子或者其他方式记录的与已识别或者可识别的自然人有关的各种信息，或股权转让合同等一般意义上的商业信息时，就需要运用损害判断。所以，对于这类第三方信息保护，总的原则是需要行政机关基于区分论，按照比例原则，用适当的方式做好分类分级保护，以取得与同样受法律保护的其他权利之间的平衡。例如，在公示学生资助信息时，要坚持信息简洁、够用原则，公示受助学生姓名、学校、院系、年级、专业、班级等基本信息，但不得将学生身份证件号码、家庭住址、电话号码、出生日期等个人敏感信息进行公示。①

（5）当该条规定的例外情形遇到如下两种情形时，行政机关应当公开所涉商业秘密、个人隐私和其他第三方信息：一是第三方同意公开，第三方意见征询的意义在于充分尊重当事人的自身选择；二是行政机关认为不公开会对公共利益造成重大影响的，予以公开。该情形涉及公共利益衡量问题。公共利益固有的不确定性、变动性使得公益和私益间的冲突与权衡难以把握，在政府信息公开中的衡量难度颇大。② 我国的立法属于积极型公共利益衡量中的特定型。③ 积极型立法要求在支持公开的公共利益和支持不公开的公共利益间进行权衡，当支持公开的公共利益大于支持不公开的公共利益时公开，反之不公开。行政机关在进行公共利益衡量时，既需要考虑支持公开的公共利益的因素，也需要考虑支持不公开的公共利益因素。前者主要包括有利于条例立法目的实现、需要公众参与讨论、公共开支的有效监管、本人对所涉自身信息的获取这四种。后者主要涉及确保政府职能有效和高效运作、确保参与方能够向政府部门坦诚交换意见、不妨碍正常的

---

① 参见《教育部办公厅关于全面清理和规范学生资助公示信息的紧急通知》（教财厅函〔2017〕28号）。
② 王敬波：《政府信息公开中的公共利益衡量》，《中国社会科学》2014年第9期，第114页。
③ 肖卫兵：《论信息公开法中的公共利益测试》，《情报杂志》2006年第9期，第14—15页。

执法活动等。

4. 过程性信息、内部事务信息和行政执法案卷例外

第 16 条还规定了一组法定不予公开的理由，包括过程性信息、内部事务信息和行政执法案卷例外。该条共有两款。第 1 款规定了内部事务信息例外。表述为："行政机关的内部事务信息，包括人事管理、后勤管理、内部工作流程等方面的信息，可以不予公开。"

【注解】内部事务信息是与公共利益无关的纯粹的行政机关内部的事务信息。对于此类信息不公开，主要是因为该类信息对行政机关的决策、决定不产生实际影响，不公开不影响公民对行政权的监督，公开后对公民的生产、生活和科研等活动无利用价值。行政机关启用内部事务信息例外，需要注意到：一是尽可能地将内部事务信息限定在如上列举的三类信息里面，不随意扩大，这是实现类型判断的第一步；二是需要意识到内部事务信息是可以不予公开例外，行政机关在处理实践过程中不应将这类可以不予公开例外等同于应当不予公开例外处理。因此，一方面，行政机关在具体判断时，有必要引入损害衡量机制，以此确立在"可以"和"应当"当中的明确界限，如公开后没有损害，则倾向于以应当公开处理；如公开后有损害，则考虑损害程度和可能性，倾向于以不予公开处理。另一方面，可将特定信息明确排除在可不可以公开的判断之外，如对于内部事务信息外部化情况，即使该信息属于内部事务信息或过程性信息，但考虑其会对行政管理相对人的权利义务产生直接影响，并且作为行政机关行政管理依据的，则应当公开。对此，《上海市政府信息公开规定》和《浙江省政府信息公开暂行办法》均有类似明确规定。①

---

① 《上海市政府信息公开规定》第 17 条规定："行政机关的内部事务信息，包括人事管理、后勤管理、内部工作流程等方面的信息，可以不予公开。

行政机关在履行行政管理职能过程中形成的讨论记录、过程稿、磋商信（转下页）

第 2 款规定了过程性信息和行政执法案卷例外。表述为："行政机关在履行行政管理职能过程中形成的讨论记录、过程稿、磋商信函、请示报告等过程性信息以及行政执法案卷信息，可以不予公开。法律、法规、规章规定上述信息应当公开的，从其规定。"

【注解】过程性信息是行政机关在作出决定前的准备过程中形成的，处于讨论、研究或者审查过程中的信息。此类信息不公开主要是考虑到行政行为尚未完成，公开可能会对行政机关独立做出行政行为产生不利影响，同时也是为了保护行政机关内部之间坦率地意见交换，意见决定的中立性，或者公开该信息具有危害公共利益的危险。行政机关启用过程性信息例外，需要运用"类型判断＋损害判断"两步法，需要注意到：一是应将过程性信息限定在如上列举的四类信息里面，不随意扩大。行政机关在适用时先进行类型判断。如属于该四类信息，则进入下一步。二是进行损害判断。行政机关需要意识到过程性信息是可以不予公开例外，行政机关在处理实践过程中不应将这类可以不予公开例外等同于应当不予公开例外处理。具体操作可参照如上内部事务信息例外作相似处理。三是对过程性信息例外的认识。行政机关不能仅依据信息形成时间来认定是否构成过程性信息。应

（接上页）函、请示报告等过程性信息以及行政执法案卷信息，可以不予公开。法律、法规、规章规定上述信息应当公开的，从其规定。

前两款所列的内部事务信息和过程性信息如果已对公民、法人和其他组织的权利和义务产生直接影响，并且作为行政机关行政管理依据的，应当公开。"

《浙江省政府信息公开暂行办法》第 20 条规定："对申请公开的政府信息，行政机关应当按照下列规定分别作出书面答复处理：

（一）属于公开范围的，应当告知申请人获取该政府信息的方式和途径。

（二）属于不予公开范围的，应当告知申请人并说明理由。

（三）属于行政机关之间和行政机关内部行文的请示、报告、批复、会议纪要等文件和资料，不作为行政管理依据的，可以不予公开，但应当告知申请人并说明理由；作为行政管理依据的，应当予以公开，并按照本条第一项规定答复处理。"

当结合是否造成损害,采取在过程结束前公开所申请信息当然存在损害,故应当不予公开。但在过程结束后,基于损害可减轻或消除,行政机关需要视情形决定公开,如损害并未减轻,则可继续以不予公开处理。

行政执法案卷信息具体包括证据、依据、检查笔录、现场照片、内部审批文书、函件、现场录像、处理结果等。目前,对行政执法的范围存在理解上的不一致,有广义上和狭义上理解两种。广义上认为行政执法是一个概括的行政行为概念,包括行政处罚、行政强制、行政许可、行政给付、行政复议等行为在内。狭义上认为行政处罚、采取行政强制措施等行政单方性色彩较为浓厚的一类行政行为才属于行政执法。

对于行政执法案卷例外,立法本意不是为了削减当事人和利害关系人的知情权,故应当对之适用进行必要的限缩。对于特定当事人和利害关系人以外的人员申请公开行政执法案卷的,因为其与行政执法没有直接利害关系,行政机关可以答复不予公开;对于特定当事人和利害关系人申请公开行政执法案卷的,行政机关可以结合是否有特定领域行政执法案卷查阅专门规定这个标准,予以判断是否公开。如果有特定领域行政执法案卷查阅专门规定,行政机关就可以适用行政执法案卷例外答复申请人。否则不得以该理由不予公开。

对于过程性信息和行政执法案卷例外,还有一种应当公开的情形,即存在法律、法规、规章要求公开的例外规定,此时需要行政机关按照"特别法优于一般法"这一法律适用原则进行处理。这方面的例子有《火灾事故调查规定》。该规定第34条要求公安机关消防机构应依法提供火灾事故调查信息。故涉及火灾事故的调查信息,行政机关不能直接以属于行政执法案卷信息为由拒绝公开。

（六）政府信息公开审查机制

第 17 条是政府信息公开审查机制条款。该条共有 3 款。第 1 款规定，行政机关应当建立健全政府信息公开审查机制，明确审查的程序和责任。第 2 款规定，行政机关应当依照《保守国家秘密法》以及其他法律、法规和国家有关规定对拟公开的政府信息进行审查。第 3 款规定，行政机关不能确定政府信息是否可以公开的，应当依照法律、法规和国家有关规定报有关主管部门或者保密行政管理部门确定。

【注解】 理解该条，需要注意如下四个方面：（1）行政机关需要综合考虑其他有关法律、法规的规定，分门别类地对政府信息开展公开前的审查工作。审查工作对《保守国家秘密法》予以了特别强调。其中的一个典型例子是国家司法考试试题试卷、标准答案和应试人员的考试成绩数据信息。司法部依据《国家司法考试保密工作规定》，认为该类数据信息属于工作秘密，未经司法部批准不得公开。[①] 理论上，这里的"依照法律、法规和国家有关规定"并没有特殊含义，而是更多指出按照程序报上级机关请示或征求保密部门意见。国务院办公厅之前还就此印发过《关于进一步做好政府信息公开保密审查工作的通知》（国办发〔2010〕57 号）。全国政府信息公开工作主管部门曾经以回复下级行政机关请示的方式作出过多个法规解释性文件。相关解释性文件也在 2019 年修订后的《政府信息公开条例》中得以吸纳。《上海市政府信息公开规定》还对特殊情形的公开规定了向上级部门报告的程序。

（2）建立健全政府信息公开审查机制需要：① 建立健全公文

---

① 参见最高人民法院（2018）最高法行申 11129 号。

公开属性源头认定机制。行政机关拟制公文时，拟稿的业务机构要明确主动公开、依申请公开、不予公开等属性。随公文一并报批，拟不公开的，行政机关要依法、依规说明理由。未拟定公开属性或未说明不公开理由的，相关部门可做退件处理。② 建立健全政府信息公开前审查机制。审查工作遵循"谁公开谁审查、谁审查谁负责""先审查、后公开"和"一事一审"的原则。政府信息公开工作机构应当在主动公开政府信息前，组织开展对拟公开政府信息的审查，严格核实所制作的政府信息的准确性、核对所获取的政府信息的一致性。遇到政府信息公开申请涉及的政府信息未确定公开属性的，本机关相关业务机构应当提出是否公开的意见，经政府信息公开工作机构审查确认后，再向申请人作出答复。

（3）不确定公开情况的解决机制。当行政机关遇到不能确定政府信息是否可以公开情形时，应当依照法律、法规和国家有关规定报有关主管部门或者保密行政管理部门确定。

（4）建立、运行政府信息公开审查机制可以实现如下三个功能：① 筛选功能。筛选功能是对拟公开的政府信息进行有效"过滤"。不仅仅过滤掉国家秘密信息和"三安全一稳定"的信息，还包括商业秘密和个人隐私等其他不予公开信息。行政机关应依法保护个人隐私，除惩戒公示、强制性信息披露外，公开其他涉及个人隐私的政府信息时，应选择合适的方式和范围，作去标识化处理。② 控制功能。控制功能是在政府信息公开审查中对不予公开信息进行有效控制，防止不当公开。③ 保护功能。保护功能是通过筛选和控制，更好保护不予公开的政府信息。保护功能是筛选功能和控制功能的直接效果。[1]

---

[1] 崔晓东：《政府信息公开保密审查的功能、特点和范围》，《保密工作》2018年第10期，第47—49页。

(七)政府信息管理动态调整机制

第18条是政府信息管理动态调整机制条款。该条规定:"行政机关应当建立健全政府信息管理动态调整机制,对本行政机关不予公开的政府信息进行定期评估审查,对因情势变化可以公开的政府信息应当公开。"

【注解】该条呼应了条例第7条所规定的逐步增加公开内容的要求。这意味着对于确定公文公开属性工作来说,任何政府信息并非固定不变,需要随着时间的推移和具体情况的变化而更改相应的公开属性。开展动态调整工作,行政机关需要开展如下三方面工作:一是分期分批,如区分条例实施以来和实施之前,对未开展过公文公开属性认定的公文进行公开属性认定,为动态调整打下基础;二是定期对公开属性为依申请公开或不予公开的公文开展审查工作;三是对于符合主动公开条件的政府信息,将之转为主动公开。

三、主动公开篇

第三章是主动公开,共8条,从第19条到第26条。

(一)主动公开范围

1. 应当主动公开政府信息判断的一般性标准

第19条规定的是判断应当主动公开政府信息的一般性标准。该条规定:"对涉及公众利益调整、需要公众广泛知晓或者需要公众参与决策的政府信息,行政机关应当主动公开。"

【注解】行政机关判断应当主动公开的政府信息的一般性标准有三个:(1)涉及公众利益调整;(2)需要公众广泛知晓;

(3)需要公众参与决策。只要符合其中一个,所涉政府信息就应当主动公开。实践中,确实有必要依据该条规定确定主动公开内容,例如,对于疫情防控过程中的保供物资信息预告和发放结果信息公开,让误解止于公开。

2. 应当主动公开的共性政府信息

第20条通过"列举+兜底"的方式规定了行政机关应当主动公开的共性政府信息。该条列举了如下15类应当主动公开的政府信息:(1)行政法规、规章和规范性文件;(2)机关职能、机构设置、办公地址、办公时间、联系方式、负责人姓名;(3)国民经济和社会发展规划、专项规划、区域规划及相关政策;(4)国民经济和社会发展统计信息;(5)办理行政许可和其他对外管理服务事项的依据、条件、程序以及办理结果;(6)实施行政处罚、行政强制的依据、条件、程序以及本行政机关认为具有一定社会影响的行政处罚决定;(7)财政预算、决算信息;(8)行政事业性收费项目及其依据、标准;(9)政府集中采购项目的目录、标准及实施情况;(10)重大建设项目的批准和实施情况;(11)扶贫、教育、医疗、社会保障、促进就业等方面的政策、措施及其实施情况;(12)突发公共事件的应急预案、预警信息及应对情况;(13)环境保护、公共卫生、安全生产、食品药品、产品质量的监督检查情况;(14)公务员招考的职位、名额、报考条件等事项以及录用结果;(15)法律、法规、规章和国家有关规定规定应当主动公开的其他政府信息。

【注解】该条规定有两个特点:一个是对于主动公开政府信息,实际上不严格限定于政府信息,如确定某一单位职能、机构、编制的管理方案("三定方案"),这类或许会被认定为党务信息,但是也应依照《政府信息公开条例》要求主动公开相关内容;另一个是最后一项兜底规定,要求应当主动公开的文件层级可以降至国家有关规定。这应该视为一种鼓励主动公开的做法。

3. 应当主动公开的重点领域信息

第21条是各层级政府应当主动公开的重点领域信息条款。该条规定："除本条例第二十条规定的政府信息外，设区的市级、县级人民政府及其部门还应当根据本地方的具体情况，主动公开涉及市政建设、公共服务、公益事业、土地征收、房屋征收、治安管理、社会救助等方面的政府信息；乡（镇）人民政府还应当根据本地方的具体情况，主动公开贯彻落实农业农村政策、农田水利工程建设运营、农村土地承包经营权流转、宅基地使用情况审核、土地征收、房屋征收、筹资筹劳、社会救助等方面的政府信息。"

【注解】该条区分不同层级政府，要求其结合实际，重点公开各层级特有的一些事关老百姓切身利益方面的相关信息。通过浓缩成一条规定，保留了旧条例中的相关立法内容，突出重点领域信息公开。

4. 不断增加主动公开的内容

第22条要求的是不断增加主动公开的内容。该条规定："行政机关应当依照本条例第二十条、第二十一条的规定，确定主动公开政府信息的具体内容，并按照上级行政机关的部署，不断增加主动公开的内容。"

【注解】第20条和第21条这种按类列举的方式操作性还不够强，具体公开的内容还有必要进一步细分明确。只有梳理到最后不可细分的一条条政府信息时，才最具操作性。同时，行政机关不应拘泥于条例现有要求，还可以根据各层级政府或各系统的年度政务公开工作要点或特别法中的公开要求不断增加主动公开的内容。该条和第18条一起，呼应了总则中第7条对不断增加公开内容的原则性要求。

（二）公开渠道

1. 政府信息发布机制

第23条要求建立政府信息发布机制并明确了公开平台。该条规定："行政机关应当建立健全政府信息发布机制，将主动公开的政府信息通过政府公报、政府网站或者其他互联网政务媒体、新闻发布会以及报刊、广播、电视等途径予以公开。"

【注解】（1）该条列举了不同的公开渠道。条例适应互联网技术发展趋势，适时增加了政务微信、政务微博和政务App等政务新媒体新兴渠道。政务新媒体是指各级行政机关、承担行政职能的事业单位及其内设机构在微博、微信等第三方平台上开设的政务账号或应用，以及自行开发建设的移动客户端等。（2）政府信息发布机制涉及主动公开程序，包括政府信息主动公开的提出、初审、复审、公开四个主要步骤。行政机关应当遵循"先审查，后发布""谁制作，谁审查，谁负责"的原则。依据《政务公开 公开程序》（DB44/T 2136—2018），主动公开的流程见图1-2。

2. 政府门户网站

第24条对政府门户网站这一政府信息公开第一平台提出了细化要求。该条规定："各级人民政府应当加强依托政府门户网站公开政府信息的工作，利用统一的政府信息公开平台集中发布主动公开的政府信息。政府信息公开平台应当具备信息检索、查阅、下载等功能。"

【注解】该条对政府网站这一公开平台从政府信息集中发布、信息检索与利用等方面提出了相关要求，强调发布的同时还需兼顾公众对政府信息的可得性和可利用性。政府网站是指各级人民

第一章 《政府信息公开条例》的内容注解

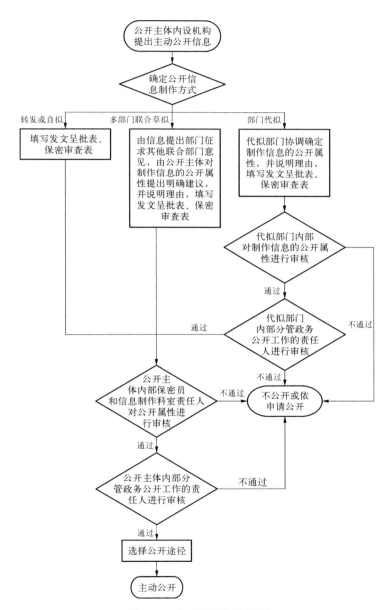

图 1-2 主动公开的流程图

政府及其部门、派出机构和承担行政职能的事业单位在互联网上开办的，具备信息发布、解读回应、办事服务、互动交流等功能的网站。政府网站一般分为政府门户网站和部门网站。政府网站是政府信息公开的第一平台。①

3. 线下公开场所

第 25 条集中规定了线下公开场所。该条共 3 款。第 1 款规定："各级人民政府应当在国家档案馆、公共图书馆、政务服务场所设置政府信息查阅场所，并配备相应的设施、设备，为公民、法人和其他组织获取政府信息提供便利。"

【注解】修订后的条例增加了政务服务场所，这几年各地在政务服务场所所建立的政务公开专区就属于这种。政务公开专区是指各级人民政府为全面推进决策、执行、管理、服务、结果公开，设立在政务服务大厅（便民服务中心等）场所，提供政府信息查询、信息公开申请、办事咨询答复等服务的专用区域。②

第 2 款规定的是办公场所查阅点，要求行政机关可以根据需要设立公共查阅室、资料索取点、信息公告栏、电子信息屏等场所、设施，公开政府信息。

第 3 款规定的是国家档案馆、公共图书馆的政府信息查阅中心，要求行政机关应当及时向国家档案馆、公共图书馆提供主动公开的政府信息。

【注解】条例延续了之前的一贯做法，保留了国家档案馆和公共图书馆等众多线下政府信息公开场所，便利了特殊群体查询需要，③

---

① 参见国务院办公厅印发的《关于加强政府网站信息内容建设的意见》（国办发〔2014〕57 号）。

② 上海市普陀区 2021 年 9 月 3 日发布的区级标准化指导性技术文件《政务公开专区建设和服务规范》（DB31107/Z001—2021）对此有定义。

③ 肖卫兵、林正海：《政府信息公开查阅中心实证研究：条例第十六条存废之争》，《电子政务》2016 年第 9 期，第 91 页。

体现了政府信息公开的公平、公正原则。

(三) 主动公开时限

第 26 条是主动公开时限条款。该条规定:"属于主动公开范围的政府信息,应当自该政府信息形成或者变更之日起 20 个工作日内及时公开。法律、法规对政府信息公开的期限另有规定的,从其规定。"

【注解】(1) 20 个工作日是最长公开时限。行政机关需要注意到当中还有个"及时"的限定,条例鼓励各级行政机关尽可能地缩短主动公开时限,确保在 20 个工作日内根据情况做到及时公开。(2) 法律法规对公开期限有特别要求的,行政机关应当遵守该特别要求。例如,对于行政许可和行政处罚信息公开(简称"双公示"),《国务院办公厅关于运用大数据加强对市场主体服务和监管的若干意见》(国办发〔2015〕51 号)和《国务院关于建立完善守信联合激励和失信联合惩戒制度加快推进社会诚信建设的指导意见》(国发〔2016〕33 号)均要求自作出行政决定之日起 7 个工作日内上网公开。这些特殊公开期限要求在政府采购、社会救助、征地拆迁等领域都有不同于 20 个工作日的要求。未来有必要开展特别公开期限梳理工作,明确有特殊公开期限要求的法律法规目录。梳理公开期限还应包括国家其他有关规定,不宜只限定在法律法规当中进行。当然,对于公开期限,《政府信息公开条例》未对主动公开后的信息应该持续公开多长时间进行规定。公开时限方面的规定散见于其他法律法规和有关规定当中,尤其对于那些需要公告、公示的信息。出于风险防范考虑,开展这方面的系统梳理也非常必要。(3) 实践中,行政机关还应区分不同种类信息,做到日常性工作的政府信息应定期公开,阶段性工作的政府信息应逐段公开,临时性工作的政府信息应随时公开。

四、依申请公开篇

第四章是依申请公开,共 19 条,从第 27 条到第 45 条。

(一)申请公开政府信息

第 27 条涉及申请权利。该条规定:"除行政机关主动公开的政府信息外,公民、法人或者其他组织可以向地方各级人民政府、对外以自己名义履行行政管理职能的县级以上人民政府部门(含本条例第十条第二款规定的派出机构、内设机构)申请获取相关政府信息。"

【注解】要准确理解该条,需要注意如下五点:(1)外国人是否有权向我国各级行政机关申请政府信息公开。依据国办秘函〔2008〕50 号文件,在我国境内的外国公民、法人或其他组织有权提出申请。在我国境外的外国公民、法人或其他组织无权向我国行政机关提出政府信息公开申请。中国香港特别行政区、澳门特别行政区和台湾地区居民、法人或其他组织参照执行。(2)在国外的中国公民提交政府信息公开申请的,如果申请人提供了境内的联系人和联系地址的,可正常办理。如果申请人要求通过电子邮件获取政府信息的,行政机关可根据实际情况处理,通过电子邮件的方式送达文书和相关政府信息。(3)国务院不直接受理来自公民、法人或者其他组织提出的政府信息公开申请。这里的"地方各级人民政府"是除了国务院外的其他各级人民政府。(4)对外以自己名义履行行政管理职能的县级以上人民政府部门是否有个清晰范围。一般而言,负有政府信息公开年度工作报告发布任务的行政机关均有义务受理来自申请人的政府信息公开申请。负有年度工作报告发布任务的机构清单可以通过各级人民政府门户网站中的政府信息公开年度工作报告发布专栏知晓。(5) 本条删除了旧条例中饱受争议的 "生产、生活和科研需要" 这一基于申请人自身 "三需要" 的申请目的要求。理论上，申请人可以基于任何目的申请政府信息公开。

（二）申请渠道

第 28 条是申请渠道条款。该条规定："本条例第二十七条规定的行政机关应当建立完善政府信息公开申请渠道，为申请人依法申请获取政府信息提供便利。"

【注解】针对申请渠道，国办公开办函〔2017〕19 号文件明确了如下三点：(1) 当面提交和邮政寄送是政府信息公开申请的基本渠道，申请人通过这两种基本渠道提交的政府信息公开申请，行政机关不得以任何理由拒绝接收。(2) 为进一步便利申请人，提高工作效率，鼓励行政机关结合自身实际开通传真、在线申请、电子邮箱等多样化申请接收渠道。行政机关应当将本单位所开通的申请接收渠道及具体的使用注意事项，在政府信息公开指南中专门说明并向社会公告，并对已经专门说明并公告的申请接收渠道承担相应的法律义务。行政机关没有按照上述要求专门说明并公告的，应当充分尊重申请人的选择。(3) 行政机关应当加强对政府信息公开申请接收渠道的规范管理，建立健全内部管理制度，完善申请处理流程，防止因遗漏、延误、内部衔接不畅等问题损害申请人的合法权益，最大限度地减少不必要的行政争议。

依据该意见，目前绝大多数行政机关都选择不以电子邮箱作为申请接收渠道。为避免申请人误解，各单位一般会在政府信息公开指南当中进行特别说明：本邮箱仅用于接收信息公开工作咨询及有关意见建议,如需提交政府信息公开申请,请参阅前述"申请接收渠道"。

(三)提出申请

第29条是提出申请条款。该条第1款规定:"公民、法人或者其他组织申请获取政府信息的,应当向行政机关的政府信息公开工作机构提出,并采用包括信件、数据电文在内的书面形式;采用书面形式确有困难的,申请人可以口头提出,由受理该申请的政府信息公开工作机构代为填写政府信息公开申请。"

【注解】该款提醒申请人注意:(1)最好在明确所申请行政机关的政府信息公开工作机构后直接向该工作机构提出申请。申请人在递交申请前,通过向行政机关对外发布的政府信息公开指南当中所明确的政府信息公开工作机构直接申请政府信息公开,而不是向负责人或其他内设机构提出。向后者提出的,"收到申请之日"的计算会延后,从政府信息公开工作机构实际收到转送的申请书之日或者电话确认确系政府信息公开申请之日起算,①无形之中延长了自己需要等待答复的时间并具有不确定性。(2)申请人采取邮寄信件方式提出申请的,最好在信封封面标注"政府信息公开申请书",便于行政机关收信时及时辨识出是政府信息公开申请。对于该类信件,行政机关有义务以保障知情权和减轻申请人负担为原则,及时按照相应的工作流程作出处理。②

该条第2款规定,政府信息公开申请应当包括下列内容:(1)申请人的姓名或者名称、身份证明、联系方式;(2)申请公开的政府信息的名称、文号或者便于行政机关查询的其他特征性描述;(3)申请公开的政府信息的形式要求,包括获取信息的方

---

① 参见最高人民法院(2017)最高法行申17号。
② 参见最高人民法院(2017)最高法行申4485号。

式、途径。

【注解】 该款提醒申请人注意：(1) 提交身份证明成为必备要件。实践中要求身份证正反面复印件，在邮寄或上传时建议在身份证图片上加上"仅供本次政府信息公开申请使用"字样或水印，保证个人信息不被用于其他用途。(2) 在提出申请之前，尽可能多地做一些准备工作，如能明确所申请内容的名称和文号最好，无法明确的，尽可能多地提供一些特征描述，易于行政机关查找和检索。

(四) 申请的补正

第 30 条是补正条款。该条规定："政府信息公开申请内容不明确的，行政机关应当给予指导和释明，并自收到申请之日起 7 个工作日内一次性告知申请人作出补正，说明需要补正的事项和合理的补正期限。答复期限自行政机关收到补正的申请之日起计算。申请人无正当理由逾期不补正的，视为放弃申请，行政机关不再处理该政府信息公开申请。"

【注解】 申请人申请内容不明确是一种常见情形。除了不知所云或指向不唯一等申请内容不明确情形外，申请人常常出于表达习惯，用"相关""所有""全部""不限于""包括""等""其他"这类模糊词语对自己所申请的政府信息进行概括性描述。这常常会被行政机关视为申请内容不明确，进而不得不启动补正程序。

为何要求补正？这是因为：一是通过补正，可以避免申请答复上无法形成准确的对应关系，即答非所问；二是如果行政机关仅以自己对申请信息的理解径行作出答复往往会导致无效申请的增多，进而造成行政、司法资源的浪费。①

---

① 参见北京市高级人民法院 (2020) 京 01 行终 238 号。

对于补正程序,行政机关需要注意如下几点要求:(1)面对申请内容不明确的申请,补正环节必不可少;(2)要求申请人补正时,行政机关需要提供指引释明;(3)补正不是要求申请人提供政府信息的具体文号和标题;①(4)补正只能要求一次;(5)针对申请人补正后的申请内容还是不明确的,行政机关有必要和申请人电话沟通或做到便民答复,告知书中有必要对认定和理解过程进行说明,并告知申请人可以进一步明确申请内容后重新提出申请;(6)补正应在收到申请后的7个工作日内进行,因各种原因错过了补正期限的,行政机关要根据自身理解作出便民答复;(7)如果申请人在补正时提出了新的申请,行政机关应当将之作为新申请处理;(8)答复期限自行政机关收到申请人补正的申请之日起重新计算,而不是中止计算;(9)申请人无正当理由逾期不补正的法律后果是视为其放弃申请,行政机关不再处理其申请。

(五)申请时间的确定

第31条涉及申请时间的确定。该条规定:"行政机关收到政府信息公开申请的时间,按照下列规定确定:(1)申请人当面提交政府信息公开申请的,以提交之日为收到申请之日;(2)申请人以邮寄方式提交政府信息公开申请的,以行政机关签收之日为收到申请之日;以平常信函等无需签收的邮寄方式提交政府信息公开申请的,政府信息公开工作机构应当于收到申请的当日与申请人确认,确认之日为收到申请之日;(3)申请人通过互联网渠道或者政府信息公开工作机构的传真提交政府信息公开申请的,以双方确认之日为收到申请之日。"

---

① 参见最高人民法院(2018)最高法行申1125号。

【注解】（1）对于申请人通过互联网渠道提出的政府信息公开申请，申请人一般会自动收到系统回复短信或递交成功后的申请编号，收到该信息即可视为收到申请之日。该条修订吸纳了国务院办公厅政府信息与政务公开办公室印发的《关于政府信息公开期限有关问题的解释》（国办公开办函〔2015〕207号）当中所明确的一些规定。（2）申请人将政府信息公开申请寄至行政机关负责人或行政机关其他机构的，相关机构将申请转送至本行政机关政府信息公开工作机构后，政府信息公开工作机构实际签收之日为收到申请之日。[①]

（六）第三方意见征求

第32条涉及第三方意见征询。该条规定："依申请公开的政府信息公开会损害第三方合法权益的，行政机关应当书面征求第三方的意见。第三方应当自收到征求意见书之日起15个工作日内提出意见。第三方逾期未提出意见的，由行政机关依照本条例的规定决定是否公开。第三方不同意公开且有合理理由的，行政机关不予公开。行政机关认为不公开可能对公共利益造成重大影响的，可以决定予以公开，并将决定公开的政府信息内容和理由书面告知第三方。"

【注解】针对该条规定，有几个注意事项：（1）第三方意见是否必须征询。对于该点，大家的认识还不统一。认为必须征询的居多，也有认为《政府信息公开条例》设定征求第三方意见程序的目的，是为了更好地让第三方参与政府信息公开程序，而非必经程序。[②] 最高人民法院有案例对此持折中观点，认为《政府信

[①] 参见最高人民法院（2017）最高法行申17号行政裁定。
[②] 参见苏州人民法院2021年行政审判典型案例九：钱某诉S市自然资源和规划局政府信息公开案。

息公开条例》规定的"征求第三方的意见"一般是指，申请公开的信息全部或主要内容涉及商业秘密、个人隐私，公开后可能损害第三方合法权益的情形。如果政府信息公开申请人申请的政府信息只有一部分或非主要内容涉及商业秘密或者个人隐私，行政机关可以根据《政府信息公开条例》的规定，作出区分处理后，径行作出告知，而无须征求第三方意见后再予答复。如此做法既能够保障政府信息公开申请人在最短时间内获取有效信息，又能有效地保护第三方的合法权益，还节约了行政资源。[①] 因此，并不是涉及第三方的政府信息公开申请均需要行政机关启动"征求第三方意见"程序，行政机关应当以"公开可能损害第三方合法权益"为标准进行判断。另外，如果第三方联系不上或征求第三方意见成本过高，属于客观上无法征求意见的情形，行政机关应当根据《政府信息公开条例》，在综合衡量保障公众知情权和保护第三方合法权益的基础上，自行决定是否公开。

（2）是否可以采取公告征询的方式。对于该问题，最高人民法院有案例认为，现行并无关于征求第三方意见方式的明确规定，鉴于要求公开的信息涉及区域内多个主体，行政机关采用公告的方式征求意见并无不当。[②]

（3）行政机关在征求第三方意见的同时，应当以书面告知申请人正在征询第三方意见，并依据《政府信息公开条例》第33条第3款说明征求意见所需时间不计入申请办理限期内等情况。

（4）行政机关征询时最好要求第三方提出不同意向申请人提供的具体内容以及理由。如此做法可发挥第三方自身的专业意见，便于行政机关最终判断哪些信息应当不予公开。

[①] 参见最高人民法院（2017）最高法行申311号。
[②] 参见北京市高级人民法院（2020）京03行终104号。

（5）征询回来的第三方意见的处理。① 第三方同意公开的，行政机关予以公开，这种情形在实践中并不常见；② 第三方不同意公开且有合理理由的，行政机关不予公开；③ 第三方不同意公开但无合理理由，或者逾期未提出意见的，由行政机关依照《政府信息公开条例》有关规定决定是否公开；④ 第三方不同意公开或者逾期未提出意见，但是行政机关认为不公开可能对公共利益造成重大影响的，可以决定予以公开，并将决定公开的政府信息内容和理由书面告知第三方；⑤ 在决定所涉信息全部不予公开之前，行政机关需要考虑是否可以通过区分处理作出部分公开决定。

（七）答复期限

第33条涉及答复期限。该条分3款。第1款规定："行政机关收到政府信息公开申请，能够当场答复的，应当当场予以答复。"第2款规定："行政机关不能当场答复的，应当自收到申请之日起20个工作日内予以答复；需要延长答复期限的，应当经政府信息公开工作机构负责人同意并告知申请人，延长的期限最长不得超过20个工作日。"第3款规定："行政机关征求第三方和其他机关意见所需时间不计算在前款规定的期限内。"

【注解】对于答复期限，应注意以下几点：(1) 行政机关计算答复期限应该自收到申请之日的次日起计算。依据是国务院办公厅政府信息与政务公开办公室印发的《关于政府信息公开期限有关问题的解释》（国办公开办函〔2015〕207号）。(2) 行政机关常规答复期限一般为20个工作日。(3) 行政机关可以延期一次，但必须经内部批准并在第一次答复期限内及时告知申请人相关情况。延期后的最长期限不应超过40个工作日。(4) 不计算在内的情形。行政机关征求第三方和其他机关意见所需时间不计算在常规答复期限内。（5）疫情防控期间答复期限的特殊处理规则。一方面，行政机关可以考虑建立政府信息公开申请的加速处理机制。这个机制要求当遇到有保护人的生命或人身安全的迫切需要时，应缩短答复期限或加急处理；另一方面，如果遇到国家或本地区宣布处于紧急状态时，收到申请的行政机关可和当事人协商合理答复期限，或依据国家有关法律、行政法规规定对申请予以延期或中止处理。

（八）联合发文机关意见征求

第 34 条涉及联合发文机关意见征求。该条规定："申请公开的政府信息由两个以上行政机关共同制作的，牵头制作的行政机关收到政府信息公开申请后可以征求相关行政机关的意见，被征求意见机关应当自收到征求意见书之日起 15 个工作日内提出意见，逾期未提出意见的视为同意公开。"

【注解】（1）遇联合发文情形，如果文件的公开属性明确且不需要改变公开属性的，牵头制作的行政机关不需要征求其他联合发文机关的意见就可决定是否公开；如文件事先未定属性或需要改变文件公开属性的，牵头制作的行政机关需要启动内部征求意见程序。（2）被征求意见的行政机关可提意见，也可不提。逾期不提意见的视为同意公开。这不同于第 32 条规定的向行政机关外的第三方征求意见，第三方逾期未表达意见的，应当视为不同意。（3）联合发文机关意见不一致的，行政机关应当提请共同的上级行政机关确定。（4）行政机关征求其他机关意见所需时间不计算在答复期限内，但是行政机关应当将征求意见的期限和理由告知申请人。

（九）异常申请的处理

第 35 条涉及异常申请的处理。该条规定："申请人申请公开政府信息的数量、频次明显超过合理范围，行政机关可以要求申请人说明理由。行政机关认为申请理由不合理的，告知申请人不予处理；行政机关认为申请理由合理，但是无法在本条例第三十三条规定的期限内答复申请人的，可以确定延迟答复的合理期限并告知申请人。"

【**注解**】对于异常申请的适用，应当结合申请人申请背后所涉及的申请目的和申请人申请行为进行综合判断。实践中，需要行政机关从如下几个步骤进行系统考虑。第一步，从申请数量和频次这种形式上进行事先判断。当出现：同一申请人一个自然月内累计申请超过 10 件，进入可以收费的环节时，或两个连续自然月内累计申请超过 20 件时，就可视为申请人申请公开政府信息的数量、频次明显超过合理范围。第二步，在判定构成异常申请之前，基于正当程序考虑，行政机关需要给申请人一次说理的机会。第三步，判断申请人的申请理由是否合理。理由合理的，行政机关应按一般意义上的异常申请对待，该收费的收费，答复期限该延迟的延迟。理由不合理的，行政机关可以判定构成特殊意义上的异常申请，即所谓的纠缠申请或无正当理由大量反复申请，此时，行政机关应以不予处理答复申请人并在答复书中提供具体理由予以佐证。总的来说，此条规定既保证了申请人合理申请的权利，又对滥用信息公开申请权利进行了限制，同时，允许在合理期限内延期答复的规定也缓解了行政机关的工作压力。

（十）主要答复类型

第 36 条涉及答复类型。该条主要列举了 7 种答复处理类型，具体内容如下。

（1）所申请公开信息已经主动公开的，告知申请人获取该政府信息的方式、途径。

【注解】① 对于属于主动公开范围且已经主动公开的信息，行政机关没有向特定申请人提供该政府信息的义务，只需告知其获取信息的方式和途径（包括具体到指向该政府信息的网页链接等）即可。当然不排除行政机关出于便民需要，提供已主动公开的政府信息给申请人。这是因为，一旦允许这种索取量很大的申请，不仅会造成不必要的重复劳动，破坏行政机关履行义务的能力，也会增加巨额公共支出，同时，主动公开政府信息的制度价值也会大打折扣。② 不向特定申请人提供行政机关已经主动公开的政府信息，仅限于政府信息"确实可见"的情形。对于信息公告栏、电子信息屏等具有"转瞬即逝"特性的公开载体而言，简单的一个告知未必会满足申请人真正能够获取其所需要的信息的需求。如果申请人对于这类已经主动公开但事后无法查阅的政府信息确有需要，行政机关可以在收取必要的成本费用之后再行提供。① ③ 在申请人确实有将所申请到的政府信息作为法律证据等方面的正当需求，需要行政机关提供加盖公章的正式文件时，行政机关可考虑将能够查找到的文件复印件提供给申请人。

（2）所申请公开信息可以公开的，向申请人提供该政府信息，或者告知申请人获取该政府信息的方式、途径和时间。

【注解】这种情况针对的是所申请的政府信息可以全部公开时的答复口径。另外，对于之前已主动公开过的政府信息，在申请人提出申请时所涉信息已不适合主动公开或因客观条件无法再主动公开的，行政机关也可以"依申请公开"的口径作出答复。

---

① 参见最高人民法院（2017）最高法行再93号。

（3）行政机关依据本条例的规定决定不予公开的，告知申请人不予公开并说明理由。

【注解】答复不予公开时需要说明理由，因此，行政机关需要援引之前讲到的第 14 条、第 15 条和第 16 条所列举的具体的不予公开的理由。此类不予公开答复告知书中一般需要援引两个法律依据。

（4）经检索没有所申请公开信息的，告知申请人该政府信息不存在。

【注解】行政机关作出信息不存在答复的，需要注意如下四点：① 为了避免行政机关不愿意公开某一信息时，以"信息不存在"作为一个便利借口，法院一般要求行政机关就政府信息不存在的具体原因承担举证责任。① 审查判断的方法一般是查看行政机关是否确实尽到了积极的检索、查找义务。故本次条例修订特意加上了"经检索"这个限定词。② 当然，条例所要求的"存在"是指一种"客观存在"，不是"推定存在"。② ③ 行政机关除了保存好尽到合理搜索义务的证据外，还可采取便民措施，如在答复前做好和申请人的沟通，在答复时解释信息不存在的原因。这些原因主要有：a. 属于本机关职责权限范围，但是确未制作或获取；b. 属于本机关职责权限范围，但是尚未制作或获取；c. 制作过但已经遗失（含遗失原因）；d. 制作过但已依法销毁（含法律依据）；e. 经过一定范围搜索未找到。④ 答复信息不存在时，行政机关怎么说理都不为过。上海市对此还专门要求"说明情况"。③ 只有通过"主动全面查找、积极详细说明"，才能最终赢

---

① 参见最高人民法院（2016）最高法行申 3533 号。
② 参见（2016）最高法行申 2855 号行政裁定。
③ 2020 年修订后的《上海市政府信息公开规定》第 38 条第 4 项规定："经检索没有所申请公开信息的，告知申请人该政府信息不存在并说明情况。"

得申请人理解，实质性化解争议。①

（5）所申请公开信息不属于本行政机关负责公开的，告知申请人并说明理由；能够确定负责公开该政府信息的行政机关的，告知申请人该行政机关的名称、联系方式。

【注解】对于不属于本机关负责公开的信息，行政机关除了答复时需要说明理由外，还需特别注意：① 当存在法律主体和操作主体不一致时，即实践中未严格按照法律规定执行的，所涉行政机关不应简单答复不属于本机关负责公开的信息，按谁收到申请谁答复更合适的原则处理；② ② 涉及其他机关已主动公开的政府信息，行政机关可采取便民答复，让申请人少跑路；③ 行政机关对于不属于本机关负责公开的政府信息，能够确定该信息不存在的，在作出不属于本机关负责公开的答复的同时，可便民告知该政府信息不存在。

（6）行政机关已就申请人提出的政府信息公开申请作出答复、申请人重复申请公开相同政府信息的，告知申请人不予重复处理。

【注解】国务院办公厅在其2008年印发的《关于施行〈政府信息公开条例〉若干问题的意见》中就重复申请作出了补充规定。该文件指出，对于同一申请人向同一行政机关就同一内容重复提出公开申请的，行政机关可以不重复答复。实践过程中，需要行政机关注意如下几点：① 是否构成重复申请主要从申请内容、申请指向、申请人、被申请人和答复形式这五个方面进行判断。参见表1-2。就申请内容来看，实践中并不一定要求字面表述上的完全一致，只要达到基本一致就可。因此，对于申请内容

---

① 参见2019年上海法院行政争议实质解决案例中的案例六：吴某诉上海市金山区人民政府信息公开答复案。
② 关于该意见，可见《国务院办公厅政府信息与政务公开办公室关于政府信息公开申请答复主体有关问题的解释》（国办公开函〔2014〕67号）。

上增加了一些非指向政府信息的表述,如对提供方式提出不同要求,也可认为达到了基本一致的要求。另外,后次申请内容被包含在前次申请内容中,也达到了申请内容上的一致性要求。反之,如果后次申请内容对前次申请内容构成了部分重复或修改补充,则不符合一致性要求,不能认定为重复申请。在申请指向上,申请人两次申请所指向的申请内容应是一致的。在申请人和被申请人指向上,要求两者都必须一致,才可认定为重复申请。这就意味着来自家庭成员的同一申请内容的申请不能被认定为重复申请。同时,不能简单地以申请人已经向其他部门提出申请或者已经从其他部门获取相关信息就免除本机关的信息公开义务。

表1-2 重复申请判断要素

1	申请内容	一致、基本一致、包含
2	申请指向	一致
3	申请人	一致
4	被申请人	一致
5	答复形式	信息公开答复,首次答复告知

② 对于答复形式的要求,行政机关首次认定时,需要出具重复申请告知书,告知申请人若再申请,行政机关不再重复处理。

③ 若原申请内容指向的政府信息情况已发生变化,行政机关应当作出新的答复,不能以重复申请为由不予处理。

④ 如果行政机关第一次的处理结果是应当公开而没有公开,第二次再以重复处理为由拒绝公开,实际上是政府拒不履行法定职责。行政机关对此种情况不宜以重复申请答复。

（7）所申请公开信息属于工商、不动产登记资料等信息，有关法律、行政法规对信息的获取有特别规定的，告知申请人依照有关法律、行政法规的规定办理。

【注解】① 该项将国务院办公厅政府信息与政务公开办公室印发的《关于明确政府信息公开与业务查询事项界限的解释》（国办公开办函〔2016〕206号）中所确定的工商登记资料查询和不动产登记资料查询这两项行政查询事项予以纳入。户籍信息查询本次修订未予明确纳入。② 除了行政查询外，该项是否还涵盖其他法定查询尚未明确。依据《公安机关办理政府信息公开行政复议案件若干问题的规定》，《政府信息公开条例》第37条第7款不仅仅限于行政查询事项，还包括信访事项信息、档案信息、行政复议信息查询。

应该说，第36条明确了我国政府信息公开处理决定的主要类型。我国政府信息公开处理决定主要包括予以公开、部分公开、不予公开、无法提供、不予处理和其他处理这六大类政府信息公开实体处理决定类型。不予公开类型下又可细分成8种。无法提供和不予处理分别细分了3种和5种。国务院办公厅政府信息与政务公开办公室于2019年11月23日印发了《关于政府信息公开工作年度报告有关事项的通知》（国办公开办函〔2019〕60号）。该通知提供了政府信息公开工作年度报告格式模板。格式模板在"本年度办理结果"下设置了予以公开、部分公开、不予公开、无法提供、不予处理和其他处理这六种政府信息公开实体处理决定类型。国务院办公厅政府信息与政务公开办公室于2021年9月26日印发的《〈中华人民共和国政府信息公开工作年度报告格式〉的通知》（国办公开办函〔2021〕30号）对"其他处理"予以了进一步明确。表1-3是政府信息公开处理决定的主要类型，我们同时附上相关依据予以细化说明。

表 1-3 政府信息公开处理决定的主要类型

决定类型	具 体 子 类
予以公开	1. 已主动公开［第 36 条第（1）项］
	2. 依申请公开［第 36 条第（2）项］
部分公开	1. 部分公开（第 37 条）
不予公开	1. 属于国家秘密（第 14 条）
	2. 其他法律行政法规禁止公开（第 14 条）
	3. 危及"三安全一稳定"（第 14 条）
	4. 保护第三方合法权益（商业秘密、个人隐私、其他第三方信息）（第 15 条）
	5. 属于三类内部事务信息（第 16 条第 1 款）
	6. 属于四类过程性信息（第 16 条第 2 款）
	7. 属于行政执法案卷（第 16 条第 2 款）
	8. 属于行政查询事项［第 36 条第（7）项］
无法提供	1. 本机关不掌握相关政府信息（信息不存在、不属于本机关负责公开）［第 36 条第（4）项、第（5）项］
	2. 没有现成信息，需要另行制作（第 38 条）
	3. 补正后申请内容仍不明确（事实判断）
不予处理	1. 信访举报投诉类申请（第 39 条第 1 款）
	2. 重复申请［第 36 条第（6）项］
	3. 要求提供公开出版物（第 39 条第 2 款）
	4. 无正当理由大量反复申请（第 35 条）
	5. 要求行政机关确认或重新出具已获取信息（事实判断）

(续表)

决定类型	具 体 子 类
其他处理	1. 申请人无正当理由逾期不补正,行政机关不再处理其申请（第30条）
	2. 申请人逾期未按收费通知要求缴纳费用,行政机关不再处理其申请
	3. 其他

除了如上分析的单个类型答复的注意事项外,实践中还需行政机关注意的是:① 在政府信息公开申请办理过程中,非唯一答复意见是常态。行政机关最好的考虑是在可选的几种答复中结合依法和便民,兼顾法律效果和社会效果后作出一种最优答复。② 行政机关确定了合适的答复类型后,最先需要做到的是出具一份标准规范的正式答复告知书。答复告知书的主要审查要素包括:a. 答复时限,考虑行政机关是否按期答复;b. 答复形式规范,考虑告知书是否完整,包括告知书的抬头、编号、落款、日期;c. 答复内容规范,考虑告知书中的答复理由、答复依据和救济渠道是否告知及告知是否准确;d. 便民情况,考虑是否与申请人沟通及向申请人提供便民告知或指引。③ 对于复议机关和法院而言,应该树立的一个重要裁决理念就是确保法定知情权不减损。这意味着对于行政机关理应依法作出不予公开答复,结果却作出了予以公开答复决定的,复议机关和法院不应依法纠错,应鼓励行政机关作出这种利于公开的决定。

（十一）区分处理

第 37 条涉及部分公开。该条规定:"申请公开的信息中含有不应当公开或者不属于政府信息的内容,但是能够作区分处理的，行政机关应当向申请人提供可以公开的政府信息内容，并对不予公开的内容说明理由。"

【注解】部分公开是行政机关贯彻落实条例总则中"公开为常态、不公开为例外"原则的一项具体制度要求。实践中，行政机关在答复不予公开之前，应该考虑是否可以作出部分公开答复，尤其在涉及第三方信息情况下更是如此。

（十二）需加工分析

第38条是需加工分析条款。该条规定："行政机关向申请人提供的信息，应当是已制作或者获取的政府信息。除依照本条例第37条的规定能够作区分处理的外，需要行政机关对现有政府信息进行加工、分析的，行政机关可以不予提供。"

【注解】理解这条，行政机关需要注意：（1）该条规定意味着不是经加工、分析现存的信息不予提供，而是需加工、分析非现存的信息不予提供。（2）该条规定的是行政机关"可以不予提供"，而不是"不得提供"。行政机关有自主决定是否进行加工分析的权力。（3）行政机关是否进行加工分析，可以根据实际工作量大小来定。如果工作量过大，行政机关应当不予提供；如果工作量不大，只需行政机关简单地加工分析，如提供最小信息单元，甚至为内部掌握情况需要已经有加工分析的现成信息的，建议行政机关从便民、利民、减少行政争议的角度考虑，以同意公开处理，更为充分保障申请人的知情权。（4）加工分析工作量大小会因时代变化和技术采用而有所变化，并非一成不变。

（十三）信访举报投诉类申请

第39条涉及信访举报投诉类申请的处理。该条分2款。第1款规定："申请人以政府信息公开申请的形式进行信访、投诉、举报等活动,行政机关应当告知申请人不作为政府信息公开申请处理并可以告知通过相应渠道提出。"

【注解】理解该款,行政机关需要注意:(1)对于形式上是政府信息公开申请,实为信访、投诉、举报的,答复不予处理没有问题。但是对于申请中涉及信访、投诉、举报信息的,是否也可依据该款不予处理?实践中需要行政机关予以区别对待。属于政府信息公开申请的,应当按照申请处理。(2)对于这类申请,行政机关应多采取一些便民措施,如告知相应渠道。(3)该类申请实际上有可能涉及政府履职不到位问题,建议行政机关在答复之余,从为群众办实事的高度采取措施,做到实质性化解相关社会矛盾。(4)咨询类申请处理。实践中出现过以政府信息公开申请的形式进行咨询,要求行政机关解答特定问题的情形。一般包括如下几种情形:① 笼统地要求了解某一行政行为的法律依据或政策依据、事实依据;② 某一行政文书的具体内容如何理解;③ 某一类事实应适用何种规定;④ 某一文件的有效性。行政机关对于咨询类申请的答复处理,不能一概而论。建议行政机关对该类申请按照如下处理次序作出合适决定:① 从便民、利民、减少行政争议的角度,优先考虑是否可以启用同意公开答复;② 如前述答复不可行,建议是否启用需要加工分析不予提供答复;③ 如前两种答复均不可行,最后考虑以非政府信息公开申请答复,将之划入该款规定的"等"中进行理解。当然,答复过程中,行政机关有必要作出便民解答或者指引。

第39条第2款规定:"申请人提出的申请内容为要求行政机关提供政府公报、报刊、书籍等公开出版物的,行政机关可以告知获取的途径。"

【注解】该类信息本身就对社会公开发布,有其专门的公开途径,作为政府信息公开申请处理徒增行政机关的负担。实践中，行政机关需要注意：(1) 根据实际情况从便民的角度提供，至少准确告知申请人获取途径。(2) 申请政府公报的，考虑到现在各地政府公报已经开展了数字化工作，行政机关也可依据第36条第（1）项予以答复处理。原因是所申请的政府公报信息实际上针对的是已主动公开的信息。

(十四) 获取方式和载体形式

第40条涉及政府信息的提供。该条规定："行政机关依申请公开政府信息，应当根据申请人的要求及行政机关保存政府信息的实际情况，确定提供政府信息的具体形式；按照申请人要求的形式提供政府信息，可能危及政府信息载体安全或者公开成本过高的，可以通过电子数据以及其他适当形式提供，或者安排申请人查阅、抄录相关政府信息。"

【注解】该条赋予了申请人在政府信息提供上的选择权。本次修订对申请人选择权进行了一定程度的限制，赋予了行政机关更多的决定权。例如，在地方政府出台的政府信息公开申请办理规范中，均明确确定提供政府信息的具体形式可以包括纸质、电子文档等，但不包括申请人提出的"盖骑缝章""每页加盖印章"等形式。

另外，该条并未明确以到付方式送达政府信息公开答复告知书这类问题。对此，国务院办公厅政府信息与政务公开办公室印发的《关于政府信息公开处理决定送达问题的解释》（国办公开办函〔2016〕235号）认为：(1) 行政机关作出的信息公开处理决定是正式的国家公文，应当以权威、规范的方式依法送达申请人。参照有关法律规定，送达方式包括直接送达、委托其他行政机关代为送达和邮寄送达。(2) 采取邮寄送达方式送达的，根据《邮政法》第55条的规定，以及我国国家公文邮寄送达实际做法，应当通过邮政企业送达，不得通过不具有国家公文寄递资格的其他快递企业送达。(3)采取邮寄送达方式送达的,行政机关可以依照《政府信息公开条例》及有关规定收取邮寄成本费用,但不得以要求申请人向邮政企业支付邮寄费的方式收取。(4)采取直接送达、委托其他行政机关代为送达等方式送达的,以申请人及其法定代理人签收之日为期限计算时点。采取邮寄送达方式送达的,以交邮之日为期限计算时点。

(十五)自身信息的更正

第41条涉及自身信息的更正条款。该条规定:"公民、法人或者其他组织有证据证明行政机关提供的与其自身相关的政府信息记录不准确的,可以要求行政机关更正。有权更正的行政机关审核属实的,应当予以更正并告知申请人;不属于本行政机关职能范围的,行政机关可以转送有权更正的行政机关处理并告知申请人,或者告知申请人向有权更正的行政机关提出。"

【注解】需要注意,实践中申请人提出的一些更正申请,如要求将不予公开答复更正为同意公开答复,更正房产证上的产权人姓名等,均不符合该条立法本意。公民、法人或者其他组织要求更正的政府信息,必须与其自身相关,并提供相关政府信息记录不准确的证据。对于公民而言,在《个人信息保护法》出台后,该条规定的实际意义有限。《个人信息保护法》第46条规定:"个人发现其个人信息不准确或者不完整的,有权请求个人信息处理者更正、补充。个人请求更正、补充其个人信息的,个人信息处理者应当对其个人信息予以核实,并及时更正、补充。"

(十六)收费

第42条涉及收费方面的规定。该条第1款规定:"行政机关依申请提供政府信息,不收取费用。但是,申请人申请公开政府信息的数量、频次明显超过合理范围的,行政机关可以收取信息处理费。"该条第 2 款规定:"行政机关收取信息处理费的具体办法由国务院价格主管部门会同国务院财政部门、全国政府信息公开工作主管部门制定。"

【注解】理解该条,行政机关需要注意:(1) 2020 年 11 月 17 日,国务院办公厅印发了《政府信息公开信息处理费管理办法》,该办法自 2021 年 1 月 1 日起正式实施。该办法共 13 条,从基本定位、收费标准、收费程序、收费方式、监督管理等五个方面,对收取信息处理费作出了相关规定。(2) 该办法体现了三条原则:① 信息处理费不是必须收取。申请人确实出于科研等正当需求,行政机关可以本着服务理念不收取。② 规范约束不合理、不合法的诉求。该办法意图最大限度地将合理、合法的需求满足好,将不合理、不合法的诉求限制住。③ 规范政府信息公开收费行为。该办法对《政府信息公开条例》第 42 条关于"申请公开政府信息的数量、频次明显超过合理范围"中的"数量""次数"以及"合理范围"确定了认定标准。(3) 在收取过高的处理费之前,需要行政机关考虑:① 有无提供现场查阅而不收费的这类不收费替代措施;② 在按件或按量计算出的收费中选择收费较低的那种;③ 通过出具收费预先告知书给予申请人是否需要继续办理的决定权。如此多措并举的考虑,是避免因行政机关畸高收费引发不必要的误解。

(十七)帮助义务

第 43 条设定了行政机关的帮助义务。该条规定:"申请公开政府信息的公民存在阅读困难或者视听障碍的,行政机关应当为其提供必要的帮助。"

【注解】该条规定的是一种狭义上的帮助义务。广义上的帮助义务涉及帮助申请人明确申请内容、和申请人积极沟通等措施。这种广义上的帮助措施在实践中被行政机关运用得更为频繁。对此,《上海市政府信息公开规定》专设便民服务条款,其中第 43 条规定:"行政机关应当为申请人申请政府信息提供必要的便利服务:(1) 提供申请书的格式文本,方便公民、法人和其他组织提出申请;(2) 申请人描述所需政府信息的文件名称、文号或者确切特征等有困难,向行政机关咨询的,行政机关应当提供必要的帮助;(3) 为存在阅读困难或者视听障碍的公民提供必要的帮助;(4) 申请内容不属于政府信息的,相关信息已获取并可以公开的,可以便民提供给申请人;(5) 申请内容不属于本机关负责公开的政府信息的,相关信息已主动公开的,可以便民告知申请人获取该政府信息的方式和途径。"

(十八) 依申请转主动公开

第 44 条对依申请转主动公开提出了要求。该条第 1 款规定:"多个申请人就相同政府信息向同一行政机关提出公开申请,且该政府信息属于可以公开的,行政机关可以纳入主动公开的范围。"该条第 2 款规定:"对行政机关依申请公开的政府信息,申请人认为涉及公众利益调整、需要公众广泛知晓或者需要公众参与决策的,可以建议行政机关将该信息纳入主动公开的范围。行政机关经审核认为属于主动公开范围的,应当及时主动公开。"

【注解】对于该条,可以从如下几点进行理解:(1) 依申请公开转主动公开主要有三种情形。一是将被频繁申请的政府信息转主动公开情形。遇到多个申请人向同一行政机关申请可以公开的相同政府信息的,行政机关有必要将该政府信息转为主动公开处理。被频繁申请一般以信息被申请超过三次以上作为判断标准,如美国 2016 年修改通过的《信息自由法》。[①] 也有不判断是否被

---

① 后向东:《美国 2016 年〈信息自由法〉改革法案述评》,《电子政务》2016 年第 10 期,第 53 页。

频繁申请，秉持"向一个申请人公开的就可以向所有人公开"的理念，将答复同意公开所指向的具有公共属性的政府信息直接转为主动公开信息。这方面的典型例子是澳大利亚。该国2012年修改通过的《信息自由法》有此类要求。二是依申请人建议转主动公开情形。是否转主动公开的主要判断标准是《政府信息公开条例》第19条规定的判断应当主动公开政府信息的一般性标准。三是行政机关自身认为可以转主动公开的情形。（2）多开展主动公开工作可以减少依申请公开数量的观点能否成立。我们认为，成立的前提是主动公开的质和量达到一定程度，否则，主动公开不仅不能减少申请量，反倒会增加申请量。（3）未来可以通过设置类似美国的"信息公开图书馆（FOIA Library）"或澳大利亚的"信息公开日志（FOI Disclosure Log）"这类"依申请转主动公开"专栏，按照申请人、申请日期、申请内容、答复意见、转主动公开内容、内容描述这几个要素集中规范公开这类转换信息。同时，在"依申请公开"入口醒目位置提醒申请人在递交申请之前，先通过这类专栏提前浏览或检索是否有所需要的相关信息后再决定是否递交政府信息公开申请。表1-4是一个可供参考的例子，同时，转主动公开内容需要以可供下载使用的文件格式作为附件提供。

表1-4　依申请转主动公开信息公开模板

申请人	申请日期	申请内容	答复意见	转主动公开内容	内容描述
郑某	2018/3/26	某区所有居委会的联系地址和电话	同意公开	某区各街镇居委会基本情况表	包括居委名称、详细住所和联系电话的某区13个街道（镇）共303个居委会的基本情况

(十九）依申请公开工作规范

第45条对依申请公开工作制度和工作规范提出了要求。该条规定："行政机关应当建立健全政府信息公开申请登记、审核、办理、答复、归档的工作制度，加强工作规范。"

【注解】 江苏省政府办公厅于2019年5月11日修订了2018年印发的《关于规范政府信息依申请公开办理程序的意见》（苏政办发〔2018〕112号）。该意见对接收、登记、补正、拟办、征求第三方意见、审核、作出答复、送达、存档等九个环节作出了规范，并编制了政府信息依申请公开办理流程图（见图1-3）。

五、监督和保障篇

第五章是监督和保障，共8条，从第46条到第53条。

（一）评议和考核

第46条是评议和考核条款。该条规定："各级人民政府应当建立健全政府信息公开工作考核制度、社会评议制度和责任追究制度，定期对政府信息公开工作进行考核、评议。"

【注解】 考核和社会评议是促进《政府信息公开条例》实施的主要抓手，尤其对于落实主动公开义务而言更是如此。

（二）工作监督

第47条对工作监督提出要求。该条共2款。第1款规定："政府信息公开工作主管部门应当加强对政府信息公开工作的日常指导和监督检查，对行政机关未按照要求开展政府信息公

第一章 《政府信息公开条例》的内容注解

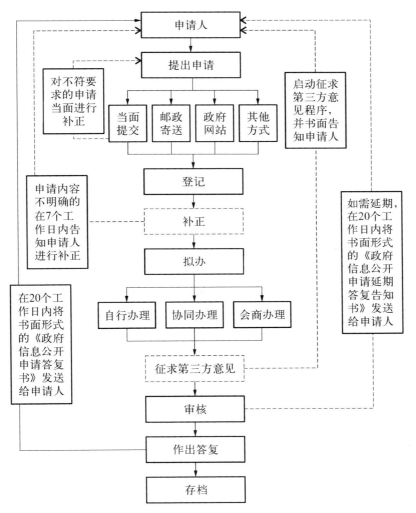

图1-3 江苏省政府信息依申请公开办理流程图

开工作的,予以督促整改或者通报批评;需要对负有责任的领导人员和直接责任人员追究责任的,依法向有权机关提出处理建议。"

该条第 2 款规定："公民、法人或者其他组织认为行政机关未按照要求主动公开政府信息或者对政府信息公开申请不依法答复处理的，可以向政府信息公开工作主管部门提出。政府信息公开工作主管部门查证属实的，应当予以督促整改或者通报批评。"

【注解】（1）对于行政机关存在未履行主动公开义务的情形，公众可以向政府信息公开工作主管部门提出，依托政府信息公开工作主管部门督促行政机关尽快履职到位。（2）该条加强了政府信息公开工作主管部门的监督职责。对此，各级人民政府的政府信息公开工作年度报告当中也要求阐述工作考核、社会评议和责任追究结果情况，向公众充分展示自己履行了必要的监督职责。

（三）培训

第 48 条是培训条款。该条要求政府信息公开工作主管部门应当对行政机关的政府信息公开工作人员定期进行培训。

【注解】在从事政府信息公开工作人员变动频繁，专职力量配备不够的情况下，开展年度专业培训必不可少。同时，培训还应涵盖新任公务员和领导干部，实现全员培训是最终目标。对于专业人员培训，一般要求每年至少组织 1 次。从长远考虑，还可支持政府信息公开工作人员接受相关继续教育。

（四）政府信息公开工作年度报告

第 49 条和第 50 条涉及政府信息公开工作年度报告要求。第 49 条规定了政府信息公开工作年度报告的发布时间。第 1 款规定："县级以上人民政府部门应当在每年 1 月 31 日前向本级政府信息公开工作主管部门提交本行政机关上一年度政府信息公开工作年度报告并向社会公布。"第 2 款规定："县级以上地方人民政府的政府信息公开工作主管部门应当在每年 3 月 31 日前向社会公布本级政府上一年度政府信息公开工作年度报告。"

【注解】 对于发布时间，条例规定的是最晚时间。需要提醒的是：(1) 乡（镇）人民政府和街道办事处也需编制政府信息公开工作年度报告，并在每年 1 月 31 日前向社会公布；(2) 各地一般要求县级人民政府于每年 2 月 20 日前向社会公布本级人民政府信息公开工作年度报告，比条例规定的 3 月 31 日明显提前。

第 50 条对政府信息公开工作年度报告的内容提出了要求。该条第 1 款规定："政府信息公开工作年度报告应当包括下列内容：(1) 行政机关主动公开政府信息的情况；(2) 行政机关收到和处理政府信息公开申请的情况；(3) 因政府信息公开工作被申请行政复议、提起行政诉讼的情况；(4) 政府信息公开工作存在的主要问题及改进情况，各级人民政府的政府信息公开工作年度报告还应当包括工作考核、社会评议和责任追究结果情况；(5) 其他需要报告的事项。"该条第 2 款规定："全国政府信息公开工作主管部门应当公布政府信息公开工作年度报告统一格式，并适时更新。"

【注解】 对此，国务院办公厅政府信息与政务公开办公室于 2019 年 11 月 23 日印发了《关于政府信息公开工作年度报告有关事项的通知》（国办公开办函〔2019〕60 号）。2021 年 9 月 26 日，国务院办公厅政府信息与政务公开办公室发布了《关于印发〈中华人民共和国政府信息公开工作年度报告格式〉的通知》（国办公开办函〔2021〕30 号），对 2019 年的年报格式进行了修订。具体内容后文专门阐述。

（五）社会监督与救济途径

第 51 条是社会监督和救济途径条款。该条规定："公民、法人或者其他组织认为行政机关在政府信息公开工作中侵犯其合法权益的,可以向上一级行政机关或者政府信息公开工作主管部门投诉、举报,也可以依法申请行政复议或者提起行政诉讼。"

【注解】"没有救济就没有权利。"该条赋予了申请人和第三方一系列救济的权利。公民、法人或者其他组织对政府信息公开答复处理不满意的,可以投诉、举报,也可以提起行政复议或诉讼。第三人如果认为行政机关公开政府信息时侵犯其合法权益的,也有权提起复议或诉讼。这种诉讼的提起是当事人为了阻止行政机关公开某信息。这与《政府信息公开条例》所要求的推动政府信息公开的立法目的相反。故称反信息公开行政复议或诉讼。[①]

该条所规定的可行政复议或可行政诉讼的或选机制已被2023年9月1日修订的《行政复议法》第23条所规定的政府信息公开案件行政复议前置程序所替代。这意味着政府信息公开申请人对于行政机关不予公开所申请政府信息的,申请人应当先向行政复议机关申请行政复议,对行政复议决定不服的,才可以依法向人民法院提起行政诉讼。

需要注意的是,对于行政机关违反主动公开义务的,公众并不能据此直接提起行政复议或行政诉讼。只有通过事先提出政府信息公开申请,在得到相应处理后再就相应处理提起行政复议或行政诉讼。依据是《最高人民法院关于审理政府信息公开行政案件若干问题的规定》(法释〔2011〕17号)第3条。该条规定:"公民、法人或者其他组织认为行政机关不依法履行主动公开政府信息义务,直接向人民法院提起诉讼的,应当告知其先向行政机关申请获取相关政府信息。对行政机关的答复或者逾期不予答复不服的,可以向人民法院提起诉讼。"《国务院办公厅转发司法

---

① 李广宇:《反信息公开行政诉讼问题研究》,《法律适用》2007年第8期,第48页。

部《关于审理政府信息公开行政复议案件若干问题指导意见》的通知》(国办函〔2021〕132号)第4条也有类似规定。该条规定:"公民、法人或者其他组织认为行政机关未依法履行主动公开政府信息义务提出行政复议申请的,行政复议机关不予受理,并可以告知其先向行政机关申请获取相关政府信息。"不过,在美国,已有相关案例突破了"主动公开不可诉"这种做法。未来,我国也可以对此进行探讨或设计更为有效的促进主动公开规定的落实举措。

(六)法律责任

法律责任共有2条。第52条针对的是未建立健全政府信息公开有关制度、机制的法律责任。它规定:"行政机关违反本条例的规定,未建立健全政府信息公开有关制度、机制的,由上一级行政机关责令改正;情节严重的,对负有责任的领导人员和直接责任人员依法给予处分。"

第53条涉及三种情形下的责任追究。该条规定:"行政机关违反本条例的规定,有下列情形之一的,由上一级行政机关责令改正;情节严重的,对负有责任的领导人员和直接责任人员依法给予处分;构成犯罪的,依法追究刑事责任:(1)不依法履行政府信息公开职能;(2)不及时更新公开的政府信息内容、政府信息公开指南和政府信息公开目录;(3)违反本条例规定的其他情形。"

【注解】法律责任这块,有两点需要说明:(1)和旧条例相比,修订后的条例删除了"公开不应当公开的政府信息"这项先前需要承担法律责任的规定。该删除处理隐含了责任豁免机制。新《政府信息公开条例》向行政机关释放的一个强烈信号:如果公开了不应该公开的内容,并且非主观过错,行政机关及其工作人员可以免责,行政机关及其工作人员仅限于对其不公开行为,不应对其公开行为进行追责。①当然，未来相关机制需要得以建立健全。(2) 从国际上影响力较大的"全球信息公开法评级体系"来看，我国的《政府信息公开条例》缺少对行政机关需要承担法律责任的规定，更多指向负有责任的领导人员和直接责任人员。行政机关的责任则更多从前面的考核和社会评议排名当中得以体现。

六、附则篇

第六章是附则，共3条，从第54条到第56条。

（一）法定授权组织

第54条是法律法规授权组织条款。该条要求法律、法规授权的具有管理公共事务职能的组织公开政府信息的活动，也适用本条例。

【注解】该条是对公开义务主体的补充规定。② 这意味着法律、法规授权组织和行政机关一样，都是《政府信息公开条例》所规定的公开义务主体。法律、法规授权组织能够成为公开义务主体必须符合两个条件：一个是行政机关或法律、法规授权的具有管理公共事务职能的组织；另一个是信息的制作者或保存者。这方面的例子如高等院校。在涉及高校颁发学历学位证书、学籍管理，奖学金、贷学金、助学金发放行为上，因有法律、法规授权，高等院校从而获得相应的行政主体资格。针对高等院校基于这些行为所制作或获取的信息公开，应当适用

---

① 后向东：《论我国政府信息公开制度变革中的若干重大关系》，《中国行政管理》2017年第7期，第15页。
② 后向东：《〈中华人民共和国政府信息公开条例〉（2019）理解与适用》，中国法制出版社2019年版，第97页。

《政府信息公开条例》。

（二）公共企事业单位信息公开

第55条是公共企事业单位信息公开条款。该条规定："教育、卫生健康、供水、供电、供气、供热、环境保护、公共交通等与人民群众利益密切相关的公共企事业单位，公开在提供社会公共服务过程中制作、获取的信息，依照相关法律、法规和国务院有关主管部门或者机构的规定执行。全国政府信息公开工作主管部门根据实际需要可以制定专门的规定。前款规定的公共企事业单位未依照相关法律、法规和国务院有关主管部门或者机构的规定公开在提供社会公共服务过程中制作、获取的信息，公民、法人或者其他组织可以向有关主管部门或者机构申诉，接受申诉的部门或者机构应当及时调查处理并将处理结果告知申诉人。"

【注解】 从该条规定理解，2019年《政府信息公开条例》修订后，一改过去的参照模式[1]为现如今的行政监管模式，[2] 要求公共企事业单位依照相关法律、法规和国务院有关主管部门或者机构的规定履行信息公开义务。依据《政府信息公开条例》的要求，国务院办公厅于2020年年底印发了《公共企事业单位信息公开规定制定办法》的通知（国办发〔2020〕50号），为各领域公共企事业单位信息公开规定的制定从公开内容、公开方式、监督保障等方面明确了标准，提供了统一"姿势"。国务院办公厅在《2021年政务公开工作要点》中要求国务院有关主管部门在2021年年底前出台公共企事业单位信息公开规定，进一步加强

---

[1] 郭泰和：《立法扩展与实践局限：公共企事业单位信息公开诉讼的路径选择》，《行政法学研究》2014年第3期，第94页。
[2] 后向东：《论我国政府信息公开制度变革中的若干重大问题》，《行政法学研究》2017年第5期，第104页。

监管，优化公共服务。国务院有关主管部门均于 2021 年对外发布了相关领域信息公开的征求意见稿并大多得以在当年度对外正式发布，基本建成了我国行政监管模式下的公共企事业单位信息公开的制度体系。如何通过公开实现强监管是未来需要持续思考的一个命题。

（三）施行日期

第 56 条是修订后条例的生效时间。该条规定："本条例自 2019 年 5 月 15 日起施行。"

【注解】 修订后的《政府信息公开条例》对外发布时间是 2019 年 4 月 3 日，给各级行政机关预留了一个月的准备时间。

 思考题

1. 名词解释

政府信息公开　主动公开　依申请公开

2. 简答题

（1）从公开主体、内容、平台和实现等方面简述主动公开方面的相关要求。

（2）简述政府信息公开例外。

3. 论述题

论述我国政府信息公开答复类型。

第二章
《政府信息公开条例》的配套规定

【本章概要】 自 2019 年修订后的《政府信息公开条例》生效实施以来，针对具体事宜，国务院办公厅等单位分别出台了配套规定，涉及公共企事业单位信息公开、行政机关主动公开、行政机关依申请公开、行政复议和行政诉讼四大方面。

【学习目标】 了解政府信息公开平台；熟悉公共企事业单位信息公开；掌握政府信息公开工作年度报告编制发布和依申请公开等细化内容。

一、概述

2019 年修订后的《政府信息公开条例》生效实施以来，围绕公共企事业单位信息公开、政府信息公开平台、政府信息公开工作年度报告和依申请公开等需要细化的事宜，国务院办公厅等单位分别出台了配套规定。具体可以分为四大方面，包括公共企事业单位信息公开配套规定、行政机关主动公开配套规定、行政机关依申请公开配套规定、行政复议和行政诉讼配套规定。具体见表 2-1。

需要说明的是，一是关于政府信息公开年度工作报告，2019 年的文件已被 2021 年的文件替换。二是国务院办公厅政府信息

表 2-1　政府信息公开条例配套规定列表

类别	规定名称	文号
公共企事业单位信息公开配套规定	国务院办公厅关于印发《公共企事业单位信息公开规定制定办法》的通知	国办发〔2020〕50号
	医疗卫生机构信息公开管理办法	国卫办发〔2021〕43号
	供水、供气、供热等公共企事业单位信息公开实施办法	建城规〔2021〕4号
	供电企业信息公开实施办法	国能发监管规〔2021〕56号
	企业环境信息依法披露管理办法	生态环境部令第24号
	高等学校信息公开办法	待出
	公共交通企业信息公开规定	交通运输部令2022年第11号
主动公开配套规定	国务院办公厅政府信息与政务公开办公室关于规范政府信息公开平台有关事项的通知	国办公开办函〔2019〕61号
	国务院办公厅政府信息与政务公开办公室关于做好规章集中公开并动态更新工作的通知	国办公开办函〔2021〕33号
	国务院办公厅政府信息与政务公开办公室关于印发《中华人民共和国政府信息公开工作年度报告格式》的通知	国办公开办函〔2021〕30号
	国务院办公厅政府信息与政务公开办公室关于政府信息公开工作年度报告有关事项的通知	国办公开办函〔2019〕60号
依申请公开配套规定	国务院办公厅政府信息与政务公开办公室关于机构改革后政府信息公开申请办理问题的解释	国办公开办函〔2019〕14号
	国务院办公厅政府信息与政务公开办公室关于转发《江苏省政府信息公开申请办理答复规范》的函	国办公开办函〔2020〕2号
	国务院办公厅关于印发《政府信息公开信息处理费管理办法》的通知	国办函〔2020〕109号

(续表)

行政复议和行政诉讼配套规定	国务院办公厅转发《司法部关于审理政府信息公开行政复议案件若干问题指导意见的通知》	国办函〔2021〕132号
	最高人民法院关于推进行政诉讼程序繁简分流改革的意见	法发〔2021〕17号
	最高人民法院关于完善四级法院审级职能定位改革试点的实施办法	法〔2021〕242号
	最高人民法院关于正确确定县级以上地方人民政府行政诉讼被告资格若干问题的规定	法释〔2021〕5号

与政务公开办公室在《政府信息公开条例》修订之前和之后发布的一些法规解释性质的文件已在如上规定中予以融入，本部分不再赘述。全国政府信息公开工作主管部门通过国务院门户网站"政府信息公开平台"对外发布了动态更新的现行有效的政府信息公开制度体系。截至2022年4月，这个制度体系包含1部行政法规、3份国务院文件、4份主管部门行政规范性文件、6份法规解释性文件。[①] 在此之外的其他文件，可视为已被废止。对于较为详细的其他配套规定的内容，本章予以具体介绍。

二、公共企事业单位信息公开配套规定

（一）公共企事业单位信息公开规定制定办法

为落实《政府信息公开条例》第55条的要求，全国政府信

---

① 具体可浏览如下网址：http://www.gov.cn/zhengce/xxgk/index.htm。

息公开工作主管部门制定了专门的规定，国务院有关主管部门制定了涉及教育、卫生健康、供水、供电、供气、供热、环境保护、公共交通这几大领域的管理办法，初步形成了我国行政监管模式下的公共企事业单位信息公开制度体系。

国务院办公厅于2020年年底印发了《公共企事业单位信息公开规定制定办法》的通知（国办发〔2020〕50号），为各领域公共企事业单位信息公开管理办法的制定从公开内容、公开方式、监督保障等方面明确了标准，为行政监管模式下的公共企事业单位信息公开提供了统一"姿势"。该办法共15条。主要内容如下。

1. 公开主体

公开主体重点包括具有市场支配地位、公共属性较强、直接关系人民群众身体健康和生命安全的公共企事业单位，或者与服务对象之间信息不对称问题突出、需要重点加强监管的公共企事业单位。

2. 公开内容

公共企事业单位信息公开规定应当以清单方式明确列出公开内容及时限要求，并根据实际情况动态调整。重点包括下列信息：（1）与人民群众日常生产生活密切相关的办事服务信息；（2）对营商环境影响较大的信息；（3）直接关系服务对象切身利益的信息；（4）事关生产安全和消费者人身财产安全的信息；（5）社会舆论关注度高、反映问题较多的信息；（6）其他应当公开的重要信息。

3. 公开方式

以主动公开为主，原则上不采取依申请公开的方式。公共企事业单位信息公开规定对依申请公开作出规定的，应当明确办理期限、处理方式、监督救济渠道等内容，确保依申请公开程序具备可操作性。信息公开咨询窗口的设置方式，以开通热线电话或者网站互动交流平台、接受现场咨询等为主，注重与公共企事业单位客户服务热线、移动客户端等的融合。

4. 公开渠道

公共企事业单位信息公开规定应当根据实际情况灵活确定公开渠道，并对加强日常管理维护提出要求。在确定公开渠道时，应当坚持务实管用、因地因事制宜的原则，防止"一刀切"。

5. 公开时限

公开内容原则上以长期公开为主，如果涉及公示等阶段性公开的内容，应当予以区分并作出专门规定。

6. 监督保障

以向各级主管部门申诉为主，原则上不包括申请行政复议或者提起行政诉讼。公共企事业单位信息公开规定应当包括专门的责任条款，通过通报批评、责令整改、行政处罚等方式强化责任落实。

国务院办公厅在印发的《2021年政务公开工作要点》中要求，国务院有关主管部门在2021年年底前出台公共企事业单位信息公开规定，进一步加强监管，优化公共服务。各领域均于2021年对外发布了征求意见稿。除教育领域外，其他领域已在征求意见后对外正式发布（见表2-2），基本建成了我国行政监管模式下的公共企事业单位信息公开制度体系。

表2-2 各领域公共企事业单位信息公开规定一览表

各领域规定名称	制定部门	公布时间	实施时间
高等学校信息公开办法	教育部	待出	待出
医疗卫生机构信息公开管理办法	国家卫生健康委 国家中医药局 国家疾控局	2021年12月29日	2022年2月1日

(续表)

各领域规定名称	制定部门	公布时间	实施时间
供水、供气、供热等公共企事业单位信息公开实施办法	住房和城乡建设部	2021年12月31日	2022年2月1日
供电企业信息公开实施办法	国家能源局	2021年11月23日	2021年11月23日
企业环境信息依法披露管理办法	生态环境部	2021年12月11日	2022年2月8日
公共交通企业信息公开规定	交通运输部	2022年2月19日	2022年4月1日

（二）医疗卫生机构信息公开管理办法

1. 公开主体

公开主体包括基层医疗卫生机构、医院和专业公共卫生机构。

2. 公开内容

公开内容包括：(1) 机构基本概况、公共服务职能；(2) 机构科室分布、人员标识、标识导引；(3) 机构的服务内容、重点学科及医疗技术准入、服务流程及须知等；(4) 涉及公共卫生、疾病应急处置相关服务流程信息；(5) 医保、价格、收费等服务信息；(6) 健康科普宣传教育相关信息；(7) 招标采购信息；(8) 行风廉政建设情况；(9) 咨询及投诉方式；(10) 其他法律、法规、规章等规定的应当主动公开的内容。

国家卫生健康委会同国家中医药局、国家疾控局另行制定医疗卫生机构信息公开基本目录，并根据实际情况更新调整。医疗卫生机构可根据自身工作需要，制定本机构信息公开目录。信息公开基本目录分为资质类和服务类两类信息。

3. 公开方式

医疗卫生机构的信息公开采取主动公开为主、提供咨询服务为辅的方式。医疗卫生机构可以结合已有条件，采取现场咨询、网站交流平台、热线电话、移动客户端等方便交流的途径，及时提供人性化咨询服务，满足社会公众的信息需求。

4. 公开渠道

公开渠道包括：(1) 办公和服务场所的公开栏、公告牌、电子显示屏、触摸屏；(2) 咨询台、服务台；(3) 人员岗位标识；(4) 各级政府门户网站或本机构门户网站；(5) 互联网交流平台、公众号、移动客户终端；(6) 服务手册、便民卡片、信息须知；(7) 咨询服务电话；(8) 其他便于公众知晓的方式。

5. 公开时限

主动公开信息内容发生变化的，医疗卫生机构应当自该信息形成或者变更之日起20个工作日内予以调整。法律、法规、规章对更新期限另有规定的，从其规定。

6. 监督保障

国家卫生健康委、国家中医药局、国家疾控局政府信息公开主管部门牵头负责全国医疗卫生机构的信息公开监督管理工作。国家卫生健康委、国家中医药局、国家疾控局各业务主管部门负责指导相关领域医疗卫生机构的信息公开工作。县级以上地方人民政府卫生健康、中医药、疾控主管部门负责本行政辖区医疗卫生机构信息公开监督管理工作。医疗卫生行业组织应当在医疗卫生机构信息公开工作方面发挥监督、评价的积极作用。县级以上地方人民政府卫生健康、中医药、疾控主管部门应当建立健全信息公开工作监督考核制度，定期对本辖区内的医疗卫生机构信息公开工作进行考核、评议。医疗卫生机构未按照本办法开展信息公开工作的，公民、法人和其他社会组织可以向县级以上地方人民政府卫生健康、中医药、疾控主管部门申诉，接受申诉的部门应当及时调查处理并将处理结果告知申诉人。

（三）供水、供气、供热等公共企事业单位信息公开实施办法

1. 公开主体

城市供水、供气、供热等公共企事业单位是信息公开的责任主体，负责本单位具体的信息公开工作。

2. 公开内容

城市供水、供气、供热等公共企事业单位在各自职责范围内确定主动公开的信息目录、信息公开指南和信息公开具体内容，并重点公开下列信息：

（1）企事业单位概况。主要包括：企事业单位的性质、规模、经营范围、注册资本、办公地址、营业场所、联系方式、相关服务等信息，企事业单位的领导姓名，企事业单位的组织机构设置及职能等。

（2）服务信息。城市供水行业：a.供水销售价格，维修及相关服务价格标准，有关收费依据；b.供水申请报装工作程序；c.供水服务范围，供水缴费、维修及相关服务办理程序、时限、网点设置、服务标准、服务承诺和便民措施；d.计划类施工停水及恢复供水信息、抄表计划信息；e.供水厂、出厂水和管网水水质信息；f.供水设施安全使用常识和安全提示；g.咨询服务电话、报修和监督投诉电话。

城市供气行业：a.燃气销售价格，维修及相关服务价格标准，有关收费依据；b.用气申请、过户、销户等服务项目办事指南；c.供气服务范围，燃气缴费、维修及相关服务办理程序、线上线下办理渠道、时限、网点设置、服务标准、服务承诺和便民

措施；d. 计划类施工停气及恢复供气信息、安全检查计划及抄表计划信息；e. 燃气质量、燃气及燃气设施使用常识和安全风险、隐患信息；f. 咨询服务电话、报修和监督投诉电话。

城市供热行业：a. 热力销售价格，维修及相关服务价格标准，有关收费依据；b. 用热申请及用户入网接暖流程；c. 法定供热时间，供热收费的起止日期；d. 热费收缴、供热维修及相关服务办理程序、时限、网点设置、服务标准、服务承诺和便民措施；e. 计划类施工停热及恢复供热信息及抄表计划信息；f. 供热及供热设施安全使用规定、常识和安全提示；g. 咨询服务电话、报修和监督投诉电话。

（3）与城市供水、供气、供热服务有关的规定、标准。

3. 公开方式

城市供水、供气、供热等公共企事业单位信息公开的方式，以主动公开为主，原则上不采取依申请公开的方式。

4. 公开渠道

城市供水、供气、供热等公共企事业单位应当将有关信息及时通过多种形式在用户所在地公开。发生停水、停气、停热等紧急情况时，应当将有关信息及时在用户所在地传统媒介和新媒体平台公开。城市供水、供气、供热等公共企事业单位应当设置信息公开咨询窗口，限时回应服务对象以及社会公众关切的问题。信息公开咨询窗口应以热线电话或网站互动交流平台、现场咨询等为主。

5. 公开时限

属于主动公开范围的信息，县级以上地方人民政府城市供水、供气、供热等主管部门应当督促公共企事业单位以清单方式明确列出公开内容及时限要求，原则上自信息形成或者变更之日起20个工作日内予以公开，并根据实际情况动态调整。紧急信息应当即时公开，法律、法规和有关规定对信息公开的期限另有规定的,从其规定。

6. 监督保障

住房和城乡建设部负责全国城市供水、供气、供热等公共企事业单位信息公开的监督管理工作。县级以上地方人民政府城市供水、供气、供热等主管部门负责本行政区域内供水、供气、供热等公共企事业单位信息公开监督管理工作。公民、法人或者其他组织认为公共企事业单位不依法履行信息公开义务的,可以向县级以上人民政府城市供水、供气、供热等主管部门申诉。收到申诉的机关应当予以调查处理。县级以上地方人民政府城市供水、供气、供热等主管部门应当建立专门工作制度,明确处理期限,依法及时处理对有关公共企事业单位信息公开的申诉。

(四)供电企业信息公开实施办法

1. 公开主体

公开主体是已取得供电类电力业务许可证,依法从事供电业务的企业。

2. 公开内容

供电企业应当编制并公布信息公开指南和目录,如有变动应同步更新。供电企业应当依照本办法和国家有关规定,主动公开以下与人民群众利益密切相关的信息:

(1)供电企业基本情况。企业性质、办公地址、营业场所、联系方式、供电类电力业务许可证及编号等。如有变化,应当自发生变化之日起10个工作日内更新。

(2)供电企业办理用电业务有关信息。各类用户办理新装、增容与变更用电性质等用电业务的工作流程、办理时限、办理环节、申请资料以及业务办理环节中涉及审核查验事项的范围、明细和依据等。如有变化,应当自发生变化之日起10个工作日内更新。国家另有规定的，按照规定执行。

（3）供电企业执行的电价和收费标准。供电企业向各类用户计收电费时执行的政策文件以及供电企业向用户提供有偿服务时收费的项目、标准和依据等。如有变化，应当自发生变化之日起10个工作日内更新。

（4）供电质量情况。包括供电可靠性、用户受电端电压合格率等政策文件和相关标准。如有变化，应当自发生变化之日起10个工作日内更新。电压合格率和供电可靠性指标按季度发布，供电可靠性指标应根据国家能源局统一发布的指标进行公布。

（5）停限电有关信息。包括停电区域、停电线路、停电起止时间及供电营业区有序用电方案、限电序位等信息。供电企业应按国家规定将有关情况及时公布。

（6）供电企业供电服务所执行的法律法规以及供电企业制定的涉及用户利益的有关管理制度和技术标准。如有变化，应当自发生变化之日起10个工作日内更新。

（7）供电企业供电服务承诺以及供电服务热线、12398能源监管热线等投诉渠道。供电服务热线与12398能源监管热线标识同步、同对象公开。如有变化，应当自发生变化之日起10个工作日内更新。供电企业应主动将供电服务热线号码与12398能源监管热线号码通过即时通讯软件、短信、移动客户端等渠道推送告知到用户。

（8）用户受电工程市场公平开放相关信息。供电企业执行的规范用户受电工程市场行为的政策文件和制定的相关制度文件，如有变化，应当自发生变化之日起10个工作日内更新。

（9）可开放容量有关信息。包括本地区配电网接入能力和容量受限情况，相关情况按季度更新。

（10）其他需要主动公开的信息。

3. 公开方式

供电企业信息公开的内容，分为主动公开的信息和依申请公开的信息。对于依申请公开的信息，电力用户可以向供电企业申请获取与自身直接相关的信息。供电企业收到信息公开申请，能够当场答复的，应当当场予以答复。供电企业不能当场答复的，应当自收到申请之日起 7 个工作日内予以答复；如需延长答复期限的，应当经供电企业信息公开工作机构负责人同意，并告知申请人，延长答复的期限不得超过 15 个工作日。如不能公开的，应当说明理由。

4. 公开渠道

供电企业应当在门户网站或移动客户端设立专门的信息公开栏目，并可通过公开栏、电子显示屏、便民资料手册、信息发布会、新闻媒体、即时通信软件、短信等其他便于公众知晓的方式公开。供电企业应当建立健全信息公开咨询机制，设置信息公开咨询窗口。咨询窗口设置以 95598 等供电服务热线为主，也可设立网站互动交流平台、接受现场咨询等。信息公开咨询原则上应即时办理，不能即时回复的，应当在 3 个工作日内予以回复。

5. 公开时限

如上公开内容和公开方式中已有阐述。

6. 监督保障

国务院能源主管部门及其派出机构对供电企业信息公开的情况实施监管。公民、法人或者其他组织认为供电企业不依法履行信息公开义务的，可以通过信函、邮件或 12398 能源监管热线等方式向国务院能源主管部门及其派出机构申诉。国务院能源主管部门及其派出机构应当依法依规及时处理申诉事项。信息公开申诉事项的处理应当参照 12398 能源监管热线投诉举报处理有关程序及时限的规定。

(五)企业环境信息依法披露管理办法

1. 公开主体

企业是环境信息依法披露的责任主体。包括:(1)重点排污单位;(2)实施强制性清洁生产审核的企业;(3)符合本办法第八条规定的上市公司及合并报表范围内的各级子公司(以下简称上市公司);(4)符合本办法第八条规定的发行企业债券、公司债券、非金融企业债务融资工具的企业(以下简称发债企业);(5)法律法规规定的其他应当披露环境信息的企业。

上一年度有下列情形之一的上市公司和发债企业,应当按照本办法的规定披露环境信息:(1)因生态环境违法行为被追究刑事责任的;(2)因生态环境违法行为被依法处以10万元以上罚款的;(3)因生态环境违法行为被依法实施按日连续处罚的;(4)因生态环境违法行为被依法实施限制生产、停产整治的;(5)因生态环境违法行为被依法吊销生态环境相关许可证件的;(6)因生态环境违法行为,其法定代表人、主要负责人、直接负责的主管人员或者其他直接责任人员被依法处以行政拘留的。

2. 公开内容

公开内容分年度环境信息依法披露报告和临时环境信息依法披露报告。企业年度环境信息依法披露报告应当包括以下内容:(1)企业基本信息,包括企业生产和生态环境保护等方面的基础信息;(2)企业环境管理信息,包括生态环境行政许可、环境保护税、环境污染责任保险、环保信用评价等方面的信息;(3)污染物产生、治理与排放信息,包括污染防治设施,污染物排放,有毒有害物质排放,工业固体废物和危险废物产生、贮存、流向、利用、处置,自行监测等方面的信息;(4)碳排放信息,包括排放量、排放设施等方面的信息;(5)生态环境应急信息,包括突发环境事件应急预案、重污染天气应急响应等方面的信息；(6) 生态环境违法信息；(7) 本年度临时环境信息依法披露情况；(8) 法律法规规定的其他环境信息。

实施强制性清洁生产审核的企业披露年度环境信息时，除了披露本办法第 12 条规定的环境信息外，还应当披露以下信息：(1) 实施强制性清洁生产审核的原因；(2) 强制性清洁生产审核的实施情况、评估与验收结果。

上市公司和发债企业披露年度环境信息时，除了披露本办法第 12 条规定的环境信息外，还应当按照以下规定披露相关信息：(1) 上市公司通过发行股票、债券、存托凭证、中期票据、短期融资券、超短期融资券、资产证券化、银行贷款等形式进行融资的，应当披露年度融资形式、金额、投向等信息，以及融资所投项目的应对气候变化、生态环境保护等相关信息；(2) 发债企业通过发行股票、债券、存托凭证、可交换债、中期票据、短期融资券、超短期融资券、资产证券化、银行贷款等形式融资的，应当披露年度融资形式、金额、投向等信息，以及融资所投项目的应对气候变化、生态环境保护等相关信息。上市公司和发债企业属于强制性清洁生产审核企业的，还应当按照本办法第 14 条的规定披露相关环境信息。

企业应当自收到相关法律文书之日起 5 个工作日内，以临时环境信息依法披露报告的形式，披露以下环境信息：(1) 生态环境行政许可准予、变更、延续、撤销等信息；(2) 因生态环境违法行为受到行政处罚的信息；(3) 因生态环境违法行为，其法定代表人、主要负责人、直接负责的主管人员和其他直接责任人员被依法处以行政拘留的信息；(4) 因生态环境违法行为，企业或者其法定代表人、主要负责人、直接负责的主管人员和其他直接责任人员被追究刑事责任的信息；(5) 生态环境损害赔偿及协议信息。企业发生突发环境事件的，应当依照有关法律、法规的规定披露相关信息。

3. 公开方式

披露，即主动公开。

4. 公开渠道

生态环境部、设区的市级以上地方生态环境主管部门应当依托政府网站等设立企业环境信息依法披露系统，集中公布企业环境信息依法披露的内容，供社会公众免费查询，不得向企业收取任何费用。

5. 公开时限

企业应当于每年 3 月 15 日前披露上一年度 1 月 1 日至 12 月 31 日的环境信息。企业在企业名单公布前存在本办法第 17 条规定的环境信息的，应当于企业名单公布后 10 个工作日内以临时环境信息依法披露报告的形式披露本年度企业名单公布前的相关信息。

6. 监督保障

生态环境部负责全国环境信息依法披露的组织、指导、监督和管理。设区的市级以上地方生态环境主管部门负责本行政区域环境信息依法披露的组织实施和监督管理。

设区的市级生态环境主管部门组织制定本行政区域内的环境信息依法披露企业名单（以下简称企业名单）。设区的市级生态环境主管部门应当于每年 3 月底前确定本年度企业名单，并向社会公布。企业名单公布前应当在政府网站上进行公示，征求公众意见；公示期限不得少于 10 个工作日。设区的市级生态环境主管部门应当在企业名单公布后 10 个工作日内报送省级生态环境主管部门。省级生态环境主管部门应当于每年 4 月底前，将本行政区域的企业名单报送生态环境部。

设区的市级生态环境主管部门应当于每年 3 月底前，将上一年度本行政区域环境信息依法披露情况报送省级生态环境主管部门。省级生态环境主管部门应当于每年 4 月底前将相关情况报送生态环境部。

生态环境主管部门应当会同有关部门加强对企业环境信息依法披露活动的监督检查，及时受理社会公众举报，依法查处企业未按规定披露环境信息的行为。鼓励生态环境主管部门运用大数据分析、人工智能等技术手段开展监督检查。

公民、法人或者其他组织发现企业有违反本办法规定行为的，有权向生态环境主管部门举报。接受举报的生态环境主管部门应当依法进行核实处理，并对举报人的相关信息予以保密，保护举报人的合法权益。生态环境主管部门应当畅通投诉举报渠道，引导社会公众、新闻媒体等对企业环境信息依法披露进行监督。

设区的市级以上生态环境主管部门应当按照国家有关规定，将环境信息依法披露纳入企业信用管理，作为评价企业信用的重要指标，并将企业违反环境信息依法披露要求的行政处罚信息记入信用记录。

（六）高等学校信息公开办法（依据征求意见稿整理）

1. 公开主体

本办法所称高等学校，是指大学、独立设置的学院和高等专科学校，其中包括高等职业学校和成人高等学校。高等学校以外的其他高等教育机构的信息公开，参照本办法执行。

2. 公开内容

高等学校应当主动公开本校的下列信息：(1) 学校名称、办学地点、办学性质、办学宗旨、办学层次、办学规模，内部管理体制、机构设置、学校领导等基本情况；(2) 学校章程以及学校制定的各项规章制度；(3) 学校发展规划和年度工作计划；(4) 各层次、类型学历教育考试招生相关办法，有关特殊类型招生考生报考条件及录取结果等；（5）学生管理规定，学位评定办法，学生申诉途径与处理程序，毕业生就业指导与服务情况等；（6）学科与专业设置，重点学科建设情况，课程与教学计划等；（7）学生奖学金、助学金、学费减免、助学贷款与勤工助学的申请与管理规定等；（8）教师和其他专业技术人员数量，岗位设置管理与聘用办法，教师争议解决办法等；（9）收费的项目及其依据、标准；（10）学校年度经费预算决算情况，受捐赠财产的使用与管理情况，政府采购有关情况；（11）突发事件的应急处理预案、处置情况，涉及学校的重大事件的调查和处理情况；（12）外籍教师与留学生的管理制度，中外合作办学等国际合作与交流情况；（13）法律、法规和规章规定需要公开的其他事项。

高等学校应当向社会公开信息公开工作机构的名称、办公地址、办公时间、联系电话、传真号码、互联网联系方式等。高等学校编制、公布的本校信息公开指南、目录应当及时更新。

3. 公开方式

公开方式包括主动公开和依申请公开。除高等学校已公开的信息外，公民、法人和其他组织还可以根据自身学习、科研、工作等的个性化需要，向高等学校申请获取相关信息。

4. 公开渠道

对依照本办法规定需要公开的信息，高等学校应当根据实际情况，通过本校门户网站或者其他互联网媒体，以及报刊、广播、电视、年鉴、信息公告栏、电子信息屏等途径予以公开。高等学校应当加强依托本校门户网站公开信息的工作，利用统一的信息公开平台集中发布主动公开的信息。信息公开平台应当具备信息检索、查阅、下载等功能。

高等学校应当将本校基本的规章制度汇编成册，置于学校有关办公地点、档案馆、图书馆等场所，提供免费查阅。高等学校应当将学生管理制度、教师管理制度分别汇编成册,在新生和新聘教师报到时发放。

高等学校应当设置信息公开咨询窗口,针对个性化信息需求提供服务,方式应当以开通热线电话或者网站互动交流平台、接受现场咨询等为主。对于复杂的个性化信息需求,高等学校可以要求申请人出具书面申请,并提供姓名、身份证明、联系方式,说明申请获取信息的名称或者便于高等学校查询的其他特征性描述。

5. 公开时限

属于主动公开的信息,高等学校应当自该信息形成或变更之日起 20 个工作日内及时公开。属于公民、法人和其他组织申请获取的信息,高等学校应当及时予以答复。情况复杂的,应当自收到申请之日起 20 个工作日内予以答复。

6. 监督保障

国务院教育行政部门统筹对全国高等学校信息公开工作的监督指导。省级教育行政部门负责对本行政区域内高等学校信息公开工作的日常监督指导。国务院教育行政部门应当公布并适时更新高等学校名单。国务院教育行政部门和省级教育行政部门应当定期部署高等学校信息公开监督考核等有关工作。公民、法人或者其他组织认为高等学校未按照本办法要求履行信息公开职能或者侵犯其合法权益的,可以向高等学校所在地的省级教育行政部门申诉。对于中央部门(单位)直属的高等学校,还可以向其所属中央部门(单位)申诉。收到申诉的部门应当及时处理,并以适当方式向申诉人告知处理结果。省级教育行政部门应当建立健全高等学校信息公开考核制度、评议制度。可以通过聘请人大代表、政协委员、家长、教师、学生等有关人员成立信息公开评议委员会或者其他形式,定期对本行政区域内高等学校信息公开工作开展评议,并向社会公布评议结果。

高等学校应当主动加强本校信息公开工作的内部监督，定期开展本校信息公开内部评议，编制本校上一学年信息公开工作年度报告，并按期报送所在地省级教育行政部门。中央部门（单位）直属的高等学校还应当报送其所属中央部门（单位）。高等学校信息公开工作年度报告应向社会公布。高等学校应当开设信息公开意见箱，认真听取对学校信息公开工作的意见和建议，不断优化信息公开工作。

（七）公共交通企业信息公开规定

1. 公开主体

公共交通企业，是指为不特定社会公众提供出行服务并按照固定线路、时间、站点、班次运行的运输经营企业和港站经营企业。公路、水路领域公共交通企业，包括从事城市公共交通、道路班车客运、道路客运站、水路旅客班轮、港口客运站运营的企业。国家铁路局、中国民用航空局可以根据社会公众出行需要细化铁路、民航领域公共交通企业类别、具体公开内容和期限。从事道路客运站运营的事业单位信息公开依照本规定执行。

2. 公开内容

公共交通企业应当主动公开运营服务、安全防范、应急处置、权益维护等信息。鼓励公共交通企业主动公开有利于推动公共交通服务高质量发展、提升社会公众出行满意度的其他相关信息。

城市公共交通运营企业应当主动公开以下信息：（1）运营线路、站点名称、服务时间、运行方向、票价、乘车（船）规则等运营服务信息；（2）乘客安全须知、禁止携带的物品目录、安全警示标志等安全防范信息；（3）安全锤、灭火器等应急救援设备设施使用方法，以及安全疏散标识等应急处置信息；（4）企业服务监督电话、行业监督电话、投诉受理制度等权益维护信息。

城市轨道交通运营企业还应当主动公开运行间隔时间、周边换乘、路线指示标识、服务质量承诺,以及站台紧急停车按钮、车辆紧急解锁按钮使用方法等信息。

城市轮渡运营企业还应当主动公开载客定额、消防救生演示图、救生衣使用方法等信息。

道路班车客运、道路客运站运营企业应当主动公开以下信息:(1)企业名称、驾驶员姓名和从业资格证号、票价、里程表、乘车规则等道路班车客运运营服务信息,客车类型等级、运输线路、配客站点、班次、发车时间、票价等道路客运站运营服务信息;(2)乘客安全须知、禁止及限制携带和托运的物品目录、安全警示标志等安全防范信息;(3)安全锤、灭火器等应急救援设备设施使用方法,以及安全疏散标识等应急处置信息;(4)企业服务监督电话、行业监督电话等权益维护信息。

水路旅客班轮、港口客运站运营企业应当主动公开以下信息:(1)船舶名称、目的港、始发港、班期、班次、票价、乘船规则等运营服务信息;(2)载客定额、乘船安全须知、禁止及限制携带和托运的物品目录、安全警示标志、救生衣使用方法等安全防范信息;(3)灭火器等应急救援设备设施使用方法、安全疏散标识、消防救生演示图等应急处置信息;(4)企业服务监督电话、行业监督电话等权益维护信息。

综合客运枢纽内的公共交通企业应当做好枢纽内导向标识、换乘路径、集疏运路线图等信息的主动公开。

3. 公开方式

公共交通企业公开信息,应当采取主动公开的方式,坚持便民实用、及时全面的原则,满足社会公众的信息需求。公共交通企业可以通过文字、标识、图示、视频、音频等方式公开信息。

公开方式应当便于社会公众知晓。

4. 公开渠道

公共交通企业可以通过以下一种或者几种渠道公开信息：（1）交通运输场站；（2）交通运输工具及其服务设施；（3）网络平台；（4）其他便于社会公众及时、准确获取信息的渠道。公共交通企业通过交通运输场站、交通运输工具及其服务设施设置广告的，不得覆盖、遮挡应予公开的信息。

公共交通企业应当设置信息公开咨询窗口，及时回复社会公众咨询，并针对不同群体优化咨询服务。设置信息公开咨询窗口可以采取电话、网站、现场咨询等方式，并注重与客户服务热线、移动客户端等进行融合。

5. 公开时限

公共交通企业应当及时主动公开相关信息，并根据实际情况动态调整。因运营线路、站点等信息发生变更影响社会公众出行的，公路、水路领域的公共交通企业应当在实施之日3日前予以公开；因交通管制、重大公共活动、恶劣天气、突发事件等导致临时变更的，应当及时公开。

6. 监督保障

城市公共交通运营企业未按照规定公开相关信息的，由城市人民政府交通运输主管部门或者城市人民政府指定的城市公共交通运营主管部门责令限期整改。道路班车客运、道路客运站、水路旅客班轮、港口客运站运营企业未按照规定公开相关信息的，由县级以上人民政府交通运输主管部门责令限期整改。铁路、民航领域的公共交通企业未按照规定公开相关信息的，分别由铁路、民航监管部门责令限期整改。社会公众对公共交通企业信息公开内容、时限、渠道等事项有异议的，有权向相关交通运输主管部门、铁路、民航监管部门进行申诉。

三、行政机关主动公开配套规定

（一）政府信息公开平台规范

《政府信息公开条例》第 24 条规定："各级人民政府应当加强依托政府门户网站公开政府信息的工作，利用统一的政府信息公开平台集中发布主动公开的政府信息。政府信息公开平台应当具备信息检索、查阅、下载等功能。"为更好地贯彻落实这一规定，规范政府信息公开平台设置，提升主动公开工作实效，加强政府信息管理，国务院办公厅政府信息与政务公开办公室印发了《关于规范政府信息公开平台有关事项的通知》（国办公开办函〔2019〕61 号）。该通知内容如下。

1. 找准定位

政府信息公开平台，是发布法定主动公开内容的公开平台，也是加强重点政府信息管理的管理平台。《政府信息公开条例》确立的主动公开内容，特别是第 20 条规定的各行政机关共性基础内容，是社会公众高度关注的重点政府信息。要牢牢把握"专栏姓'专'"的基本定位，聚焦法定主动公开内容，以专门性内容的发布和管理，展现政府信息公开平台的独特价值，使其成为社会公众便捷、全面获取重点政府信息的权威渠道。各行政机关的政府信息公开平台，是各级人民政府统一政府信息公开平台的基础，必须统一名称、统一格式，加强规范。

2. 统一规范

政府信息公开平台，原则上以各行政机关网站已有的"政府信息公开""政务公开"等栏目为依托，不另设专门栏目，不得设立专门网站。未设置"政府信息公开"栏目的，或者有类似栏目但使用其他名称的，应当统一设置并统一命名为"政府信息公开"，在网站首页位置展示。没有单独网站的行政机关，其政府信息公开平台设置事宜，由相应的政府信息公开工作主管部门统筹安排。

政府信息公开平台的内容主要由四部分组成：一是政府信息公开指南；二是政府信息公开制度，包括《政府信息公开条例》，政府信息公开方面的地方性法规、自治条例、单行条例、规章，以及全国政府信息公开工作主管部门发布的法规解释性文件，原则上不包括其他制度文件；三是法定主动公开内容，以《政府信息公开条例》第20条规定的共性基础内容为主；四是政府信息公开工作年度报告，其中，各行政机关公开本机关政府信息公开工作年度报告，各政府信息公开工作主管部门公开本级政府或本系统汇总后的政府信息公开工作年度报告，以及所属各行政机关的政府信息公开工作年度报告。各行政机关根据自身实际情况，可以增加《政府信息公开条例》规定的其他内容，但不宜过于泛化。

中国政府网运行中心根据上述要求设计了"政府信息公开栏目页面设计参考方案"（见图2-1、图2-2、图2-3、图2-4），供参考使用。

3. 优化功能

政府信息公开平台发布的内容，涵盖行政机关管理社会、服务公众的依据和结果，应当做到权威准确、内容全面、便于获取利用。要优化栏目页面设置，多运用列表、超链接等方式呈现相关内容，避免因信息量大而杂乱无章。要优化栏目检索功能，方便社会公众快速准确地获取所需要的政府信息。要优化栏目下载功能，在丰富可下载格式的同时，通过现代技术手段防止篡改伪造。要优化栏目数据互联互通功能，预留必要的数据交换接口，便利各层级政府信息公开平台之间的对接，为下一步构建全国统一的政府信息公开平台打好基础。

政府信息公开栏目页面设计参考方案
（中国政府网运行中心制）

图 2-1　政府信息公开指南栏目页面设计参考方案

图 2-2 政府信息公开制度栏目页面设计参考方案

| 政府信息公开 |

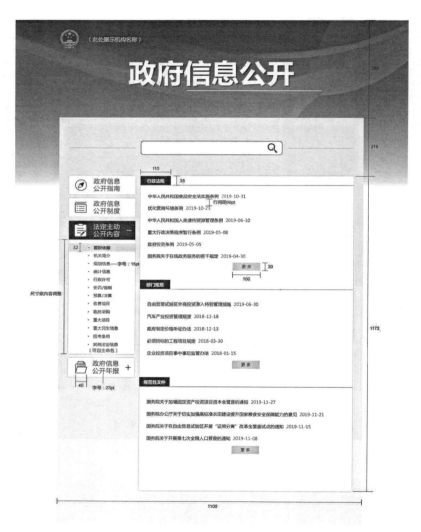

图 2-3　法定主动公开内容栏目页面设计参考方案

| 第二章 《政府信息公开条例》的配套规定 |

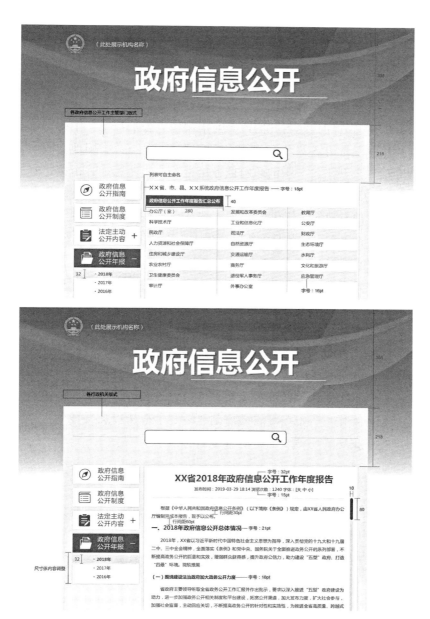

图 2-4　政府信息公开年报栏目页面设计参考方案

4. 注重衔接

政府信息公开平台集中发布的法定主动公开内容，有些可能与本行政机关网站的其他栏目内容存在交叉，如履职依据、机关简介等；有些可能与其他专门网站内容存在交叉，如各行政机关公开的行政处罚信息与"国家企业信用信息公示系统"中的行政处罚信息、地方各级政府公开的政府债务信息与"中国地方政府债券信息公开平台"中的政府债务信息等。要注意加强衔接，坚持数据同源，本行政机关网站其他栏目的数据，以及本行政机关依法向其他专门网站提供的数据，涉及交叉重复的，原则上以政府信息公开平台上的数据为基准，最大限度地保持数据的一致性。

5. 加强管理

政府信息公开平台集中发布的法定主动公开内容，涉及行政机关各方面的工作，体现行政机关的工作动态。要加强政府信息公开平台管理，按照法定时限及时发布并实时更新法定主动公开内容。要明确责任，各行政机关分管政府信息公开工作的领导人员是第一责任人，各行政机关政府信息公开工作机构是法定责任主体，负责推进协调政府信息公开平台建设和管理工作。各政府信息公开工作主管部门要将政府信息公开平台建设和管理工作作为推进、指导、协调、监督的重要内容。

（二）政府信息公开工作年度报告格式规范

《政府信息公开条例》第 50 条规定："全国政府信息公开工作主管部门应当公布政府信息公开工作年度报告统一格式，并适时更新。"2019 年 11 月，国务院办公厅政府信息与政务公开办公室发布了《中华人民共和国政府信息公开工作年度报告格式（试行）》［以下简称《年报格式》（2019）］。2021 年 9 月，国务院办公厅政府信息与政务公开办公室发布了修订版的《中华人民共和国政府信息公开工作年度报告格式》[以下简称《年报格式》(2021)]。这意味着 2021 年年报需要按最新格式要求予以编制发布。下文对两个版本的年报格式要求情况进行对比和介绍。

1. 报告内容及格式模板内容修改

(1) 总体情况

一是新版强调要"重在聚焦主题、简明客观,篇幅原则上不超过一千字"。二是新版细化了"平台建设"表述,修改为"政府信息公开平台建设"。见图 2-5、图 2-6。

> (一)总体情况。
> 这一项报告本机关政府信息公开工作总体情况,对本机关贯彻落实《中华人民共和国政府信息公开条例》情况进行综述,主要包括主动公开、依申请公开、政府信息管理、<u>政府信息公开平台建设</u>、监督保障(含《中华人民共和国政府信息公开条例》第五十条第四项规定的各级人民政府"工作考核、社会评议和责任追究结果情况")等方面,<u>重在聚焦主题、简明客观,篇幅原则上不超过一千字</u>。

图 2-5　《年报格式》(2021) 中关于总体情况的表述

> (一)总体情况。
> 这一项主要报告本机关上一年度政府信息公开工作总体情况,重在聚焦主题主线,对本机关贯彻落实《中华人民共和国政府信息公开条例》情况进行综述,主要包括主动公开、依申请公开、政府信息管理、平台建设、监督保障(含《中华人民共和国政府信息公开条例》第五十条第四项规定的各级人民政府"工作考核、社会评议和责任追究结果情况")等方面。

图 2-6　《年报格式》(2019) 中关于总体情况的表述

(2) 行政机关主动公开政府信息情况

本版块修改幅度较大。体现在:第一,在数据核定范围方面,删除了《政府信息公开条例》第 20 条第(9)项涉及政府集中采购项目数量和金额方面的内容,调整为(1)(5)(6)(8)共四项信息内容,并在年报格式模板表格中进行了修改,同时要求上述四项数据核定时间点为报告年度的 12 月 31 日。见图 2-7。

> （二）行政机关主动公开政府信息情况。
> 　　这一项主要报告《中华人民共和国政府信息公开条例》第二十条规定的法定主动公开内容中，适宜以数据方式呈现且具备统计汇总价值的内容，包括（一）（五）（六）（八）共四项，其中，第（五）项的行政许可数量、第（六）项的行政处罚和行政强制数量，包括已公开和依法未公开的全部处理决定。各项数据核定时间点为报告年度的12月31日。

图 2-7　《年报格式》（2021）中关于主动公开政府信息情况的表述

　　第二，在格式模板中保留了《政府信息公开条例》第 20 条第（1）项涉及的规章、行政规范性文件，但在年报格式模板表格中将之前的数据统计条目从"本年新制作数量、本年新公开数量、对外公开总数量"修改为"本年制发件数、本年废止件数、现行有效件数"。该修改是为了突出政府信息管理工作。

　　第三，在格式模板中保留了《政府信息公开条例》第 20 条第（5）项所涉及的行政许可，但删除了其他对外管理服务事项。将原格式模板表格中该项的数据统计条目"上一年项目数量、本年增/减、处理决定数量"修改为只统计"本年处理决定数量"一条。同时，明确行政许可数量的统计口径是包括已公开和依法未公开的全部处理决定。各项数据核定时间点为报告年度的 12 月 31 日。

　　第四，保留了《政府信息公开条例》第 20 条第（6）项所涉及的行政处罚和行政强制。将原格式模板表格中该项的数据统计条目"上一年项目数量、本年增/减、处理决定数量"修改为只统计"本年处理决定数量"一条。同时，明确行政处罚和行政强制数量是包括已公开和依法未公开的全部处理决定。各项数据核定时间点为报告年度的 12 月 31 日。

　　第五，保留了《政府信息公开条例》第 20 条第（8）项所涉及的行政事业性收费。统计条目修改为"本年收费金额（单位：万元）"。

第二十条第(一)项			
信息内容	本年制发件数	本年废止件数	现行有效件数
规章			
行政规范性文件			
第二十条第(五)项			
信息内容	本年处理决定数量		
行政许可			
第二十条第(六)项			
信息内容	本年处理决定数量		
行政处罚			
行政强制			
第二十条第(八)项			
信息内容	本年收费金额(单位:万元)		
行政事业性收费			

图2-8 《年报格式》(2021)中关于行政许可等统计条目的表述

（3）行政机关收到和处理政府信息公开申请情况

《年报格式》（2021）在格式模板中对"（六）其他处理项目信息内容"进行了一定程度的细化，特别强调放弃申请方面的数量统计（涉及两种常见类型），具体细分为如下三类：① 申请人无正当理由逾期不补正、行政机关不再处理其政府信息公开申请；② 申请人逾期未按收费通知要求缴纳费用、行政机关不再处理其政府信息公开申请；③ 其他。

提醒：此处变化较大，需区分三种不同情形要求逐一填写对应数据。

（4）因政府信息公开工作被申请行政复议、提起行政诉讼情况

此处未发现修改。

提醒：依据《国务院办公厅政府信息与政务公开办公室关于政府信息公开年度报告有关项目填报问题的解释》（国办公开办函〔2016〕201号），行政机关在依据《政府信息公开条例》的

三、本年度办理结果	法提供	3. 补正后申请内容仍不明确						
	(五)不予处理	1. 信访举报投诉类申请						
		2. 重复申请						
		3. 要求提供公开出版物						
		4. 无正当理由大量反复申请						
		5. 要求行政机关确认或重新出具已获取信息						
	(六)其他处理	1. 申请人无正当理由逾期不补正、行政机关不再处理其政府信息公开申请						
		2. 申请人逾期未按收费通知要求缴纳费用、行政机关不再处理其政府信息公开申请						
		3. 其他						
	(七)总计							

图 2-9 《年报格式》(2021)中关于其他处理的统计条目

规定对外发布政府信息公开年度报告时,对于行政复议机关作为共同被告的行政诉讼案件,只计算原行为主体的案件数量,不计算行政复议机关的案件数量。

(5)政府信息公开工作存在的主要问题及改进情况

《年报格式》(2021)在工作要求内容中仅修改了一处文字表述,即将"这一项主要报告本机关上一年度政府信息公开工作中存在的主要问题及改进情况"修改为"这一项主要报告本机关政府信息公开工作中存在的主要问题及改进情况"。格式模板未作修改。

> (五)政府信息公开工作存在的主要问题及改进情况。
> 这一项主要报告 本机关政府信息公开工作 中存在的主要问题及改进情况。此项内容重在实事求是、明确具体,避免笼统模糊、泛泛而谈。查找问题要有针对性,改进举措要有实效性,不得出现敷衍了事甚至年年雷同现象。

图 2-10 《年报格式》(2021)中关于主要问题及改进情况的表述

（6）其他需要报告的事项

随着《政府信息公开信息处理费管理办法》自2021年1月1日起施行，《年报格式》（2021）要求在此处专门报告"各行政机关依据《政府信息公开信息处理费管理办法》收取信息处理费的情况"，并在格式模板备注中，增加了"收取信息处理费的情况，在此处专门报告"的文字内容。

> （六）其他需要报告的事项。
> 这一项主要报告本机关认为需要报告的其他事项，以及其他有关文件专门要求通过年度报告予以报告的事项。
> **各行政机关依据《政府信息公开信息处理费管理办法》收取信息处理费的情况，在此处专门报告。**

图2-11 《年报格式》（2021）中关于其他需要报告的事项的表述

2. 其他要求

（1）报告方式及时间

a.《年报格式》（2021）要求"各政府信息公开工作主管部门应当加强对年度报告的审核把关"。

> 二、报告方式及时间
> （一）县级以上人民政府部门向本级政府信息公开工作主管部门报告并向社会公布的方式及时间。
> 根据《中华人民共和国政府信息公开条例》第四十九条的规定，县级以上人民政府部门应当在每年1月31日前向本级政府信息公开工作主管部门提交本机关年度报告并向社会公布。
> 县级以上人民政府部门的具体范围，由各政府信息公开工作主管部门依据《中华人民共和国政府信息公开条例》第二十七条的规定，按照"行政性、外部性、独立性"三要素的标准予以确定。县级以上地方人民政府办公厅（室），向社会公布本政府机关（指以政府以及政府办公厅（室）的名义开展政府信息公开工作情况）的年度报告。乡镇人民政府，参照对县级以上人民政府部门的要求，向所属的县级人民政府的政府信息公开工作主管部门报告。实行垂直领导的系统，逐级向本系统政府信息公开工作主管部门报告，不向地方政府的政府信息公开工作主管部门报告，但是，实行垂直领导的部门的办公厅（室），要向全国政府信息公开工作主管部门报送本机关的年度报告。**各政府信息公开工作主管部门应当加强对年度报告的审核把关。**

图2-12 《年报格式》（2021）中关于报告方式及时间的表述

b. 删除《年报格式》(2019)中对实行垂直领导的系统公布年度报告的具体要求,简化为参照"县级以上地方人民政府的政府信息公开工作主管部门"的工作要求公布年度报告。

> （一）县级以上人民政府部门向本级政府信息公开工作主管部门报告并向社会公布的方式及时间。
> 　　根据《中华人民共和国政府信息公开条例》第四十九条的规定,县级以上人民政府部门应当在每年1月31日前向本级政府信息公开工作主管部门提交本机关年度报告并向社会公布。
> 　　县级以上人民政府部门的具体范围,由各政府信息公开工作主管部门依据《中华人民共和国政府信息公开条例》第二十七条的规定,按照"行政性、外部性、独立性"三要素的标准予以确定。县级以上地方人民政府办公厅(室),向社会公布本政府机关(指以政府以及政府办公厅(室)的名义开展政府信息公开工作情况)的年度报告。乡镇人民政府,参照对县级以上人民政府部门的要求,向所属的县级人民政府的政府信息公开工作主管部门报告。实行垂直领导的系统,逐级向本系统政府信息公开工作主管部门报告,不向地方政府的政府信息公开工作主管部门报告,但是,实行垂直领导的部门的办公厅(室),要向全国政府信息公开工作主管部门报送本机关的年度报告。各政府信息公开工作主管部门应当加强对年度报告的审核把关。
> 　　县级以上地方人民政府的政府信息公开工作主管部门,应当通过本级政府门户网站的"政府信息公开"专栏,集中向社会公布本级政府部门和下级政府的年度报告,一方面便于公众查阅,另一方面通过这种方式对本行政区域内适用《中华人民共和国政府信息公开条例》的行政机关范围予以明确。在集中公布的基础上,各行政机关可自行通过网站或其他适当方式,向社会公布本机关年度报告。实行垂直领导的系统,参照上述要求公布年度报告。

图 2-13　《年报格式》(2021)中关于实行垂直领导的系统的表述

c. 对县级以上地方人民政府年度报告,要求逐级汇总相关情况和数据,确保年度报告所需数据统得出、报得准、可核查。

> （二）县级以上地方人民政府的政府信息公开工作主管部门向社会公布的方式及时间。
> 　　根据《中华人民共和国政府信息公开条例》第四十九条的规定,县级以上地方人民政府的政府信息公开工作主管部门应当在每年3月31日前向社会公布本级政府年度报告。县级以上地方人民政府的政府信息公开工作主管部门汇总所属部门和乡镇政府的年度报告,于2月20日前向上一级政府信息公开工作主管部门提交并向社会公布。地市级政府的政府信息公开工作主管部门汇总所属部门和县级政府年度报告,于3月10日前向上一级政府信息公开工作主管部门提交并向社会公布。省政府的政府信息公开工作主管部门汇总所属部门和地市级政府年度报告,于3月31日前向全国政府信息公开工作主管部门提交并向社会公布。
> 　　实行垂直领导的部门,参照对县级以上地方人民政府的报告要求,汇总形成全系统的年度报告,于3月31日前向全国政府信息公开工作主管部门提交并向社会公布。

图 2-14　《年报格式》(2021)中关于年报向社会公布的表述

第二章 《政府信息公开条例》的配套规定

（2）工作要求

《年报格式》（2021）在原工作要求的基础上明确把年度报告列入考核评估的重要内容。

> 三、工作要求
> （一）提高认识。年度报告不仅反映政府信息公开工作，也反映政府工作本身，是更好发挥政府信息公开制度功能的重要途径。通过年度报告，能够系统反映各行政机关发文数量，以及行政许可、行政处罚、行政强制等重要情况，为推进国家治理体系和治理能力现代化提供基础数据支撑。要进一步深化对年度报告重要作用的认识，切实提高工作主动性、自觉性，不断提升工作实效。
> （二）加强领导。年度报告内容涵盖行政机关日常工作各个方面，是从政府信息公开角度对本机关工作的一次系统梳理和全面报告。要有针对性地加强领导，确保内部协调有力，相关情况和数据做到应报尽报，全面准确。各政府信息公开工作主管部门要加强指导监督，把年度报告列入业务培训和 考核评估 的重要内容。要充分考虑政府信息公开工作年度报告的专业性，配强工作力量，确保工作质量。

图 2-15　《年报格式》（2021）中关于加强领导的表述

（三）规章集中公开规范

全国政务公开领导小组第四次会议和《国务院办公厅关于印发 2021 年政务公开工作要点的通知》（国办发〔2021〕12号）要求，具有规章制定权的地方政府和国务院部门，应当在 2021 年年底前将本地区、本部门现行的有效规章通过政府门户网站的"政府信息公开专栏"集中公开。对此，国务院办公厅政府信息与政务公开办公室印发了《关于做好规章集中公开并动态更新工作的通知》（国办公开办函〔2021〕33号），该通知的主要内容如下。

（1）规章制定或修改时，按照《规章制定程序条例》规定，由主要负责人签署命令予以公布。规章集中公开时，只公开标题、题注和正文，不重复公开负责人签署的命令。题注应当包含公布时间及文号、修订时间及文号、施行时间等标识性信息，具体请参照中国政府法制信息网（司法部网站）"行政法规库"的题注格式。

（2）为提高规章集中公开工作的权威性和规范性，便利社会公众更好地使用通过网络获取的规章文本，国务院办公厅政府信息与政务公开办公室商司法部办公厅、中国政府网运行中心设计了规章的网页版式、下载版式（参见图2-16、图2-17），同时，相应调整了"政府信息公开专栏"的页面设计（参见图2-18、图2-19），一并印发。

（3）要加强工作协同，协调法制工作机构共同开展工作，把规章系统清理工作做扎实，为规章集中公开奠定坚实基础。要加强公开后的管理，建立动态更新机制，使规章集中公开工作成果持续发挥作用。

（4）各省（自治区、直辖市）人民政府办公厅要指导设区的市、自治州人民政府办公室按照本通知要求做好规章集中公开工作，并在省（自治区、直辖市）人民政府门户网站的"政府信息公开专栏"中，集中展示省（自治区、直辖市）人民政府规章和设区的市、自治州人民政府规章。

（5）规章集中公开工作，是深化政务公开、加强政务信息管理的重要内容，是贯彻落实《法治中国建设规划（2020—2025年）》《法治政府建设实施纲要（2021—2025年）》等中央文件的重点工作之一，事关优化营商环境、推进国家治理体系和治理能力现代化。要提高认识、加强领导，严格按要求抓好各项工作落实，确保如期完成任务，向社会提供格式统一、内容完整、权威规范的现行有效规章文本。

第二章 《政府信息公开条例》的配套规定

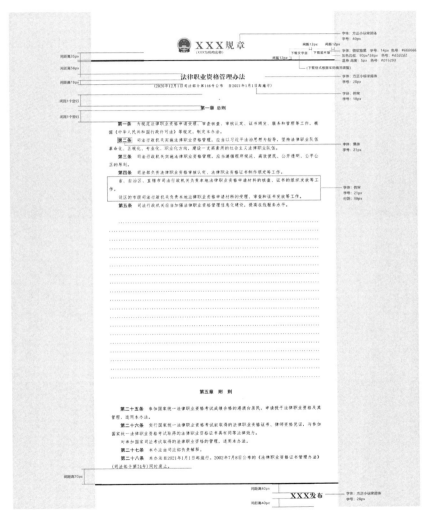

图 2-16 规章的网页版式

| 政府信息公开 |

> 🏛 XXX 规章
>
> ## 法律职业资格管理办法
>
> （2020年12月1日司法部令第146号公布 自2021年1月1日起施行）
>
> ### 第一章 总 则
>
> **第一条** 为规范法律职业资格申请受理、审查核查、审核认定、证书颁发、服务和管理等工作，根据《中华人民共和国行政许可法》等规定，制定本办法。
>
> **第二条** 司法行政机关实施法律职业资格管理，应当以习近平法治思想为指导，坚持法律职业队伍革命化、正规化、专业化、职业化方向，建设一支高素质的社会主义法律职业队伍。
>
> **第三条** 司法行政机关实施法律职业资格管理，应当遵循程序规范、高效便民、公开透明、公平公正的原则。
>
> **第四条** 司法部负责法律职业资格审核认定、法律职业资格证书制作颁发等工作。
>
> ……
>
> - 1 -
>
> XXX 发布

> 🏛 XXX 规章
>
> ……………………
> ……………………
> ……………………
> ……………………
> ……………………
> ……………………
> ……………………
> ……………………
> ……………………
> ……………………
> ……………………
> ……………………
> ……
>
> **第二十八条** 本办法自2021年1月1日起施行。2002年7月8日公布的《法律职业资格证书管理办法》（司法部令第74号）同时废止。
>
> - 2 -
>
> XXX 发布

图 2-17　规章的下载版式

| 第二章 《政府信息公开条例》的配套规定 |

图 2-18 页面布局

| 政府信息公开 |

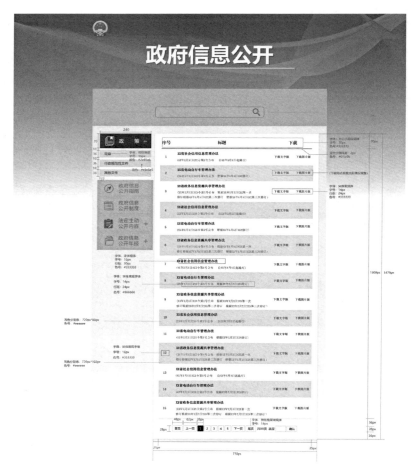

图 2-19 专栏布局

四、行政机关依申请公开配套规定

(一) 政府信息公开申请办理答复规范

新修订的《政府信息公开条例》颁布实施以来，江苏省人民政府办公厅积极履行法定主管部门职责，研究制定了《江苏省政府信息公开申请办理答复规范》。国务院办公厅政府信息与政务公开办公室认为，该规范对新条例理解准确、操作性强，特别是其中的 26 种政府信息公开申请办理答复格式文书，对于规范依申请公开工作、减少不必要的行政争议，具有重要参考价值。2020 年 1 月 10 日，国务院办公厅政府信息与政务公开办公室以国办函〔2020〕2 号文转发了《江苏省政府信息公开申请办理答复规范》，供工作中参考。安徽、贵州、陕西等省随后也出台了本省的申请办理答复规范，内容上大同小异。本部分将江苏省的申请办理答复规范摘录如下。

1. 申请审查明确"补不补"

行政机关收到政府信息公开申请后，首先对申请予以审查，申请材料符合规定要求的，按照依申请公开办理程序处理；不符合规定要求的，告知申请人进行补正。

（1）补正情形

当政府信息公开申请内容出现下列情形之一的，行政机关告知申请人作出补正：

① 未能提供申请人的姓名或者名称、身份证明、联系方式；

② 申请公开的政府信息的名称、文号或者其他特征性描述不明确或有歧义；

③ 申请公开的政府信息的形式要求不明确，包括未明确获取信息的方式、途径等。

（2）补正告知

需要补正的，行政机关应当在收到申请之日起 7 个工作日内一次性告知申请人补正事项、合理补正的期限、拒绝补正的后果。

① 对要求邮寄送达但未提供联系方式、邮寄地址，或者要求电子邮件送达但未提供电子邮箱，以及未提供身份证明的，行政机关告知申请人提供相关材料；

② 对申请的政府信息特征性描述无法指向特定信息、理解有歧义，或者涉及咨询事项的，行政机关告知申请人作出更改、补充，并对需要补正的理由和内容作出指导与释明；

③ 未明确公开政府信息获取方式和途径的，行政机关可要求申请人予以明确；

④ 给予申请人的合理补正期限可参照征求第三方意见的时间，一般不超过 15 个工作日；

⑤ 申请人无正当理由，逾期不补正的，视为放弃申请，行政机关不再处理该政府信息公开申请。

（3）补正结果

补正原则上不超过一次，申请人补正后仍然无法明确申请内容的，行政机关可以通过与申请人当面或者电话沟通等方式明确其所需获取的政府信息；此后仍达不到补正效果的，可依据客观事实作出无法提供决定。申请人放弃补正后，行政机关对该政府信息公开申请不再处理。

2. 职责区分判断"该不该"

根据《政府信息公开条例》第 36 条、第 39 条的规定，对内容明确的申请，行政机关根据实际情况确定是否作为政府信息公开申请处理，以及如何处理该申请。

（1）不作为政府信息公开申请处理

申请人以政府信息公开申请的形式进行信访、投诉、举报等活动，行政机关应当告知申请人不作为政府信息公开申请处理并可以告知通过相应渠道提出。

（2）本机关不掌握或者不予公开

根据《政府信息公开条例》第36条第5项的规定，申请公开的信息属于其他行政机关职责范围、本机关不掌握的，行政机关告知申请人并说明理由；能够确定负责公开该政府信息的行政机关的，告知申请人该行政机关的名称、联系方式。申请公开的信息已经主动公开的，可以便民告知申请人获取该信息的方式和途径。行政机关应加强互联网政府信息公开平台建设，探索建立政府信息公开申请的分办、转办机制。

行政机关职权发生变更的，由负责行使有关职权的行政机关承担相应政府信息的公开责任；行政机关职权划入党的工作机关的，如果党的工作机关对外加挂行政机关的牌子，其对外以行政机关的名义独立履行法定行政管理职能过程中形成的信息，适用《政府信息公开条例》。申请人向职权划出行政机关申请相关政府信息公开的，职权划出行政机关可在征求职权划入行政机关意见后作出相应处理，也可告知申请人向职权划入行政机关另行提出申请。

党务信息以"申请信息适用《中国共产党党务公开条例（试行）》，本机关不予公开，特此告知"答复申请人。相关信息如已获取并可以公开的，可以便民提供给申请人。

（3）不予重复处理

行政机关已就申请人提出的政府信息公开申请作出答复、申请人重复申请公开相同政府信息的，告知申请人不予重复处理；其他行政机关已作出答复，申请人向本机关提出申请的，应当予以处理。

3. 信息检索确认"有没有"

对申请人所申请获取的政府信息，行政机关应当认真查找、检索，确认申请信息是否存在。

经检索查找，行政机关未制作、获取相关信息，或者已制作或获取相关信息，但由于超过保管期限、依法销毁、资料灭失等原因，行政机关客观上无法提供的，根据《政府信息公开条例》第36条第4项规定告知申请人"经检索该政府信息不存在"。

行政机关应当加强政府信息管理。针对政府信息存在的发布分散、管理不善、底数不清等问题，加快开展政府信息资源的规范化、标准化、信息化工作，为高效精准检索政府信息、依法规范处理政府信息公开申请提供基础支撑。

4. 内容研判决定"给不给"

行政机关对持有的申请公开的政府信息，依法决定是否予以公开。

（1）予以公开情形

① 所申请公开信息已经主动公开的，根据《政府信息公开条例》第36条第1项规定，行政机关告知申请人获取方式和途径；也可以应申请人请求，便民提供该信息。

② 所申请公开信息可以公开的，根据《政府信息公开条例》第36条第2项规定，行政机关向申请人作出书面决定并提供该政府信息，包括作出向申请人提供政府信息的事实行为；对近期内将主动公开的，告知申请人获取该政府信息的方式、途径和时间。

行政机关公开政府信息涉及其他机关的，应当与有关机关协商、确认，保证行政机关公开的政府信息准确一致。

（2）不予公开情形

① 国家秘密类豁免。依法确定为国家秘密的政府信息不予

公开。

② 法律、行政法规禁止类豁免。法律、行政法规禁止公开的政府信息不予公开。

③"三安全一稳定"类豁免。公开后可能危及国家安全、公共安全、经济安全、社会稳定的政府信息不予公开。

遇到可能涉及国家安全、公共安全、经济安全和社会稳定的申请，应加强相关部门间的协商会商，依据有关法律法规，对信息是否应该公开、公开后可能带来的影响等进行综合分析，研究提出处理意见，并留存相关审核材料、《风险评估报告》等证据。

④ 第三方合法权益保护类豁免。涉及商业秘密、个人隐私等公开会对第三方合法权益造成损害的政府信息不予公开。

第三方同意公开，行政机关一般予以公开，或者第三方不同意公开，但行政机关认为不公开会对社会公共利益造成重大影响的，予以公开。

⑤ 内部事务信息。行政机关的内部事务信息，包括人事管理、后勤管理、内部工作流程等方面的信息，可以不予公开。

⑥ 过程性信息。行政机关在履行行政管理职能过程中形成的讨论记录、过程稿、磋商信函、请示报告等过程性信息，可以不予公开。法律、法规、规章规定应当公开的，从其规定。

⑦ 行政执法案卷。行政执法案卷信息可以不予公开。法律、法规、规章规定应当公开的，从其规定。

⑧ 行政查询事项。所申请公开信息属于工商、不动产登记资料等信息，有关法律、行政法规对信息的获取有特别规定的，告知申请人依照有关法律、行政法规的规定办理。

申请公开的信息中含有不应当公开的内容，但是能够作区分处理的，行政机关应当向申请人提供可以公开的政府信息内容，并对不予公开的内容说明理由。

（3）无法提供情形

① 本机关不掌握相关政府信息。经检索没有所申请公开信息的，告知申请人该政府信息不存在。申请公开的信息属于其他行政机关职责范围、本机关不掌握的，告知申请人并说明理由；能够确定负责公开该政府信息的行政机关的，告知申请人该行政机关的名称、联系方式。

② 没有现成信息，需要另行制作。除能够作区分处理的外，需要行政机关对现有政府信息进行加工、分析的，行政机关可以不予提供，也可以视加工分析难易情况予以提供。

③ 补正后申请内容仍不明确。行政机关可作出无法提供的事实判断。

（4）不予处理情形

① 信访、举报、投诉等诉求类申请。行政机关告知申请人不作为政府信息公开申请处理。

② 重复申请。申请人向同一行政机关重复申请公开相同政府信息的，告知申请人不予重复处理。

③ 要求提供公开出版物。申请人提出的申请内容为要求行政机关提供政府公报、报刊、书籍等公开出版物的，行政机关可以告知获取的途径。

④ 无正当理由大量反复申请。申请人申请公开政府信息的数量、频次明显超过合理范围，行政机关可以要求申请人说明理由。行政机关认为申请理由不合理的，告知申请人不予处理。

⑤ 要求行政机关确认或者重新出具已获取信息。申请人要求对已获取的政府信息进行确认或者重新出具的，行政机

关可以不予处理。申请人要求行政机关更正与其自身相关的不准确政府信息记录的，按照《政府信息公开条例》第41条处理。

5. 申请答复把握"当不当"

对政府信息公开申请，行政机关要依法依规制作答复文书，通过适当形式提供政府信息，送达申请人。

① 法律适用。行政机关作出政府信息公开处理决定，除作出事实判断和适用《政府信息公开条例》第38条、第39条规定外，适用《政府信息公开条例》第36条和其他相关条文予以处理，注意区分"条""款""项"，引用的条文要与政府信息公开处理决定一致。

② 答复文书制作。行政机关制作的答复文书应当具备以下要素：标题、文号、申请人姓名（名称）、申请事实、法律依据、处理决定、申请人复议诉讼的权利和期限、答复主体、答复日期及印章。

③ 政府信息提供形式。行政机关依申请公开政府信息，应当根据申请人的要求及行政机关保存政府信息的实际情况，确定提供政府信息的具体形式（包括纸质、电子文档等，不包括申请人提出的"盖骑缝章""每页加盖印章"等形式），当面提供、邮政寄送或者电子邮件发送给申请人。

按照申请人要求的形式提供政府信息，可能危及政府信息载体安全或者公开成本过高的，可以通过电子文档以及其他适当形式提供，或者安排申请人查阅、抄录相关政府信息。

（二）政府信息公开信息处理费规范

《政府信息公开条例》第42条第2款规定："行政机关收取信息处理费的具体办法由国务院价格主管部门会同国务院财政部

门、全国政府信息公开工作主管部门制定。"2020年11月，国务院办公厅印发了《政府信息公开信息处理费管理办法》的通知（国办函〔2020〕109号）。该管理办法共13条，主要明确了如下内容。

（1）收费目的。进一步规范政府信息公开法律关系，维护政府信息公开工作秩序，更好保障公众知情权。

（2）信息处理费的定义。信息处理费是指为了有效调节政府信息公开申请行为，引导申请人合理行使权利，向申请公开政府信息超出一定数量或者频次范围的申请人收取的费用。

（3）收费标准分类及选择。信息处理费可以按件计收，也可以按量计收，均按照超额累进方式计算收费金额。行政机关对每件申请可以根据实际情况选择适用其中一种标准，但不得同时按照两种标准重复计算。

（4）适用情形。① 按件计收适用于所有政府信息公开申请处理决定类型；② 按量计收适用于申请人要求以提供纸质件、发送电子邮件、复制电子数据等方式获取政府信息的情形。

（5）具体收费标准

① 按件计收标准。申请人的一份政府信息公开申请包含多项内容的，行政机关可以按照"一事一申请"原则，以合理的最小单位拆分计算件数。a.同一申请人一个自然月内累计申请10件以下（含10件）的，不收费；b.同一申请人一个自然月内累计申请11—30件（含30件）的部分，100元/件；c.同一申请人一个自然月内累计申请31件以上的部分：以10件为一档，每增加一档，收费标准提高100元/件。

② 按量计收标准。以单件政府信息公开申请为单位分别计算页数（A4及以下幅面纸张的单面为1页），对同一申请人提交的多件政府信息公开申请不累加计算页数。a.30页以下（含30

页）的，不收费；b. 31—100 页（含 100 页）的部分，10 元/页；c. 101—200 页（含 200 页）的部分，20 元/页；d. 201 页以上的部分，40 元/页。

（6）处理期限。行政机关依法决定收取信息处理费的，应当在政府信息公开申请处理期限内，按照申请人获取信息的途径向申请人发出收费通知，说明收费的依据、标准、数额、缴纳方式等。申请人应当在收到收费通知次日起 20 个工作日内缴纳费用，逾期未缴纳的，视为放弃申请，行政机关不再处理该政府信息公开申请。政府信息公开申请处理期限从申请人完成缴费次日起重新计算。

（7）救济规定。申请人对收取信息处理费的决定有异议的，不能单独就该决定申请行政复议或者提起行政诉讼，可以在缴费期满后，就行政机关不再处理其政府信息公开申请的行为，依据《政府信息公开条例》第 51 条的规定，向上一级行政机关或者政府信息公开工作主管部门投诉、举报，或者依法申请行政复议、提起行政诉讼。

（8）收费性质。行政机关收取的信息处理费属于行政事业性收费，按照政府非税收入和国库集中收缴管理有关规定纳入一般公共预算管理，及时足额地缴入同级国库。具体收缴方式按照同级政府财政部门有关规定执行。行政机关收取信息处理费，应当按照财务隶属关系分别使用财政部或者省、自治区、直辖市财政部门统一监（印）制的财政票据。

（9）公开要求。信息处理费收取情况，要按照全国政府信息公开工作主管部门规定的格式统计汇总，并纳入政府信息公开工作年度报告，接受社会监督。

【注解】根据该管理办法，各地陆续公布了相关收费标准，这里举一个政府信息处理费收费事项公示范例（见表 2-3），供大家参考。

表 2-3　上海市浦东新区人民政府信息处理费收费事项公示

收费项目	信息处理费					
收费依据	国务院办公厅关于印发《政府信息公开信息处理费管理办法》的通知（国办函〔2020〕109号）					
收费主体	上海市浦东新区人民政府办公室					
收费对象	政府信息公开申请数量达到收费标准的申请人					
收费标准	计收类型	按件计收		按量计收		
	适用情形	适用于所有政府信息公开申请处理决定类型		适用于申请人要求以提供纸质件、发送电子邮件、复制电子数据等方式获取政府信息的情形		
	计收方式	申请人的一份政府信息公开申请包含多项内容的，按照"一事一申请"原则，以合理的最小单位拆分计算件数；同一申请人一个自然月累计计数		以单件政府信息公开申请为单位分别计算页数（A4及以下幅面纸张的单面为1页），对同一申请人提交的多件政府信息公开申请不累加计算页数		
	计收标准	10件以下（含10件）	11—30件（含30件）	31件以上，以10件为一档，每增加一档，收费标准提高100元/件	30页以下（含30页）	31—100页（含100页）	101—200页（含200页）	201页以上
		不收费	100元/件		不收费	10元/页	20元/页	40元/页

五、行政复议和行政诉讼配套规定

（一）信息公开行政复议配套规定

《国务院办公厅关于印发 2021 年政务公开工作要点的通知》（国办发〔2021〕12 号）提出，规范政府信息公开行政复议案件审理标准。国务院行政复议机构在 2021 年年底前制定政府信息公开行政复议案件审理规范，统一案件审理标准，有效解决实践中较为突出的同案不同判问题。对此,全国政府信息公开工作主管部门与国务院行政复议机构密切协作,在深入调查研究、广泛征求意见的基础上,共同起草了《关于审理政府信息公开行政复议案件若干问题的指导意见》,报经国务院批准后,以国务院办公厅转发司法部文件的形式印发。[①]

2021年12月,国务院办公厅转发司法部《关于审理政府信息公开行政复议案件若干问题指导意见》的通知(国办函〔2021〕132号)发布。如下是具体说明。

1. 政府信息公开案件受理范围

公民、法人或者其他组织认为政府信息公开行为侵犯其合法权益,有下列情形之一的,可以依法向行政复议机关提出行政复议申请:(1)向行政机关申请获取政府信息,行政机关答复不予公开(含部分不予公开,下同)、无法提供、不予处理或者逾期未作出处理的;(2)认为行政机关提供的政府信息不属于其申请公开的内容的;(3)认为行政机关告知获取政府信息的方式、途径或者时间错误的;(4)认为行政机关主动公开或者依申请公开的政府信息侵犯其商业秘密、个人隐私的;(5)认为行政机关的其他政府信息公开行为侵犯其合法权益的。

公民、法人或者其他组织对政府信息公开行为不服提出行政复议申请,有下列情形之一的,行政复议机关不予受理:(1)单独就行政机关作出的补正、延期等程序性处理行为提出行政复议申请的;(2)认为行政机关提供的政府信息不符合其关于纸张、印章等具体形式要求的,或者未按照其要求的特定渠道提供政府信息的;(3)在缴费期内对行政机关收费决定提出异议的;(4)其他不符合行政复议受理条件的情形。

[①] 后向东、赵建基:《准确理解和适用政府信息公开行政复议案件审理规范》,《中国司法》2022年第1期,第39页。

公民、法人或者其他组织认为行政机关未依法履行主动公开政府信息义务提出行政复议申请的，行政复议机关不予受理，并可以告知其先向行政机关申请获取相关政府信息。

2. 被申请主体资格认定

公民、法人或者其他组织对行政机关或者行政机关设立的依照法律、法规对外以自己名义履行行政管理职能的派出机构（以下简称派出机构）作出的依申请公开政府信息行为不服提出行政复议申请的，以作出该政府信息公开行为的行政机关或者派出机构为被申请人；因逾期未作出政府信息公开行为提出行政复议申请的，以收到政府信息公开申请的行政机关或者派出机构为被申请人。

公民、法人或者其他组织认为行政机关主动公开政府信息行为侵犯其合法权益提出行政复议申请的，以公开该政府信息的行政机关或者派出机构为被申请人。

公民、法人或者其他组织对法律、法规授权的具有管理公共事务职能的组织作出的政府信息公开行为不服提出行政复议申请的，以该组织为被申请人。

3. 政府信息公开案件审查重点

申请人认为被申请人逾期未处理其政府信息公开申请的，行政复议机关应当重点审查下列事项：（1）被申请人是否具有执行《政府信息公开条例》的法定职责；（2）被申请人是否收到申请人提出的政府信息公开申请；（3）申请人提出政府信息公开申请的方式是否符合被申请人政府信息公开指南的要求；（4）是否存在《政府信息公开条例》第 30 条规定的无正当理由逾期不补正的情形；（5）是否存在《政府信息公开信息处理费管理办法》第 6 条规定的逾期未缴纳信息处理费的情形。

被申请人答复政府信息予以公开的，行政复议机关应当重点审查下列事项：(1)被申请人向申请人告知获取政府信息的方式、途径和时间是否正确；(2)被申请人向申请人提供的政府信息是否完整、准确。

被申请人答复政府信息不予公开的，行政复议机关应当重点审查下列事项：(1)申请公开的政府信息是否属于依照法定定密程序确定的国家秘密；(2)申请公开的政府信息是否属于法律、行政法规禁止公开的政府信息；(3)申请公开的政府信息是否属于公开后可能危及国家安全、公共安全、经济安全、社会稳定的政府信息；(4)申请公开的政府信息是否属于涉及商业秘密、个人隐私等公开后可能会对第三方合法权益造成损害的政府信息；(5)申请公开的政府信息是否属于被申请人的人事管理、后勤管理、内部工作流程三类内部事务信息；(6)申请公开的政府信息是否属于被申请人在履行行政管理职能过程中形成的讨论记录、过程稿、磋商信函、请示报告四类过程性信息；(7)申请公开的政府信息是否属于行政执法案卷信息；(8)申请公开的政府信息是否属于《政府信息公开条例》第36条第7项规定的信息。

被申请人答复政府信息无法提供的，行政复议机关应当重点审查下列事项：(1)是否属于被申请人不掌握申请公开的政府信息的情形；(2)是否属于申请公开的政府信息需要被申请人对现有政府信息进行加工、分析的情形；(3)是否属于经补正后政府信息公开申请内容仍然不明确的情形。

被申请人答复对政府信息公开申请不予处理的，行政复议机关应当重点审查下列事项：(1)申请人提出的政府信息公开申请是否属于以政府信息公开申请的形式进行信访、投诉、举报等活动，或者申请国家赔偿、行政复议等情形；(2)申请人提出的政府信息公开申请是否属于重复申请的情形；(3)申请人提出的政府信息公开申请是否属于要求被申请人提供政府公报、报刊、书籍等公开出版物的情形；(4)申请人提出的政府信息公开申请是否属于申请公开政府信息的数量、频次明显超过合理范围，且其说明的理由不合理的情形；(5)申请人提出的政府信息公开申请是否属于要求被申请人确认或者重新出具其已经获取的政府信息的情形。

4. 政府信息公开案件处理标准

指导意见确立了维持、驳回、责令重新答复、变更、撤销（部分撤销）、责令公开、确认程序违法、确认行为违法8种处理方式，并明确了每一种处理方式的适用情形。

有下列情形之一的，行政复议机关应当决定维持政府信息公开行为：(1)申请公开的政府信息已经主动公开的，被申请人告知获取该政府信息的方式、途径正确；(2)申请公开的政府信息可以公开的，被申请人完整、准确地提供了该政府信息，或者告知获取该政府信息的方式、途径和时间正确；(3)申请公开的政府信息不予公开符合《政府信息公开条例》第14条、第15条、第16条、第36条第7项的规定；(4)申请公开的政府信息无法提供或者对政府信息公开申请不予处理的，属于本指导意见第9条、第10条关于无法提供或者对政府信息公开申请不予处理的情形；(5)其他依法应当维持政府信息公开行为的情形。

属于前款所列情形，政府信息公开行为认定事实清楚、适用依据正确、答复内容适当但程序违法的，行政复议机关应当决定确认该政府信息公开行为程序违法。

有下列情形之一的，行政复议机关应当决定驳回行政复议申请：(1)申请人认为被申请人未履行政府信息公开职责，行政复议机关受理后发现被申请人没有相应法定职责或者在受理前已经履行政府信息公开职责的;(2)受理行政复议申请后,发现该行政复议申请属于本指导意见第3条规定情形之一的;(3)被申请人未对申请人提出的政府信息公开申请作出处理符合《政府信息公开条例》第30条、《政府信息公开信息处理费管理办法》第6条规定的;(4)其他依法应当决定驳回行政复议申请的情形。

被申请人未在法定期限内对政府信息公开申请作出处理的,行政复议机关应当决定被申请人在一定期限内作出处理。

有下列情形之一的,行政复议机关应当决定变更政府信息公开行为:(1)政府信息公开行为认定事实清楚、适用依据正确、程序合法但答复内容不适当的;(2)政府信息公开行为认定事实清楚、答复内容适当、程序合法但未正确适用依据的。

有下列情形之一的,行政复议机关应当决定撤销或者部分撤销政府信息公开行为,并可以责令被申请人在一定期限内对申请人提出的政府信息公开申请重新作出处理,或者决定被申请人对申请公开的政府信息予以公开:(1)被申请人答复政府信息予以公开,但是告知获取政府信息的方式、途径、时间错误,或者提供的政府信息不完整、不准确的;(2)被申请人答复政府信息不予公开、无法提供或者对政府信息公开申请不予处理,认定事实不清、适用依据明显错误或者答复内容明显不当的;(3)其他依法应当撤销或者部分撤销政府信息公开行为的情形。

属于前款所列情形,申请人提出行政复议申请前,或者行政复议机关作出行政复议决定前,申请人已经获取相关政府信息的,行政复议机关应当决定确认该政府信息公开行为违法。

5. 监督责任

行政复议机关在案件审理过程中,发现被申请人不依法履行政府信息公开职责,或者因政府信息公开工作制度不规范造成不良后果的，可以制作行政复议意见书并抄送相关政府信息公开工作主管部门；情节严重的，可以提出追究责任的意见建议。上级行政复议机关应当加强对下级行政复议机关政府信息公开案件审理工作的指导监督。

（二）信息公开行政诉讼配套规定

2021年5月，最高人民法院发布了《关于推进行政诉讼程序繁简分流改革的意见》（法发〔2021〕17号）。为实现繁简分流，该意见规定了适用简易程序的若干情形。第一审人民法院审理下列行政案件，可以作为简单案件进行审理：（1）属于《行政诉讼法》第82条第1款、第2款规定情形的（属于政府信息公开案件、经双方同意）；（2）不符合法定起诉条件的；（3）不服行政复议机关作出的不予受理或者驳回复议申请决定的；（4）事实清楚、权利义务关系明确、争议不大的政府信息公开类、履行法定职责类以及商标授权确权类行政案件。

该意见规定，对事实清楚、权利义务关系明确、争议不大的政府信息公开、不履行法定职责、不予受理或者程序性驳回复议申请以及商标授权确权等行政案件，人民法院可以结合被诉行政行为合法性的审查要素和当事人争议焦点开展庭审活动，并可以制作要素式行政裁判文书。

2021年3月，最高人民法院发布了《关于正确确定县级以上地方人民政府行政诉讼被告资格若干问题的规定》（法释〔2021〕5号）。该规定对政府信息公开的被告主体认定有了新的要求。

其第6条规定："县级以上地方人民政府根据《政府信息公开条例》的规定，指定具体机构负责政府信息公开日常工作，公民、法人或者其他组织对该指定机构以自己名义所作的政府信息公开行为不服提起诉讼的，以该指定机构为被告。"

其第 7 条规定："被诉行政行为不是县级以上地方人民政府作出，公民、法人或者其他组织以县级以上地方人民政府作为被告的，人民法院应当予以指导和释明，告知其向有管辖权的人民法院起诉；公民、法人或者其他组织经人民法院释明仍不变更的，人民法院可以裁定不予立案，也可以将案件移送有管辖权的人民法院。"

2021 年 9 月，最高人民法院印发了《关于完善四级法院审级职能定位改革试点的实施办法》（法〔2021〕242 号）（以下简称《实施办法》）。《实施办法》对政府信息公开案件的级别管辖有了新的规定。其第 2 条规定："下列以县级、地市级人民政府为被告的第一审行政案件，由基层人民法院管辖：（1）政府信息公开案件；（2）不履行法定职责的案件；（3）行政复议机关不予受理或者程序性驳回复议申请的案件；（4）土地、山林等自然资源权属争议行政裁决案件。"

其第 3 条规定："中级人民法院对于公民、法人或者其他组织以县级、地市级人民政府为被告提起的诉讼，根据本办法第二条不属于本院管辖的，应当及时告知其向有管辖权的基层人民法院提起诉讼；当事人坚持起诉的，可以将案件直接移送有管辖权的基层人民法院。"

其第 20 条规定："本办法第二条、第三条仅适用于北京、天津、辽宁、上海、江苏、浙江、山东、河南、广东、重庆、四川、陕西省（市）高级人民法院辖区内的中级、基层人民法院。"

笔者认为：（1）虽然《实施办法》确立了以县级、地市级人民政府为被告的第一审政府信息公开案件由基层人民法院管辖，但是文件限定在北京、上海等十二个特定省（市）进行试点，试点期只有两年，截至 2023 年 10 月 1 日，之后将不再施行。2022 年 12 月提请全国人大常委会审议的《中华人民共和国行政诉讼法（修正草案）》吸纳了办法中的做法，希望推广至全国，因此建议在《行政诉讼法》第 15 条新增 1 款作为第 2 款，明确下列以县级、地市级人民政府为被告的第一审行政案件，由基层人民法院管辖：政府信息公开案件、不履行法定职责案件、行政复议机关不予受理或者程序性驳回复议申请案件、土地山林等自然资源权属争议行政裁决案件。但是两年来的试点结果证明，告区县人民政府的政府信息公开等部分行政案件下放给基层人民法院审理的改革方案不具可行性。2023 年 8 月 21 日召开的十四届全国人大常委会第十次委员长会议因此审议通过了全国人大宪法和法律委员会关于终止审议行政诉讼法修正草案的报告。这意味着办法试点结束后将回到原先的由中级人民法院管辖县级以上地方人民政府为被告的第一审行政案件。（2）在上海，以区政府为被告的政府信息公开案件行政诉讼管辖问题，则通过上海法院的诉讼集中管辖改革予以实现。上海市高级人民法院印发的《关于以区人民政府为被告的四类行政案件管辖规定》（2022 年 1 月 14 日经上海市高级人民法院审判委员会第 1 次会议通过，2022 年 2 月 1 日起施行）第 3 条第 1 款明确规定："以区人民政府为被告的政府信息公开案件第一审行政案件由上海铁路运输法院管辖。"

 思考题

1. 名词解释

公共企事业单位信息公开

2. 简答题

（1）简述公共企事业单位信息公开配套规定。

（2）简述行政机关主动公开配套规定的内容。
（3）简述政府信息公开行政复议配套规定的内容。
3. 论述题
论述行政机关依申请公开配套规定的内容。

第三章
全国层面依申请办理结果的实证分析

【本章概要】《政府信息公开条例》在我国已实施十来年。之前囿于统计数据的缺失,难以开展全国层面的依申请办理数据分析。2020年之后,各层级政府对外定期发布政府信息公开工作年度报告。其中,2019年、2020年和2021年三年的政府信息公开工作年度报告中的统计数据为开展全国层面的依申请办理数据分析提供了可能。基于这三年年报中的依申请办理结果和申请人类型等统计数据方面的实证分析可以发现,2019年修订后的依申请公开规定在实践中确实发挥了促公开、促服务的作用,但是也发现依申请公开规定还存在制度"空转"和申请权利不当行使等问题,游离在《政府信息公开条例》所限定的五类处理决定类型外的"其他处理"目前答复比例还偏高。未来有必要采取针对性的措施补足完善。

【学习目标】了解全国层面依申请办理结果实证分析的必要性和可行性;熟悉全国层面依申请办理结果实证分析情况;掌握《政府信息公开条例》修订后依申请公开制度施行的实效。

一、全国层面依申请办理结果实证分析的必要性

(一) 依申请公开制度是政府信息公开法之关键内容

保障公众知情权的依申请公开制度是各国信息公开法中一项不可或缺的立法内容,甚至有加拿大等国家的信息公开法直接被命名为《依申请公开法》(Access to Information Act)。据此有人认为,将依申请公开制度等同于政府信息公开制度都不为过。这是因为依申请公开制度赋予了公众对政府信息公开的请求权,可有效地限制行政机关在公开与否、公开什么、如何公开上的自由裁量权。[①]对于我国来说,无论在《政府信息公开条例》修订前还是修订后,依申请公开制度的实施成效都是社会各界关注的重心。一定意义上而言,将依申请公开纳入《政府信息公开条例》是我国向法治发达水平的信息公开立法迈进的标志。[②]

依申请公开制度是 2014 年开始启动的我国《政府信息公开条例》修订工作的重中之重。2007 年制定《政府信息公开条例》时虽然吸纳了国际上通行的依申请公开制度,但因缺乏本土经验,在立法上存在诸多缺陷,包括公开例外规定缺失、依申请程序盲点多、申请处理答复方式不规范和不完备等。经过十来年的实践后,对之进行大修势在必行。对依申请公开制度作必要优化调整和加强责任约束是条例修订考虑的一项主要内容。[③]

[①] 吕艳滨:《如何理解依申请公开中的政府信息概念》,《中国行政管理》2012年第 8 期,第 14 页。
[②] 蒋红珍:《从"知的需要"到"知的权利":政府信息依申请公开制度的困境及其超越》,《政法论坛》2012 年第 6 期,第 72 页。
[③] 后向东:《构建新时代中国特色政府信息公开制度》,《中国行政管理》2018年第 5 期,第 8 页。

2019年修订最终将"依申请公开"独立成第四章,总共19条,占《政府信息公开条例》三分之一的篇幅。它从申请的提交到各类申请情形的答复处理等诸多方面予以了细化规定。最为突出的是,该修订对之前模棱两可的申请条件予以了明确,取消了旧《政府信息公开条例》的"三需要"这一申请条件。申请人不必说明申请目的就可递交政府信息公开申请。

《政府信息公开条例》在第二章中用3个条款对公开例外或不予公开理由分门别类地予以了明确规定,解决了2007年《政府信息公开条例》在公开例外种类列举不完整、例外保护机制不健全、例外立法不科学、例外体系不系统上的缺陷。[①] 本次修订总体上形成了实体性例外和程序性例外相结合的相对完整的政府信息公开例外体系。[②]

修订后《政府信息公开条例》的依申请公开色彩非常浓厚,属于我国《政府信息公开条例》的关键性内容,它的实施情况很大限度上决定着本次《政府信息公开条例》修订的成败。因此,对依申请公开制度的施行效果进行分析十分必要。

(二)检视依申请公开制度实施成效离不开对依申请办理结果的分析

依申请办理结果是观察分析《政府信息公开条例》中依申请公开制度施行效果的一个有效切入点。只是降低公众对政府信息公开的申请门槛并不必然地意味着依申请公开制度能在实践中顺利实施。对依申请公开制度的施行效果进行分析离不开针对一件

[①] 肖卫兵:《我国政府信息公开处理决定类型化改革效果评析》,《理论与改革》2021年第6期,第66页。

[②] 肖卫兵:《论我国政府信息公开例外体系构建完善》,《交大法学》2018年第1期,第128页。

件来源多样、内容丰富的申请的答复处理结果或依申请办理结果的系统考察。公开率多少、不公开率多少及不公开理由启用中的频率差别都是反映依申请公开制度实效的关键指标。修订后的《政府信息公开条例》将依申请办理结果划分为予以公开、部分公开、不予公开、无法提供和不予处理这五种实体层面的依申请办理结果类型。① 其中，予以公开包括已主动公开和同意公开，部分公开得以单列。不予公开或公开例外包括八种，具体是：属于国家秘密；其他法律、行政法规禁止公开；危及"三安全一稳定"（国家安全、公共安全、经济安全、社会稳定）；包括商业秘密和个人隐私在内的保护第三方合法权益信息；包括人事管理、后勤管理、内部工作流程这三类在内的内部事务信息；包括讨论记录、过程稿、磋商信函、请示报告这四类在内的过程性信息；属于行政执法案卷；属于行政查询事项。这八种公开例外可细分为强制式和任意式、类别式和损害式、绝对式和相对式三大类。② 见表 3-1。

表 3-1 修订后的《政府信息公开条例》公开例外分类

类别	具体类别	核心特征	具 体 例 外
1	强制式	应当予以公开	国家秘密、其他法律行政法规禁止公开、"三安全一稳定"
1	任意式	可以不予公开	内部事务信息、过程性信息、行政执法案卷
2	类别式	无需损害衡量	国家秘密、其他法律行政法规禁止公开
2	损害式	需要损害衡量	"三安全一稳定"、包括商业秘密和个人隐私在内的保护第三方合法权益信息

---

① 后向东：《论政府信息公开处理决定类型化》，《行政法学研究》2019 年第 4 期，第 38—40 页。

② 肖卫兵：《论政府信息公开例外立法的类别》，《情报理论与实践》2010 年第 4 期，第 41 页。

(续表)

类别	具体类别	核心特征	具 体 例 外
3	绝对式	无需公共利益衡量	国家秘密、其他法律行政法规禁止公开、"三安全一稳定"、内部事务信息、过程性信息、行政执法案卷
	相对式	需要公共利益衡量	包括商业秘密和个人隐私在内的保护第三方合法权益信息

无法提供有三种,包括本机关不掌握相关政府信息、没有现成信息需要另行制作、补正后申请内容仍不明确。本机关不掌握相关政府信息至少包括信息不存在和不属于本机关负责公开两种。

不予处理包括信访举报投诉类申请、重复申请、要求提供公开出版物、无正当理由大量反复申请和要求行政机关确认或重新出具已获取信息这五种。

这五类类型化处理决定不仅是行政机关处理政府信息公开申请的依据,而且是行政复议和司法机关裁决案件的准绳。[1]

(三) 有效填补全国层面依申请办理结果实证分析的空白

全国层面的依申请办理结果分析尚属首次。在《政府信息公开条例》修订前,因为依申请办理决定多种多样,并不统一,要进行全国层面的分析可能性极低。我们更多只能聚焦于某一个省或部门进行一些比较分析,如之前针对上海市十年年报统计数据的分析[2]和国务院相关部门的十年年报数据分析。[3] 也有的只限

---

[1] 耿宝建、周觅:《新条例制度环境下政府信息公开诉讼的变化探析》,《中国行政管理》2020年第2期,第20页。
[2] 肖卫兵:《上海政府信息公开十年:成就、挑战、前瞻》,《电子政务》2014年第10期,第2页。
[3] 段尧清、周密、尚婷:《我国政府信息公开态势及其调控策略研究:基于2008—2018年国务院部门政府信息公开年报分析》,《现代情报》2020年第8期,第121页。

于作一些年报发布情况的横向比较分析。①对依申请公开制度实施情况的考察，也只有聚焦于一个省的若干地市进行分析。②较为全面的是针对多年的绝大部分省份年报当中一些数据开展依申请公开制度方面的研究，③但是离全国层面的分析还有距离，这是因为缺少对国务院部门和实行垂直领导的系统等单位的考察。

在修订后的《政府信息公开条例》实现了依申请办理决定的类型化后，尤其在全国政府信息公开主管部门规定了年报的统一格式后，相对规范的依申请办理决定的统计数据使得汇总分析全国层面依申请办理情况有了可能。目前，我国只有单个国务院部门、各省级政府和各实行垂直领导的系统汇总的年报，并没有针对全国范围的年报。完成全国层面的考察分析，就得依赖社会各界通过对所有负有年报发布任务的各级行政机关的数据进行汇总分析，得出全国层面的情况。目前来看，这方面的工作尚未有研究或报告涉及。因此，开展依申请办理结果数据的汇总分析，概括出全国情况就显得非常必要。在联合国可持续发展第 16.10.2 信息公开指标的落实已纳入联合国可持续发展高级别政治论坛议题的今天，关于我国全国层面的依申请公开制度的规定和实施成效方面的分析尤显必要。我国未来也面临着如何通过启动自愿国家审查具体落实该目标的问题。④

---

① 中国社会科学院国家法治指数研究中心：《政府信息公开工作年度报告发布情况评估报告（2019）》，中国社会科学出版社 2019 年版。

② 费丽芳：《政府信息依申请公开实证分析：以浙江省 11 个市政府为例》，《浙江社会科学》2010 年第 10 期，第 101—109 页。

③ 魏成龙、王东帅、魏荣桓：《中国地方政府信息依申请公开问题研究：基于 2009—2014 年 29 个省份的数据》，《中国行政管理》2016 年第 7 期，第 24—29 页。

④ 肖卫兵：《联合国 SDG16.10.2 信息公开指标内涵及其落实评述》，《情报杂志》2021 年第 8 期，第 43 页。

二、全国层面依申请办理结果实证分析的可行性

（一）规范的年报统计为实证分析依申请办理结果提供了可能

选中依申请办理结果数据来分析修订后的《政府信息公开条例》的施行效果，主要是考虑到统计数据的规范性和全面性等因素。规范的年报统计，为我们分析依申请办理结果奠定了基础。修订后的《政府信息公开条例》第50条规定，全国政府信息公开工作主管部门应当公布政府信息公开工作年度报告统一格式，并适时更新。该规定有利于规范各级行政机关发布政府信息公开工作年报的行为。为落实这一规定，作为全国政府信息公开工作主管部门的国务院办公厅政府信息与政务公开办公室先后发布了两个规范年报报告事项的通知。

第一个是2019年11月23日对外发布的《关于政府信息公开工作年度报告有关事项的通知》（国办公开办函〔2019〕60号）。该通知提供了政府信息公开工作年度报告格式模板，并鼓励各单位按照统一格式发布今后政府信息公开工作年度报告。格式模板在"本年度办理结果"下设置了予以公开、部分公开、不予公开、无法提供、不予处理和其他处理六种政府信息公开实体处理决定类型。如前所述，不予公开类型又细分了8种，无法提供和不予处理分别细分为3种和5种。这为汇总分析各层级行政机关依申请办理结果提供了可能。考虑到2019年是新条例生效衔接之年，并且实际办理过程中确实还存在一些难以归入的特殊情形，年报在申请办理结果数据统计栏还特意加了一个无法归入现有五种实体处理决定类型的"其他处理"统计项。

第二个是 2021 年 9 月 26 日对外发布的《关于印发〈中华人民共和国政府信息公开工作年度报告格式〉的通知》(国办公开办函〔2021〕30 号)。该通知基于依申请公开信息处理费于 2020 年开征等情况变化,对 2019 年的年报格式进行了一次修订。尤其在办理结果上,对其他处理进行了一定程度的细化,特别强调放弃申请方面的数量统计,如表 3-2 所列,具体细分了三类。

表 3-2 是最新年报格式模板中"收到和处理政府信息公开申请情况"的部分。年报格式模板的规范要求为分析依申请公开办理情况和申请人类型提供了可能。

表 3-2 年度依申请办理结果空白模板

(本列数据的勾稽关系为:第一项加第二项之和,等于第三项加第四项之和)	申请人情况						总计
	自然人	法人或其他组织					
		商业企业	科研机构	社会公益组织	法律服务机构	其他	
一、本年新收政府信息公开申请数量							
二、上年结转政府信息公开申请数量							
三、本年度办理结果 (一) 予以公开							
(二) 部分公开(区分处理的,只计这一情形,不计其他情形)							
(三) 不予公开 1. 属于国家秘密							
2. 其他法律行政法规禁止公开							
3. 危及"三安全一稳定"							
4. 保护第三方合法权益							
5. 属于三类内部事务信息							

(续表)

(本列数据的勾稽关系为：第一项加第二项之和，等于第三项加第四项之和)			申请人情况					
			自然人	法人或其他组织				总计
				商业企业	科研机构	社会公益组织	法律服务机构	其他	
三、本年度办理结果	（三）不予公开	6. 属于四类过程性信息							
		7. 属于行政执法案卷							
		8. 属于行政查询事项							
	（四）无法提供	1. 本机关不掌握相关政府信息							
		2. 没有现成信息需要另行制作							
		3. 补正后申请内容仍不明确							
	（五）不予处理	1. 信访举报投诉类申请							
		2. 重复申请							
		3. 要求提供公开出版物							
		4. 无正当理由大量反复申请							
		5. 要求行政机关确认或重新出具已获取信息							
	（六）其他处理	1. 申请人无正当理由逾期不补正、行政机关不再处理其政府信息公开申请							
		2. 申请人逾期未按收费通知要求缴纳费用、行政机关不再处理其政府信息公开申请							
		3. 其他							
	（七）总计								
四、结转下年度继续办理									

（二）全国层面的依申请办理结果考察具有可能性

年报规范的统一要素和模板使得全国层面的依申请办理结果考察具有可能性。现如今，我们可以依托规范的统计数据全面观察涵盖国务院各部门、31个省（自治区、直辖市）和实行垂直领导的13个系统的数据。对这些数据的汇总分析基本上可以得出全国概貌。虽然修订后的《政府信息公开条例》生效实施的初期所编制的年报本身会因各种原因导致依申请办理结果数据在一定程度上存在不够准确、统计上会有错误等情况，但是总体而言，在去除极少数部门后，绝大多数部门的依申请办理结果统计数据获取不存在难度并且也具有可用性。2020年和2021年这两年的数据获取更是如此。中国政府网开通的年报集中发布专题页面也为我们收集汇总全国各级行政机关依申请办理数据提供了统一入口，提高了收集分析的效率。

（三）全国层面依申请办理结果实证分析的范围和对象

本次考察分析的范围包括有年报编制发布任务的国务院部门、省（自治区、直辖市）和实行垂直领导的系统。依据集中展示年报的要求，中国政府网在年报专题页面上集中公布了2019年59家、2020年60家、2021年61家国务院部门，31个省（自治区、直辖市）和实行垂直领导的13个系统所编制发布的年报。我们统计的范围也就限定在这三个层面。省（自治区、直辖市）和实行垂直领导的系统三年来统计对象相同。国务院部门稍有变化。除2019年因1家单位数据填写不规范难以纳入统计外，其余58家均纳入统计范围；2020年多出的一家是国家版权局，其从国家新闻出版署中单列出来；2021年多出的是国家乡村振兴局。考虑到13个实行垂直领导的系统也包含了相应的国务院部门数据，为避免重复计算，我们在统计国务院部门时特别去除了属于该实行垂直领导的系统的 13 家国务院部门。现有的各单位数据基本上可以完整地反映全国层面上的依申请办理情况。表 3-3 是 13 个实行垂直领导的系统和 61 个国务院部门的完整列表。

表 3-3　13 个实行垂直领导的系统和
61 个国务院部门的完整列表

实行垂直领导的系统		
人民银行系统	海关系统	税务系统
气象局系统	银保监会系统	证监会系统
粮食和物资储备局系统	烟草局系统	铁路局系统
民航局系统	邮政局系统	矿山安监系统
外汇局系统		
国务院部门		
外交部	国家发展和改革委员会	教育部
科学技术部	工业和信息化部	国家民族事务委员会
公安部	民政部	司法部
财政部	人力资源和社会保障部	自然资源部
生态环境部	住房和城乡建设部	交通运输部
水利部	农业农村部	商务部
文化和旅游部	国家卫生健康委员会	退役军人事务部
应急管理部	人民银行	审计署
国务院国有资产监督管理委员会	海关总署	国家税务总局

(续表)

国务院部门		
国家市场监督管理总局	国家广播电视总局	国家体育总局
国家统计局	国家国际发展合作署	国家医疗保障局
国家机关事务管理局	国家新闻出版署	国家版权局
中国气象局	中国银行保险监督管理委员会	中国证券监督管理委员会
国家信访局	国家粮食和物资储备局	国家能源局
国家国防科技工业局	国家烟草专卖局	国家移民管理局
国家林业和草原局	国家铁路局	中国民用航空局
国家邮政局	国家乡村振兴局	国家文物局
国家中医药管理局	国家矿山安全监察局	国家外汇管理局
国家药品监督管理局	国家知识产权局	国家公务员局
国家档案局	国家保密局	国家电影局
中国地震局		

本次考察的对象是如上所述各单位所发布的2019年、2020年和2021年三年年报。年报是反映各单位一年来开展政府信息公开工作的成绩单。我们聚焦在各单位年报的第三部分"收到和处理政府信息公开申请情况",即依申请办理情况,进行具体观察。该部分依申请办理结果数据是依据国务院办公厅政府信息与政务公开办公室下发的具体统计模板,以表格的形式予以填报。各类统计数据具体、规范、明确。办理结果数据为掌握全国层面情况提供了相对简便的分析样本,并可以初步反映全国层面处理政府信息公开申请结果数据,进而为分析各种处理结果的适用情况提供了可能。

三、修订后的条例实施三年来全国层面依申请办理结果实证分析

(一)全国层面依申请办理结果总体数据分析

全国层面的数据主要涵盖省(自治区、直辖市)、国务院部门和实行垂直领导的系统三大块。三年来,全国各层面单位共处理完成 1 299 002 件申请(包括历年不断结转的申请)。在这 1 299 002 件已处理完毕的申请中,作出予以公开决定的有 548 734 件,占总处理量的 42.24%;部分公开的件数有 89 235 件,占比 6.87%。部分公开也是一种形式的予以公开,其重要性不容忽视。如果将之和予以公开合并计算,三年来我国总体公开率提高到 49.11%,几近一半。不予公开的是 78 527 件,占比 6.05%。无法提供和不予处理分别占比 32.27%(419 136 件)和 4.72%(61 266 件)。其他处理 102 104 件,占比 7.86%。后三种一般被视为与实体性例外相

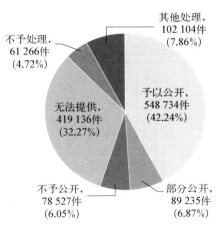

图 3-1　三年来全国依申请办理结果各类型总占比

对的程序性例外,[①] 合计高达44.85%,总占比并不低。

对比三年来看,各类型依申请处理决定有如下特点:(1)予以公开的比例呈逐年下降趋势,从最开始的近一半(47.24%),下降到2021年的三分之一占比(37.45%),即使加上历年的部分公开比例,也是呈下降趋势,占比从2019年的53.39%回落到2021年的44.61%;(2)部分公开占比始终徘徊在7%上下,三年来未有显著变化;(3)不予公开的比例逐年下降,从最开始的6.67%下降到2021年的5.35%,虽然下降幅度不大,但是这不失为一个好的改变;(4)无法提供占比始终在30%之上,占比较大并逐年小幅上升;(5)不予处理占比则有降有升,变化不大,为近5%;(6)游离在五类处理类型之外的"其他处理"占比在头两年并无明显变化,基本在5%上下徘徊,但是在第三年却出现了显著变化,占比一下子翻倍,升至11.99%。这种大幅上升主要由人民银行一家单位贡献。具体如图3-2所示。

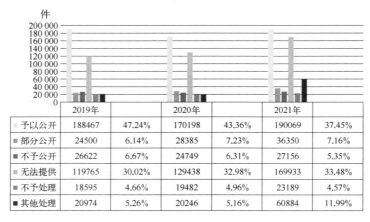

图3-2 三年来全国依申请办理结果各类型占比

[①] 肖卫兵:《政府信息公开研究多维视角:流通、开放、实证》,中国政法大学出版社2019年版,第193页。

（二）全国层面不予公开处理决定数据分析

三年来，在 8 种不予公开处理的决定中，属于行政查询事项的决定占比最高（21.45%），共有 16 845 件；属于保护第三方合法权益信息的次之，占比 15.81%，共有 12 417 件；随后是过程性信息的，共 11 883 件，占比 15.13%。相对于国家秘密等应当不予公开例外而言，内部事务信息（14.63%）、过程性信息（15.13%）和行政执法案卷信息（12.95%）这三类可以不予公开例外的占比高达 42.71%。国家秘密答复也占有一定的比例，达到 10.31%。危及"三安全一稳定"答复的占比最低，只有 2 317 件，占比 2.95%，反映出实践中各级行政机关对此持慎用态度。见图 3-3。

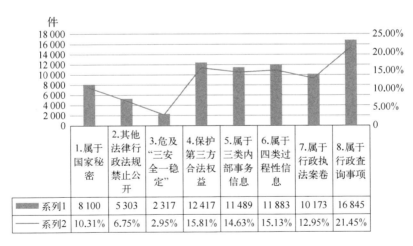

图 3-3 三年来全国不予公开处理决定总占比

综合三年来看，各不予公开处理决定有如下特点：（1）国家秘密占比有升有降，总体较为稳定，占比在 11% 上下；（2）其他法律行政法规禁止公开占比在 6% 上下，无明显变化；（3）危及"三安全一稳定"占比较为平稳，略微有所上升，占比最高为 2021 年的

3.72%；（4）包括个人隐私和商业秘密在内的保护第三方合法权益信息占比在第二年开始有了上升，最近两年保持稳定，略超17%；（5）内部事务信息占比有降有升，总体呈上升趋势，2021年占到16.19%；（6）过程性信息占比呈下降趋势，从之前的16.37%下降到13.51%；（7）行政执法案卷占比呈上升趋势，从2019年的10.38%上升到2021年的15.64%；（8）行政查询占比有所下降，从最高的27.37%下降到18.50%。所有类别的答复情况见图3-4。

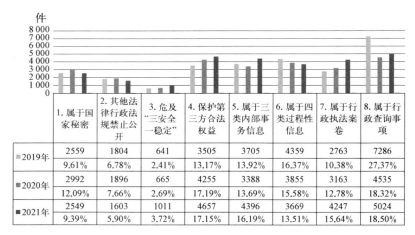

图 3-4　三年来全国不予公开处理决定各类型占比

（三）全国层面无法提供处理决定数据分析

三年来，在3种无法提供的决定中，本机关不掌握相关政府信息处理决定共有376 959件，在该类型答复中占比为89.94%，占比最高。该处理决定还占三年来申请处理决定总量的29.02%，近三分之一。没有现成信息需要另行制作的处理决定次之，共有29 323件，占比7%。补正后申请内容仍不明确的最少，有12 854件，占比3.07%。

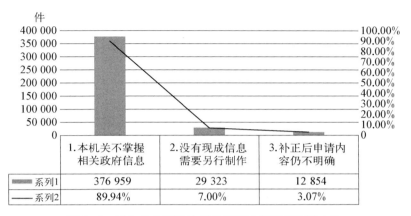

图 3-5 三年来全国无法提供处理决定各类型总占比

对比三年来看，各种无法提供处理决定有如下特点：（1）包括信息不存在和不属于本机关负责公开在内的本机关不掌握相关政府信息的处理决定占比始终保持在高位，并呈现上升趋势，从 2019 年的 87.09% 上升到 2021 年的 93.23%。（2）补正后申请内容仍不明确的占比有大幅下降，从 2019 年的 5.06% 下降到 2021 年的 0.83%。这应该与 2021 年的统计口径修改有关，它将原先归入该类的因无正当理由逾期不补正致使行政机关不再处理这类答复归入"其他处理"当中。（3）没有现成信息需要另行制作的占比也有了小幅下降，从 2019 年的 7.84% 下降到 2021 年的 5.94%。具体如图 3-6 所示。

（四）全国层面不予处理决定数据分析

三年来，在 5 种不予处理的决定中，信访举报投诉类申请占该类型的答复比最高，达到 57.50%，共有 35 225 件；重复申请的次之，共 18 103 件，占比 29.55%，两类合计 87.05%；无正当理由大量反复申请的有 5 686 件，占比 9.28%；要求行政机关确认或重新出具已获取信息的计 1 631 件，占比 2.66%；要求提

图 3-6 三年来全国无法提供处理决定各类型占比

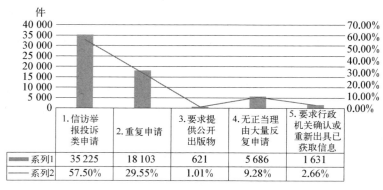

图 3-7 三年来全国不予处理决定各类型总占比

供公开出版物的最低，只有 621 件，占比 1.01%。

对比三年来看，各种不予处理的决定有如下特点：（1）信访举报投诉类申请占比逐年上升，从 2019 年的 49.26% 上升到 2021 年的 61.61%，不过，2020—2021 两年占比无显著变化；（2）重复申请占比有所下降，从 2019 年的 32.61% 下降到 2021 年的 27.36%；

(3)要求提供公开出版物的占比有所上升,但历年占比均不高,在1%上下;(4)无正当理由大量反复申请占比有所下降,2020—2021两年相对平稳,在8%上下,这说明实践中理性申请还是居多;(5)要求行政机关确认或重新出具已获取信息占比有下降,并且下降后的占比在2%以下,占极小比例。具体如图3-8所示。

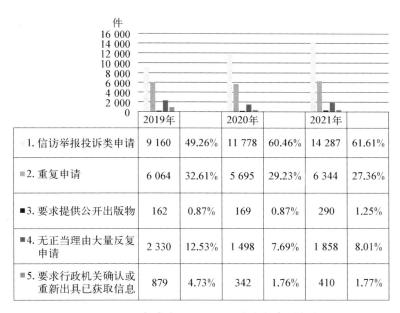

图3-8 三年来全国不予处理决定各类型占比

(五)全国层面申请人类型的数据分析

年报格式模板在提供了依申请办理数据的同时,还对申请人类型或申请来源进行了细化统计。针对申请人类型,大类统计为自然人和单位两种。对于来自单位的申请,还进一步细分为商业企业、科研机构、社会公益组织、法律服务机构和其他五种。总体来看,2019—2021年,在全国各层面单位共处理完成的

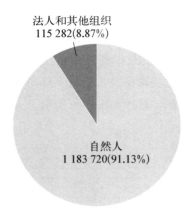

图3-9 三年来全国层面收到的自然人和单位申请量占比

1 299 002件申请中，自然人贡献了1 183 720件申请，占比高达91.13%；法人和其他组织的申请只有115 282件，仅占8.87%。来自自然人的申请量远远大于来自单位的申请量。这说明依申请办理主要服务对象还是自然人。

纵观三年来看，来自自然人的申请量逐年有所上升，从2019年的89.51%升至2021年的93.28%。来自单位的申请量逐年有所下降，最低降到2021年的6.72%。

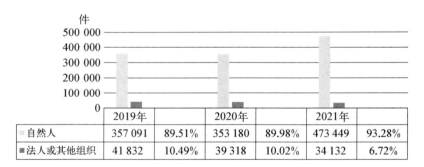

图3-10 三年来全国层面收到的自然人和单位申请量占比

对于单位类型的申请，在全国层面，收到商业企业的申请量最多（71 845件），占来自单位的申请总量的比例是62.32%；收到科研机构的申请最少，只有3 622件，占比为3.14%；来自法律服务机构和社会公益组织的申请量各计15 645件和5 764件，占比分别为13.57%和5%；其他单位性质的申请占比为15.97%。

第三章 全国层面依申请办理结果的实证分析

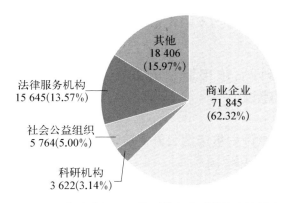

图 3-11 三年来全国层面收到的各类型单位申请量占比

对比三年来看,来自商业企业的申请量逐年有所上升,从 2019 年的 59.56% 上升至 2021 年的 65.48%,这意味着商业企业对《政府信息公开条例》的关注度越来越高,不失为一个新的变化;来自法律服务机构的占比有升有降,最高达到 16.96%,最低是 2019 年,为 10.04%;来自社会公益组织的申请量也是有升有降,总体维持在 5% 上下;来自科研机构的申请占比较低,最

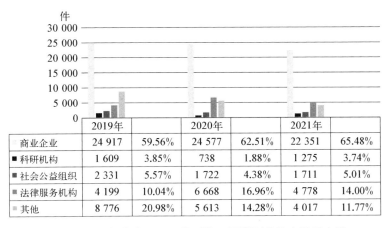

图 3-12 三年来全国层面收到的不同类型单位申请量占比

高是 2019 年的 3.85%，最低是 2020 年的 1.88%。

四、修订后依申请公开制度施行实效初步分析及未来提升建议

（一）修订后依申请公开制度确实发挥了促公开作用但存在较大的提升空间

如果仅从依申请办理数据来看，修订后依申请公开制度在提升公开的广度上确实起到了积极作用。这可以从如下四个方面得以印证。

一是三年来政府信息公开申请有近一半得到了公开处理，公开率并不低。从办理结果的各具体小类处理量在三年来依申请处理总量中的占比来看，予以公开的占比最高，达到 42.24%，远高于其他细分的决定类型。参见图 3-13 若再加上占比第四位的部分公开（6.87%），如之前分析的那样，占比几近一半，这足以说明，与主动公开方式一样，依申请公开这种一对一的促使行政机关被动公开的方式在提升政府透明度上也发挥了积极作用。这在一定程度上受益于新《政府信息公开条例》取消了之前饱受诟病的"三需要"申请目的这一阻碍申请的门槛。该取消更加有利于公众通过递交政府信息公开申请提升政府透明度，降低政府与公众间的信息不对称。

二是越是基层，同意公开率越高。通过三个层面的数据比较来看，省（自治区、直辖市）的依申请处理总量最多，其中予以公开和部分公开两部分的占比合计超过一半，高于依申请处理总量明显较低的国务院部门和实行垂直领导系统的同意公开率。这意味着直接服务于众多个体的更为基层的各级行政机

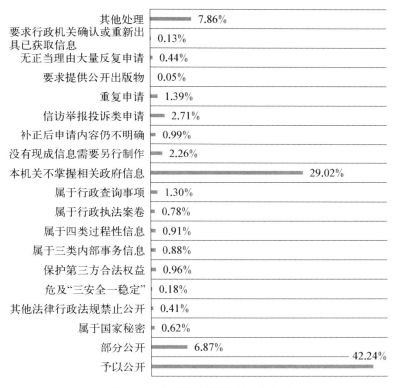

图 3-13 各项依申请处理决定占比

关在响应公众各式各样信息需求方面更有所作为，不失为一种实现了更高程度公开的积极信号。

三是 2019—2021 年的申请来源总体上较为广泛。虽然自然人的申请居多，但是单位的申请也占有一定的比例，并且单位性质多样，既有商业企业，也有法律服务机构、社会公益组织和科研机构，还有不在统计之列的其他性质单位。《政府信息公开条例》第一条所规定的立法目的之一，就是充分发挥政府信息对人民群众生产、生活和经济社会活动的服务作用。从申请来源来看,该立法目的在一定程度上得以实现。

四是通过申请人行使救济权利也促进了更大程度的公开。这方面可从 2019—2021 年的年报中各类复议诉讼上的纠错率数据得到印证。从 2019 年到 2021 年,共产生 109 073 件政府信息公开行政复议和诉讼案件。这些案件可以区分为三大类:第一类是已审结的行政复议案件,其纠错比最高,达到 15.15%;第二类是已审结的直接起诉案件,其纠错比是 11.02%,相比第一类次之;第三类是已审结的行政复议后起诉案件,其纠错比为 5.14%。通过申请人对各级行政机关提起行政复议或诉讼等法定救济途径,也在一定程度上督促了各级行政机关扩大公开的实际效果。

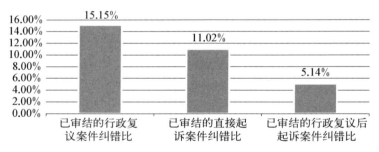

图 3-14　三年来各类行政复议和诉讼的纠错比

虽然修订后依申请公开制度初步提升了政府的透明度,为人民群众的生产和生活提供了服务,但是该制度效用的发挥还有较大的提升空间。需要指出的是,2019—2021 年,占比最大的予以公开的比例逐年下降,未来是否还会延续尚不得知,不过应该引起重视。提高同意公开率的办法可以从如下两方面考虑。

一是从提高部分公开比例入手,鼓励行政机关多开展部分公开实践。要提高部分公开答复占比,则有待各级政府信息公开工作主管部门出具部分公开适用指引。通过指引明确要求各级行政机关在遇到不予公开情形时，将是否可以部分公开答复作为前置环节予以评估后再作出答复，并将部分公开率作为考核评估指标之一，建立开展部分公开实践的监督保障机制。

二是降低"可以不予公开"这种任意式例外答复的占比。现有依申请办理数据表明，内部事务信息、过程性信息和行政执法案卷这三类任意式例外启用频次高，有可能排除了一些应当予以公开或可以公开处理的政府信息。这就要求各级政府信息公开工作主管部门通过出具相应指引，规范这类例外适用。指引需要考虑三点：其一，确立"可以"和"应当"之间的明确界限，通过启用损害衡量机制予以评估，如公开后没有损害，则倾向于应当公开；如公开后有损害，则考虑损害程度和可能性，倾向于不予公开。其二，可将特定信息明确排除在可不可以公开的判断之外，如对于内部信息和过程性信息外部化情况，即使该信息属于内部事务信息或过程性信息，但考虑其会对行政相对人的权利义务产生直接影响，并且作为行政机关行政管理依据的，则应当公开。其三，可开展其他法律、法规、规章规定这类信息应当公开的具体清单梳理工作，从公开制度体系的视角提升实践适用的规范化水平，做到"应公开尽公开"。

（二）阻碍依申请公开制度实施的诸多因素需克服

依申请促公开、促信息服务是体现依申请公开制度实施成效的关键性观察内容。该促公开、促信息服务功能的实现需要克服一些阻碍因素，降低其对依申请公开的明显抑制作用，也从另一维度为依申请公开权利行使畅通途径，保障本就有限的依申请处理资源。这方面的阻碍因素如下。

一是制度"空转"或行政资源空耗现象严重。从如上依申请办理结果数据统计来看，占比第二的是本机关不掌握相关政府信息这类答复决定，有近30%的畸高比例。这意味着实践中大量的答复是信息不存在和不属于本机关负责公开。这种"空对空"的浪费申请处理资源的情形频繁发生，其背后的原因应该是多方面的。有申请人对行政机关职责划分不清楚的，也有行政机关推诿等公开意愿和能力低的原因。

二是申请人申请权利行使也有不当之处，抑制了依申请公开制度积极效用的发挥。这主要体现为：第一，2019—2021年，不应走政府信息公开申请途径的行政查询决定虽有所下降，但总占比还较高；第二，不予处理中一半以上指向的是信访举报投诉类申请，重复申请也占有不少比重；第三，无正当理由大量反复申请答复占有一定的比例。这意味着现有公众知情权教育还不够，公众并不了解政府信息公开申请与信访举报投诉类申请和行政查询的区别以及重复申请和滥用申请权的后果，只会挤占过多的依申请处理资源，无法让有真正信息需求的申请得到应有对待，进而制约了"公开为常态，不公开为例外"原则的实现。

对此，未来需要从政府端和公众端着手，扫清依申请公开的障碍。首先，从政府端出发，需要考虑：第一，要完善年报数据统计。现如今的年报统计将本机关不掌握相关信息作为大类，不区分信息不存在和不属于本机关负责公开的统计无法让人知晓更多细节。甚至，其他情形（如党务信息）也有可能被归入该类予以统计。因此，有必要对该大类进行细分，做到一一对应的更为精准的统计。只有知晓相关情况后，才能采取针对性的措施，有效降低该类答复。第二，要贯彻落实《政府信息公开条例》的便民原则，提升该类答复作出后的公众满意度。除了统计之外，还需鼓励行政机关在作出信息不存在、不属于本机关负责公开、行政查询、信访举报投诉类申请答复决定时，通过沟通、答复书中的解释说明和便民解答或指引等提供更多服务,[①]甚至将便民因素作为答复前予以考虑的必要因素,软化该类答复作出后引起的申请人不理解、不满意等消极效果。第三,要通过依申请收费机制,遏制一些无正当理由大量反复申请的情形。从2021年年报中各级行政机关的收费来看,逾期不缴费的金额较为显著的如北京市,应收金额是1 513 463元,实收金额为658 150元,放弃金额高达855 313元,占比56.51%。仅从放弃占比来看,通过启动收费限制一些不合理申请的效应初显。当然,这其中也要考虑行政机关是否存在收费不合理的情况。

其次,从公众端着手,针对性地提升公众的知晓率。从三年年报的分析结果可以看出,提升公众的知晓率,可以有效地减少各层面无法提供、不予处理和其他处理这三大类不合格申请。通过常见错误列举和典型案例等各种解读方式,让申请人明确哪些情形会得到不予处理的结果,尽可能地少走或不走弯路;也可让申请人知晓不配合补正或不补正等所带来的不再处理后果;还可以让申请人知晓通过行政查询方式更为便捷查阅工商登记和不动产登记等资料,以及通过政府信息公开指南提醒申请人在递交申请之前通过网站搜索已主动公开内容和通过已发布的各单位权责清单了解具体职责后再决定是否申请,从而提升申请的质量。[②]

(三)"其他处理"高频启用显示《政府信息公开条例》立法缺陷待弥补

从三年的数据可以看出,占比第三位的是"其他处理"。这

[①] 肖卫兵:《论便民原则在政府信息公开申请答复中的适用》,《河北法学》2014年第4期,第120—123页。
[②] 肖卫兵:《我国政府信息公开处理决定类型化改革效果评析》,《理论与改革》2021年第6期,第77页。

类原本是为了照顾新旧条例衔接的权宜之计,结果成为一种常态化统计类型并且短期内看不到有所降低的迹象。"其他处理"在前两年占比总体不高,但是在最近一年却上升幅度巨大。之前预留该统计类目的目的是考虑到新旧条例衔接问题。2020 年之后不再有新旧条例衔接事宜,该类答复占比理应有所下降,结果却不降反升。实践中,"其他处理"已经成为一种不可或缺的类型,并在可预知的未来会是一种常态。与之前两年年报统计不同的是,2021 年年报细化了"其他处理"方面的统计类别,分成了三小类。从该细化统计来看,绝大部分依申请处理决定属于"其他处理"中的"其他"之列,占比高达 84.51%。参见图 3-15。因逾期不补正导致不再处理的比例是 13.65%。因逾期不缴费导致不再处理的占比微小,只有 1.84%。如此高的"其他处理"中的难以说清楚的"其他"决定无疑会导致申请人不满意答复结果,进而带来一些不必要的行政复议或诉讼。

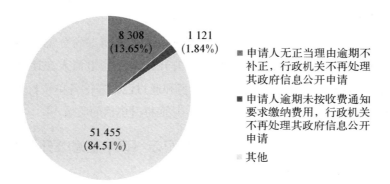

图 3-15 2021 年全国其他处理决定各类型占比

"其他处理"在实践中存在一定的比例并不奇怪,但在年报中不予以充分说明却不妥。对于不符合《政府信息公开条例》所规定的政府信息定义的非政府信息,目前还无法完全归入五种政府信息公开实体处理决定类型，但实践中也确实存在，如民事信息、刑事司法信息和党务信息等。以公安部的年报为例，头两年将之归入"不予处理"中予以统计，第三年才将非政府信息归入"其他处理"予以统计。还有，答复咨询类申请在实践中普遍存在，这种情况无法笼统归入五种规范处理决定中的任何一种类型。从海关总署的年报来看，历年将之归入"其他处理"予以统计。另外，这里的"其他处理"还有可能包括延期、补正和撤销申请等其他程序处理决定类型。海关总署和商务部的年报当中就出现过类似统计例子。

现如今不降反升的这种高比例存在的"其他处理"意味着修订后的《政府信息公开条例》还存在一些待弥补的立法缺陷。在《政府信息公开条例》无法立即修改的当下，一个对应措施是可以要求进一步细化"其他处理"答复和统计，并以附加说明的方式进一步规范和限缩其适用。这就需要进一步总结归纳，不断明确几种常见类型，细化统计，同时要求各单位在年报中予以具体解释说明。如有可能，对之提出明确的降低答复比例要求。但长期来看，还需借助编纂行政基本法典的契机，在提升《政府信息公开条例》位阶[①]的同时，弥补非政府信息和咨询类申请等规定缺失上的立法漏洞，将"其他处理"予以限缩，甚至消除，让所有依申请处理决定都能找到法律依据。

 思考题

1. 名词解释

依申请办理结果

---

① 马怀德：《行政基本法典模式、内容与框架》，《政法论坛》2022年第3期，第54页。

2. 简答题

简述我国依申请办理结果实证分析。

3. 论述题

基于年报数据角度论述我国依申请办理结果实效。

第四章
政府信息公开信息处理费制度的施行效果考察

【本章概要】 2007年通过的《政府信息公开条例》对政府信息公开信息处理费的收取聚焦于行政机关这方，要求按成本收费原则予以规范。2019年修订后的《政府信息公开条例》聚焦于申请人这方，要求按"不收费是常态，收费是例外"的原则，叠加以收费限制不合理的信息诉求之定位进行制度设计。随着《政府信息公开信息处理费管理办法》的出台，各级行政机关于2021年开始收取信息处理费的首年度实践。结合2021年政府信息公开工作年度报告中所披露的数据，对收费制度施行效果进行的分析结果表明，各层级较高比例的不收费实践印证了"不收费是常态，收费是例外"原则在第一年得到了较好遵守。同时，申请人高比例的放弃缴费说明了收费制度起到了限制房屋动拆迁领域申请人某种程度上不合理的信息诉求效果。未来，有必要为便利分析使用收费数据考虑，以表格形式从国家层面规范年报中收费情况统计；同时，倡导行政机关探索"按量收费为主、按件收费为次"的体现信息价值的收费模式并考虑收费外的更多措施，以有效地规制非正常申请。

【学习目标】 了解我国政府信息公开信息处理费制度的沿革；熟悉政府信息公开信息处理费实证分析；掌握政府信息公开信息

处理费施行成效及改进思路。

一、我国政府信息公开信息处理费制度的沿革

(一) 2007 年《政府信息公开条例》的规定及收费办法

2007 年《政府信息公开条例》第 27 条第 1 款对信息处理费作出了按成本收费的原则性规定。要求行政机关依申请提供政府信息,除可以收取检索、复制、邮寄等成本费用外,不得收取其他费用。基于原则上需要收费的要求,由此引申出来的是费用减免考虑。《政府信息公开条例》第 28 条第 1 款规定,申请公开政府信息的公民确有经济困难的,经本人申请、政府信息公开工作机构负责人审核同意,可以减免相关费用。同时,为落实按成本收费原则,禁止有偿服务成为必需。《政府信息公开条例》第 27 条第 1 款要求行政机关不得通过其他组织、个人以有偿服务方式提供政府信息。对该义务的违反带来的是相应的法律责任。《政府信息公开条例》第 35 条规定,违反规定收取费用和通过其他组织、个人以有偿服务方式提供政府信息的,行政机关和相关人员需要承担法律责任。

《政府信息公开条例》按成本收费这一原则性规定有待进一步细化。《政府信息公开条例》本身无法完成这一细化任务。因此,《政府信息公开条例》第 27 条第 2 款授权国务院价格主管部门会同国务院财政部门制定行政机关收取检索、复制、邮寄等成本费用的标准。于是,财政部和国家发展和改革委员会于 2008 年 6 月联合印发了《关于提供政府公开信息收取费用等有关问题的通知》(财综〔2008〕44 号)。该通知明确了针对主动公开的政府信息不收费,只针对向申请人提供本机关主动公开信息范围

以外的政府公开信息可以收取检索费、复制费和邮寄费。该通知同时对检索费、复制费和邮寄费进行了解释。该通知还对收费减免对象进行了限定,限定在农村五保供养对象、城乡居民最低生活保障对象和领取国家抚恤补助的优抚对象这三类人群。该通知最后还对一些收费禁止情形进行了重申。该通知决定由国家发展和改革委员会、财政部另行制定检索费、复制费、邮寄费的收费标准。2008 年 7 月,国家发展和改革委员会与财政部联合印发了《关于行政机关依申请提供政府公开信息收费标准及有关问题的通知》(发改价格〔2008〕1828 号),除对之前通知所规定的对何种信息可以收费、谁可以申请收费减免、收费禁止事项等情况进行了重申外,还明确了检索费、复制费、邮寄费具体收费标准的制定主体。由所在地省、自治区、直辖市价格主管部门会同财政部门按照补偿行政成本原则制定并向社会公示。国务院各部(委)、各直属机构依申请提供政府公开信息的收费,执行所在地省、自治区、直辖市价格主管部门会同财政部门制定的收费标准。

随后,各省(自治区、直辖市)陆续印发了自己的收费标准。以安徽省为例,安徽省物价局和安徽省财政厅在 2008 年 11 月联合印发了《关于我省行政机关依申请提供政府公开信息收费有关事项的通知》(皖价费〔2008〕208 号)。该通知对检索费、复制费、邮寄费收取的具体标准规定为:(1)检索费。在本行政机关设置的公共查阅室、资料索取点等场所搜索、查询、编辑、存储政府公开信息,可以收取检索费。检索费收费标准为每件 6 元。(2)复制费。通过纸张、光盘等介质向申请人提供政府公开信息的,可以收取复制费,具体收费标准为:① 复印费(含纸张):黑白复印 A4 纸每页 0.3 元,A3 纸每页 0.6 元;彩色复印 A4 纸每页 1 元,A3 纸每页 2 元。② 打印费

(含纸张)：黑白打印 A4 纸每页 0.5 元，A3 纸每页 1 元；彩色打印 A4 纸每页 1 元，A3 纸每页 2 元。③ 光盘刻录（含光盘）：VCD 每张 4 元，DVD 每张 5 元。（3）邮寄费。按照国家规定的邮政资费标准收费。

各地按照标准收费持续了近十年后，为落实国家减税降费要求，同时考虑到实际过程中存在收费难、收费少等情况，① 2017 年，财政部和国家发展和改革委员会联合印发了《关于清理规范一批行政事业性收费有关政策的通知》（财税〔2017〕20 号）。该通知将依申请提供政府公开信息收费列为停征的涉及个人等事项的行政事业性收费。至此，2007 年《政府信息公开条例》所规定的按成本收费得以全面停止执行。我国进入了短暂几年的申请政府信息公开全免费时代。

（二）2019 年《政府信息公开条例》的规定及收费办法

2019 年修订后的《政府信息公开条例》对信息处理费的收取重新进行了规定，修改为"不收费是原则，收费是例外"。允许收费的情形，即收费例外，是为限制不正当信息诉求。《政府信息公开条例》第 42 条规定，行政机关依申请提供政府信息，不收取费用。但是，申请人申请公开政府信息的数量、频次明显超过合理范围的，行政机关可以收取信息处理费。至于具体细化规定，《政府信息公开条例》要求由国务院价格主管部门会同国务院财政部门、全国政府信息公开工作主管部门制定。除了之前的国家发改委和财政部，还特别加上了国务院办公厅。在修订版的《政府信息公开条例》实施一年半后，2020 年 12 月，国务院办公厅对外发布了《政府信息公开信息处理费管理办法》（以下

---

① 李广宇、耿宝建、周觅：《政府信息公开非正常申请案件的现状与对策》，《人民司法》2015 年第 15 期，第 9 页。

简称《管理办法》)。《管理办法》共13条,从基本定位、收费标准、收费程序、收费方式、监督管理等五个方面,对信息处理费收取作出相关规定。

《管理办法》明确了收费目的,是为了进一步规范政府信息公开法律关系,维护政府信息公开工作秩序,更好保障公众知情权。《管理办法》对信息处理费作了明确的界定:是指为了有效调节政府信息公开申请行为、引导申请人合理行使权利,向申请公开政府信息超出一定数量或者频次范围的申请人收取的费用。延伸出来的收费适用情形包括两种:(1)按件计收,其适用于所有政府信息公开申请处理决定类型;(2)按量计收,其适用于申请人要求以提供纸质件、发送电子邮件、复制电子数据等方式获取政府信息的情形。

《管理办法》明确了收费标准。信息处理费可以按件计收,也可以按量计收,均按照超额累进方式计算收费金额。行政机关对每件申请可以根据实际情况选择适用其中一种标准,但不得同时按照两种标准重复计算。具体如下。

一是按件计收标准。申请人的一份政府信息公开申请包含多项内容的,行政机关可以按照"一事一申请"的原则,以合理的最小单位拆分计算件数:(1)同一申请人一个自然月内累计申请10件以下(含10件)的,不收费;(2)同一申请人一个自然月内累计申请11—30件(含30件)的部分,100元/件;(3)同一申请人一个自然月内累计申请31件以上的部分,以10件为一档,每增加一档,收费标准提高100元/件。

二是按量计收标准。以单件政府信息公开申请为单位分别计算页数(A4及以下幅面纸张的单面为1页),对同一申请人提交的多件政府信息公开申请不累加计算页数:(1)30页以下(含30页)的,不收费;(2)31—100页(含100页)的部分,

10元/页；（3）101—200页（含200页）的部分，20元/页；（4）201页以上的部分，40元/页。具体可用表4-1予以清晰地展示。

表4-1 信息处理费计收标准

收费标准	计收类型	按件计收			按量计收			
	适用情形	适用于所有政府信息公开申请处理决定类型			适用于申请人要求以提供纸质件、发送电子邮件、复制电子数据等方式获取政府信息的情形			
	计收方式	申请人的一份政府信息公开申请包含多项内容的，按照"一事一申请"的原则，以合理的最小单位拆分计算件数；同一申请人一个自然月累计计数			以单件政府信息公开申请为单位分别计算页数（A4及以下幅面纸张的单面为1页），对同一申请人提交的多件政府信息公开申请，不累加计算页数			
	计收标准	10件以下（含10件）	11—30件（含30件）	31件以上，以10件为一档，每增加一档，收费标准提高100元/件	30页以下（含30页）	31—100页（含100页）	101—200页（含200页）	201页以上
		不收费	100元/件		不收费	10元/页	20元/页	40元/页

对于处理期限，《管理办法》规定，行政机关依法决定收取信息处理费的，应当在政府信息公开申请处理期限内，按照申请人获取信息的途径向申请人发出收费通知，说明收费的依据、标准、数额、缴纳方式等。申请人应当在收到收费通知次日起20个工作日内缴纳费用，逾期未缴纳的，视为放弃申请，行政机关不再处理该政府信息公开申请。政府信息公开申请处理期限从申请人完成缴费次日起重新计算。

对于救济要求，《管理办法》规定，申请人对收取信息处理费的决定有异议的，不能单独就该决定申请行政复议或者提起行政诉讼，可以在缴费期满后，就行政机关不再处理其政府信息公开申请的行为,依据《政府信息公开条例》第 51 条的规定,向上一级行政机关或者政府信息公开工作主管部门投诉、举报,或者依法申请行政复议、提起行政诉讼。

信息处理费的收费性质属于行政事业性收费。关于具体收取情况,《管理办法》规定,各级行政机关要按照全国政府信息公开工作主管部门规定的格式统计汇总,并纳入政府信息公开工作年度报告,接受社会监督。

(三)两者异同比较

对比《政府信息公开条例》修订前后对信息处理费的规定,我们可以发现如下异同。

第一,收费原则不同。2007 年《政府信息公开条例》确立的是除申请主动公开信息外的其他政府信息均需收费的原则。该原则按照补偿行政成本的需要,不区分申请是否合理一律需要收费。依申请公开之所以收费,是因为其实质满足的是"特殊人群"的"特殊需要",基于公平考虑,满足特殊人群的特殊需要的成本不应由全体纳税人负担。[1]基于非公共利益需求的满足所产生的公共资源的消耗,应当由受益者个人支出相应的费用。[2] 2019 年《政府信息公开条例》所确立的是"不收费是常态,收费是例外"原则。不像之前区分是否主动公开信息,而是对政府信息公开属性不作区分,对于申请政府信息,无论主动公开与否,信息处理费均不是必须收取。申请人确实出于科研等正当需求,行政机关可以本着服务理念不收取,进而有效落实《政府信

---

[1] 亚夫:《发改委价格司副司长许昆林、财政部综合司副司长苑广睿:〈政府信息公开条例〉施行中的收费政策》,《中国商界》2008 年第 10 期,第 26 页。

[2] 王军:《信息公开收费制度的立法完善》,《上海政法学院学报》2016 年第 2 期,第 19 页。

息公开条例》充分发挥政府信息对人民群众生产、生活和经济社会活动的服务作用这一立法目的。

第二,制度定位不同。2007年《政府信息公开条例》更多是通过限制行政机关以有偿服务等不当方式收费,采取按成本收费的原则,目的是促进政府信息的开发利用。规制的重点对象是作为信息提供方的行政机关。财综〔2008〕44号和发改价格〔2008〕1828号细化了《政府信息公开条例》的规定,要求各级行政机关应当严格按照规定收费,不得擅自增加收费项目、扩大收费范围或提高收费标准,更不得通过其他组织、个人以有偿服务等方式提供政府信息,并自觉接受财政、价格、审计部门的监督检查。在本土实践尚未丰富之前,《政府信息公开条例》借鉴了国际上按成本收费这一普遍做法,① 禁止行政机关借助收费盈利的同时最大限度地鼓励政府信息开发利用。这可以算是当时对《政府信息公开条例》施行后的美好期待。② 多年的实践表明,这一美好期待并未有效实现,③ 反倒迎来了非正常申请这一政府信息申请权滥用方面所带来的巨大挑战。④

于是,2019年《政府信息公开条例》转向规制作为信息需求方的申请人,规范约束其不合理的信息诉求。因此,2007年《政府信息公开条例》所规定的费用减免和有偿服务相关法律责任条款在2019年《政府信息公开条例》中得以删除。《政府信息公开条例》还增加了第35条,将非正常申请纳入了规制范围。

---

① 王敬波:《政府信息公开国际视野与中国发展》,法律出版社2016年版,第323页。
② 肖卫兵:《论政府信息开发利用的商业模式》,《图书情报工作》2011年第7期,第124页。
③ 肖卫兵:《政府数据开放机制的建立和完善:结合〈政府信息公开条例〉谈起》,《理论探讨》2015年第4期,第155页。
④ 于文豪、吕富生:《何为滥用政府信息公开申请权——以既有裁判文书为对象的分析》,《行政法学研究》2018年第5期,第93页。

修订后的《政府信息公开条例》意图最大限度地将合理合法的需求满足好，将不合理不合法的信息诉求限制住，防止可能出现的过度福利问题。①这是对多年来我国所暴露出的非正常申请实践问题的一种本土回应。②对策是通过结合国际上通行的按件和按量两种计收方式予以有效应对。从国际上来看，相比按件计收，按量计收更为普遍。前者有加拿大等，后者有美国等。③收费是把双刃剑，为了防止行政机关利用收费吓退申请人的情况发生，2019年《政府信息公开条例》及《管理办法》对政府信息公开收费行为也予以了规范，确定了明确的免费区间以及达到收费门槛后的递增标准。

二、首年度政府信息公开信息处理费收取情况实证分析

（一）实证分析的意义

《管理办法》自2021年1月1日开始施行后，各级行政机关于2021年开始了收取信息处理费工作。由此引发的需要了解的系列问题是：各级行政机关是否收费？收费是否普遍？具体收费多少？是否过高？收费都来自哪些部门或领域？年报中收费情况报告的清晰度如何？是否有规范要求和最佳实践？对这些问题的回答需要我们围绕全国各层面的政府信息公开工作年度报告中的

---

① 后向东：《〈中华人民共和国政府信息公开条例〉（2019）理解与适用》，中国法制出版社2019年版，第83页。
② 肖卫兵：《论政府信息公开申请权滥用行为规制》，《当代法学》2015年第5期，第14页。
③ 王敬波：《五十国信息公开制度概览》，法律出版社2016年版，第473、570页。

收费数据进行观察分析，才能一探究竟。

通过这些数据分析，我们可以深入评析 2019 年《政府信息公开条例》和《管理办法》所确定的"不收费是常态，收费是例外"原则是否在实践中得到初步贯彻落实，以及其中围绕信息需求方设计收费所预期达到的将不合理不合法的信息诉求限制住这一定位，再有就是规范行政机关政府信息公开收费行为这一附带任务是否得以实现等问题。

（二）实证分析的可能性和局限性

国务院办公厅政府信息与政务公开办公室于 2021 年 9 月印发的《〈中华人民共和国政府信息公开工作年度报告格式〉的通知》（国办公开函〔2021〕30 号）要求，各行政机关在年报"（六）其他需要报告的事项"部分专门报告依据《政府信息公开信息处理费管理办法》收取信息处理费的情况。这一要求为我们分析全国层面的信息处理费收取情况提供了可能。不过，由于是第一年实践并且主要采取的是文字描述形式等，对此的全面分析存在一定的难度。

（三）实证分析的对象范围

本次考察分析的对象包括有年报编制发布任务的国务院部门、省（自治区、直辖市）和实行垂直领导的系统。依据集中展示年报要求，2021 年，中国政府网在年报专题页面集中公布了 61 家国务院部门、31 个省（自治区、直辖市）和 13 个实行垂直领导的系统所编制发布的年报。我们统计的对象范围也就限定在这三个层面。省（自治区、直辖市）如有收费，我们还根据情况延伸到各省（自治区、直辖市）的政府部门和地级市，如地级市仍有收费，再延伸到县（市）级别和街道（镇），不断进行逐级观察,直到最后一级。现有所覆盖的各单位数据范围基本上可完整地反映我国全国层面上的信息处理费收取情况。

本次考察的对象是如上所述各层面单位所发布的2021年年报。年报是反映各单位一年来开展政府信息公开工作的成绩单。年报既是政府信息公开工作主管部门重要的工作抓手,也可为全社会了解研究政府信息公开工作提供基本素材。[1]我们聚焦在各单位年报第六部分"其他需要报告的事项",对2021年度我国政府信息公开信息处理费收取情况进行具体观察。

三、首年度政府信息公开信息处理费收取情况实证分析结果

(一)国务院部门信息处理费收取情况分析

2021年,共有61家国务院部门发布了政府信息公开工作年报。通过观察这些国务院部门年报中的描述,我们有如下发现。

一是只有中国证监会1家在该年度发出了信息处理费收费通知2件,实际收取信息处理费300元。二是有司法部、公安部等24家(占近40%)国务院部门于2021年并未按照国办公开办函〔2021〕30号要求在年报第六部分中描述收取信息处理费情况。这些国务院部门实际是否收取了信息处理费,我们不得而知。三是有近60%的国务院部门(36家)在当年年报中明确说明未收取过信息处理费,表4-2是这些国务院部门的完整列表。

---

[1] 后向东:《〈中华人民共和国政府信息公开条例〉(2019)理解与适用》,中国法制出版社2019年版,第94页。

表 4-2　未收取过信息处理费的国务院部门列表

外交部	国家市场监督管理总局
国家发展和改革委员会	国家体育总局
科学技术部	国家机关事务管理局
工业和信息化部	中国气象局
国家民族事务委员会	国家信访局
民政部	国家粮食和物资储备局
财政部	国家能源局
生态环境部	国家国防科技工业局
住房和城乡建设部	国家移民管理局
交通运输部	国家铁路局
水利部	中国民用航空局
农业农村部	国家邮政局
文化和旅游部	国家文物局
应急管理部	国家中医药管理局
审计署	国家外汇管理局
国务院国有资产监督管理委员会	国家药品监督管理局
海关总署	中国地震局
国家税务总局	国家保密局

（二）13个实行垂直领导的系统信息处理费收取情况分析

从实行垂直领导的13个系统信息处理费收取情况来看，也只有证监会系统收取过信息处理费，并且仅限定在中国证监会这一层级。人民银行系统、气象局系统、银保监会系统、烟草局系统、矿山安监系统这5个实行垂直领导的系统未按照国办公开办函

〔2021〕30号要求在年报第六部分中描述收取信息处理费情况。另外7个系统，包括海关系统、税务系统、粮食和物资储备局系统、铁路局系统、民航局系统、邮政局系统和外汇局系统，在年报中明确提到该年度未向申请人就提供政府信息收取过相关费用。

（三）31个省（自治区、直辖市）信息处理费收取情况分析

从31个省（自治区、直辖市）信息处理费收取情况来看，11个省（自治区、直辖市）在2021年度未向申请人收取过信息处理费，占1/3。其中，4个自治区明确未收取，直辖市当中只有重庆市未收取。河南、辽宁、甘肃、新疆4个省份未在当年年报中描述过收费内容，实际是否收费，不得而知。有16个省份在年报中明确提到收取过信息处理费并表述了相关内容，具体包括北京、广东、天津、江苏、山东、河北、湖北、四川、浙江、吉林、福建、贵州、安徽、黑龙江、上海、陕西。我们的分析主要围绕这16个收取过信息处理费的省份具体展开。

（1）从收费单位来看，各层级总共有121个行政机关收取过信息处理费。其中，县（区）级单位84个，占比最高，达到69.42%；地市级单位次之，有25个，占比20.66%；省级单位最少，只有12个，占比9.92%。参见图4-1。结合之前国务院部门基本上不收费的情况来看，这说明第一年信息处理费的收取主要发生在基层。

（2）从信息处理费收取单位类别来看，主要发生在自然资源、规划、住房建设等与房屋动拆迁业务相关的各部门，由此还涵盖了各级办公室（厅）和街道镇等单位。从词频统计来看，最常出现的单位是"各级办公室（厅）"，出现过28次，"自然"和"住建"出现过26次，"规划"出现过22次，"街道"和

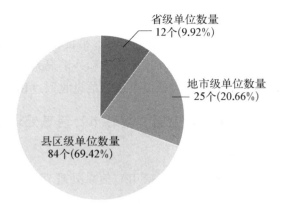

图 4-1 收取过信息处理费的各层级单位占比

图 4-2 收取过信息处理费单位词频统计图

"镇"各出现过 11 次和 10 次。参见图 4-2。

(3) 从有统计应收金额和实收金额的 7 个省（自治区、直辖市）来看，第一年度放弃金额占比颇高。见表 4-3。最高的是黑龙江省，当然较为特殊的是该省只有一件缴费通知。如果这不足以说明问题的话，则从缴费通知份数较多和收费单位较为分散的其他省（自治区、直辖市）来看，放弃比最高的是浙江省，高达 95.02%，申请人选择不缴费意愿极高。贵州省次之，达到 89.47%。天津市和广东省的比例也较高，均在 85% 以上。北京市应收金额最高，放弃比也超过 50%，达到 56.51%。只有吉林省的放弃比为零。上海市等其他省份因为只显示了实收金额，致使无法统计放弃金额占比。

表 4-3 省（自治区、直辖市）放弃金额占比

省 份	应收金额（元）	实收金额（元）	放弃金额（元）	放弃金额比例
黑龙江	690	0	690	100%
浙 江	535 271	26 651	508 620	95.02%
贵 州	5 700	600	5 100	89.47%
天 津	73 070	8 460	64 610	88.42%
广 东	678 000	87 000	591 000	87.17%
北 京	1 513 463	658 150	855 313	56.51%
吉 林	10 930	10 930	0	0

从省级部门具体单位来看，住建、自然资源和规划等部门的应收金额相对处于高位。见表 4-4。应收金额最高的北京市规划自然资源委的放弃比近 50%，达到 47.99%。其他与该市房屋动拆迁相关的住建委，放弃比是 61.62%。天津市的住建委放弃比更是接近 100%，高达 97.39%。广东省自然资源厅的放弃比也达到了 95.78%。

表 4-4 省级单位放弃金额占比

所属省份	省级部门	应收金额（元）	实收金额（元）	放弃金额（元）	放弃金额比例
天 津	市公安局	1 330	0	1 330	100%
黑龙江	省政府办公厅	690	0	690	100%
北 京	市发展改革委	102 300	2 500	99 800	97.56%

(续表)

所属省份	省级部门	应收金额（元）	实收金额（元）	放弃金额（元）	放弃金额比例
天 津	市住房和城乡建设委员会	34 820	910	33 910	97.39%
广 东	省自然资源厅	398 310	16 800	381 510	95.78%
天 津	市政府办公厅	23 000	3 800	19 200	83.48%
北 京	市住房城乡建设委	247 260	94 910	152 350	61.62%
北 京	市规划自然资源委	1 066 350	554 640	511 710	47.99%

进一步观察到地市级具体单位，自然资源部门的应收金额延续了居高态势，放弃比仍旧稳居高位。见表4-5。不过，地市级单位开始有所分化，较高应收金额的政务服务数据管理部门和市府办的放弃比也有偏高情况出现。

表4-5 地市级单位放弃金额占比

所属省份	相关市级部门	应收金额（元）	实收金额（元）	放弃金额（元）	放弃金额比例
广 东	广州市卫生健康委员会	400	0	400	100%
广 东	广州市政务服务数据管理局	89 200	0	89 200	100%
广 东	肇庆市政府办	5 500	5 500	0	100%
河 北	衡水市政府办	100	100	0	100%
浙 江	丽水市自然资源和规划局	199 360	0	199 360	100%
浙 江	杭州市规划和自然资源局	11 820	2 120	9 700	82.06%

(续表)

所属省份	相关市级部门	应收金额（元）	实收金额（元）	放弃金额（元）	放弃金额比例
广 东	东莞市自然资源局	39 770	9 840	29 930	75.26%
广 东	东莞市政府办	1 100	700	400	36.36%
广 东	东莞市生态环境局	6 590	5 010	1 580	23.98%
广 东	佛山市自然资源局	1 290	990	300	23.26%
广 东	广州市规划和自然资源局	460	460	0	0
浙 江	宁波市政府办	1700	1700	0	0%
浙 江	嘉兴市生态环境局	610	610	0	0%
贵 州	毕节市政府办	600	600	0	0%

最后观察县区级具体单位，住建和自然资源等部门的应收金额仍旧处于高位，放弃比也在高位系列。虽然市场监管、司法等其他一些单位的放弃比也较高，但是这些单位的应收金额其实并不高。表4-6 是放弃占比在50%以上的县区级单位列表。

表4-6 县区级单位放弃金额占比

所属省份	县级部门和乡（镇、街道）	应收金额（元）	实收金额（元）	放弃金额（元）	放弃金额比例
北 京	朝阳区市场监管局	800	0	800	100%
北 京	海淀区市场监管局	300	0	300	100%
北 京	海淀区田村路街道	200	0	200	100%
北 京	丰台区民政局	1 000	0	1 000	100%
北 京	丰台区司法局	1 200	0	1 200	100%
北 京	丰台区教委	3 060	0	3 060	100%

(续表)

所属省份	县级部门和乡（镇、街道）	应收金额（元）	实收金额（元）	放弃金额（元）	放弃金额比例
北京	通州区生态环境局	220	0	220	100%
广东	佛山市南海区政府办	5 220	0	5 220	100%
广东	佛山市自然资源局顺德分局	10 690	0	10 690	100%
广东	惠州市惠阳区政府办	1 800	0	1 800	100%
天津	宝坻区住建委	600	600	0	100%
天津	蓟州区住房建设委	1 130	1 130	0	100%
湖北	武汉市洪山区行政审批局	3 900	0	3 900	100%
浙江	宁海县茶院乡	1 400	0	1 400	100%
浙江	瑞安市自然资源和规划局	1 800	0	1 800	100%
上海	普陀区宜川路街道	20	0	20	100%
浙江	义乌市自然资源和规划局	16 690	730	15 960	95.63%
浙江	宁海县自然资源和规划局	15 820	820	15 000	94.82%
浙江	义乌市政府办	21 680	1 500	20 180	93.08%
上海	静安区政府办公室	2 500	200	2 300	92.00%
北京	丰台区文化和旅游局	1 200	100	1 100	91.67%
北京	顺义区政务服务管理局	3 120	300	2 820	90.38%
广东	深圳市福田区住房和建设局	7 530	820	6 710	89.11%

(续表)

所属省份	县级部门和乡（镇、街道）	应收金额（元）	实收金额（元）	放弃金额（元）	放弃金额比例
北京	规划和自然资源委海淀分局	64 710	7 980	56 730	87.67%
上海	静安区住房保障和房屋管理局	2 300	400	1 900	82.61%
北京	海淀区政府办	5 370	1 990	3 380	62.94%
北京	怀柔区渤海镇	1 000	500	500	50.00%

（4）较高放弃比还可以通过个别单位统计项中的统计缴费和履行缴费通知份数情况进行观察。在省级层面，天津市对此有最为详细的统计。根据2021年年报，该市当年度总共开具了信息处理费缴费通知52份。其中，已履行缴费通知16份，未履行缴费通知36份，放弃份数占比近70%。贵州全省虽有统计，但是具体到下级单位，只有毕节市产生过相应收费，放弃比达到75%。从有明确统计的天津市情况来看，下属各单位的放弃比均较高。浙江省虽然没有全省数据统计，但是相关地级市对此有说明，其中，杭州市的放弃比最高，达到84.62%，13份缴费通知只有2份实际缴纳；宁波市实际缴纳比较高，16份缴费通知有12份实际缴纳。

表4-7 放弃份数占比

相关单位	缴费通知份数	实际缴纳份数	放弃数	放弃份数占比
天津全市	52	16	36	69.23%
贵州全省	4	1	3	75.00%

(续表)

相关单位		缴费通知份数	实际缴纳份数	放弃数	放弃份数占比
天津	宝坻区	19	7	12	63.16%
	市府办	21	5	16	76.19%
	市公安局	1	0	1	100.00%
浙江	杭州市	13	2	11	84.62%
	宁波市	16	12	4	25.00%
	衢州市	1	1	0	0%
贵州	毕节市	4	1	3	75.00%

从以上这些数据来看,信息处理费的收取确实让部分申请人最终选择放弃申请。至于这些申请是否大部分属于不合理的信息诉求,则需要结合更多资料才能得到印证。

(四)一年来政府信息公开信息处理费制度施行情况分析

根据如上针对信息处理费首年度收取情况的实证分析,我们有如下几个发现。

一是第一年度收费统计整体不够规范,急需统一规范便于研究分析使用。依据年报编制统一规范要求,该年度的信息处理费收取情况主要是通过各级行政机关以文字描述形式予以对外发布。目前发现的主要问题如下:

(1)称谓上的不统一。除了信息处理费外,还有政府信息费、政府信息处理费、信息公开费等称谓。

(2)统计上的不规范。只有一个实收金额和缴纳份数等其他一些要素。与之对应的应收金额通知份数却缺省。由于数据描述的不规范，因此，层层汇总的时候存在极大难度。有时上一级单位只能省略一些有助于统计分析的关键要素，如缴费通知份数，甚至统计时出现一些差错，导致各层级的统计数据无法完全吻合。

（3）文字描述上的缺省。有单位只描述一个实收金额，不统计哪些部门收了，给系统和高效整理成相应表格进行统计分析造成了一定难度。

（4）未按国办公开办文件要求说明收费情况的单位还占一定比例。各单位在执行力度上还有偏差。有的实际上出具过收费通知，但是在年报中却选择未说明处理，存在刻意回避收费的做法；也有的年报描述的收费金额与实际情况存在差异。

（5）展示形式不直观。这种文字描述方式不利于关键数据采集。

观察过程中，我们也发现基层单位对信息处理费的统计进行了一些创新和规范方面的初步尝试，这为国家层面提供了一些可供未来复制推广的收费统计范式。例如，上海市静安区政府的2021年年报以文字加表格的形式说明收费情况，文字部分指出了具体的收费单位，具体收费情况以清晰规范的表格分按件和按量计收统计具体数据。杭州市人民政府的2021年年报提供了按件计收的文字描述范本。通过文字描述，可以有效地整理成体现收费通知份数、应收金额、缴纳份数、实收金额和放弃份数五大要素的规范表格。

二是初步统计可以反映出第一年度的信息处理费收取基本上遵循了《政府信息公开条例》所确立的以"不收费为常态，收费为例外"的收费原则。首先，从61家国务院部门来看，只有一家单位产生了收费。有近60%的国务院部门（36家）明确表明未收取过信息处理费。其次，从13个实行垂直领导的系统信息处理费收取情况来看，也只有证监会系统收取过信息处理费。7个系统明确说明未向申请人就提供政府信息收取过相关费用。总的来看，国务院部门和实行垂直领导的系统在2021年度较为全面地落实了"不收费是常态，收费是例外"的原则。最后，从31个省（自治区、直辖市）的收费情况来看，11个省（自治区、直辖市）在2021年度未向申请人收取过信息处理费，占1/3。有16个省（自治区、直辖市）在年报中公开过信息处理费收取情况。从收费金额来看，仅北京、广东、浙江三个省份的收费金额在50万元以上，其他省份的收费金额总体来看并不高。应该来说，省份的层面在2021年度基本上落实了"不收费是常态，收费是例外"的原则。

三是第一年度申请人放弃缴费情况较为突出，应该是起到了限制不合理信息诉求的作用。结合年报中的一统计项，即"申请人逾期未按收费通知要求缴纳费用、行政机关不再处理其政府信息公开申请"，我们发现，2021年度共有1 121件申请放弃了缴费，其中，省份层面最高，共有986件；国务院部门次之，共有113件；实行垂直领导的系统有22件。放弃缴费的情况较多发生在房屋动拆迁领域。再结合实践中非正常申请在该领域出现较为集中的情况来看，目前收费机制应该是对不合理的信息诉求起到了一定的抑制作用。最高法公报2015年第11期登载的陆某某诉南通市发展和改革委员会政府信息公开答复案，就是围绕房屋动拆迁展开的。

四是各级行政机关收费是否规范的情况暂时还无法得知。但从一些个案来看，有行政机关意图借助高收费达到吓退申请人的目的。某省卫生健康委员会针对来自某申请人针对"健康中国控烟行动信息"的政府信息公开申请以按件形式出具了收取6 100元的缴费通知。最终该申请人放弃了缴费。该部门最终并未在2021年年报中对此进行说明。但是根据申请人的描述，其他省份并未对其同类申请内容收取过信息处理费。该单位收费是否合理存疑。2021年10月，山东省济南市历城区某街道发生一起针对申请人按量计划收取高达 154 700 元的事件。实践中，有些基层单位是否一定能够严格按照《管理办法》进行收费也是未来需要回答的问题。另外，即使行政机关按照《管理办法》予以了规范收费，也存在是否结合了众多便民举措落实了《政府信息公开条例》所确立的"公开是常态，不公开是例外"原则的问题。未来需要抛弃孤立的事件看待收费机制，从系统的角度有效地落实收费制度。

四、我国政府信息公开信息处理费制度施行的改进建议

1. 有必要考虑主要以表格形式从国家层面规范年报中的收费情况统计

目前，绝大多数单位都是通过文字说明的形式表述年度信息处理费收取情况。这种表述形式并不直观，也因缺失关键要素致使无法获取到完整信息。未来，有必要以规范表格的形式简明扼要地统计信息处理费收取情况。一种建议方案是区分按件和按量计收方式，统计发出收费通知数、通知收费数量和通知收费金额，以及实际收费数量和实际收费金额，最终予以合计。表 4-8 是建议表格模板。

表 4-8　年报信息处理费统计模板

收费方式	发出收费通知数	通知收费数量（件或页）	通知收费金额（元）	实际收费数量（件或页）	实际收费金额（元）
1. 按件计收					
2. 按量计收					
合　计					

除了统计表格外,还需要做到:一是以信息处理费统一称谓。二是有必要分各层级辅之以一定的文字说明,对收取信息处理费单位逐一说明,提升针对性和检索精准性。针对县(市)一级政府,直接在年报当中指出本级政府办公室、下辖哪几个街道(镇)和县(市)级部门收费。针对地市一级,直接在年报当中指出本级政府办公厅、下辖哪几个县(市)及市级部门收费。针对省(自治区、直辖市)一级,直接在年报当中指出本级政府办公厅、下辖哪几个地级市及省直部门收费。至于实行垂直领导的系统,需要指出系统内哪些单位收取过信息处理费。如此说明更有助于社会各界对我国收费情况开展全方位研判。三是各单位需要严格落实国办公开办函〔2021〕30号文件的要求。即使本单位未收费,也需在年报中具体说明,而不能回避不提。

2. 鼓励采取按量收费为主、按件收费为次的体现信息价值的收费模式

第一年度的分析结果印证了各级行政机关,尤其是国务院部门等单位遵循了修订后的《政府信息公开条例》确立的"不收费为常态,收费为例外"原则,未来有必要继续坚持。对合理的信息诉求,通过免费、安排现场查阅等其他便民措施予以最大限度的满足。

相对于按件收费模式,按量收费指向的是同意公开信息,更有利于发挥信息(数据)作为要素的价值。同意公开信息的提供如果收费过高,不利于申请人对所获得政府信息的开发利用,不利于最大化发挥政府信息服务于人民群众生产、生活和科研方面的作用。现在按梯次收费的模式对于有大量信息需求的申请人来说无疑偏高,并没有充分考虑到信息被获取后的价值发挥。理论上,按量收费更有助于可公开信息的价值发挥。国际上影响力较大的评估各国信息公开立法质量的全球信息公开法评级体系

（Global RTI Rating）也将按件计收视为对申请人不友好的方式予以不得分处理。①

另外，在对待具体个案上，行政机关有必要通过比较按件收费和按量收费金额，以更低的金额收取相关信息处理费。当然，无论是按件收费还是按量收费，当发生收费过高情况时，行政机关可以以缴费预先告知书的形式提前告知申请人相关情况，以征求对方是否需要继续处理其申请或修改申请内容等方式予以更好实现。总之，在收取高额费用前，信息需求方与提供方的沟通非常必要。

3. 合理规制非正常申请需考虑收费外措施，做到多措并举

应该意识到，合理规制非正常申请不是倚重信息处理费收取这一种措施就可完全实现。收费只是其中一种，并且作用相对有限，也有负效应。总之，不能对这种方式期待过高，将之视为解决政府信息申请权滥用问题的灵丹妙药。②

总的来说，非正常申请确实存在，但要对之进行合理规制，则需要区分不同情形，采取多措并举的方式予以妥善解决。真正意义上的非正常申请可以启用说明理由机制，如认为申请人提供的申请理由不合理，则完全可以启用不予处理的口径答复，对申请人的申请予以直接限制，而不必采用收费这种间接拒绝的方式。如此处理在一定程度上可以让收费制度回归其补偿行政成本等本来之义。同时对于非正常申请，还要视情形优先考虑启用重复申请、一事一申请等其他答复予以处理，不必也不宜直接认定为非正常申请。习惯通过收费限制非正常申请也可能导致行政机

---

① 肖卫兵：《全球信息公开法评级体系评析：兼论针对中国的评估》，《图书情报工作》2012年第20期，第76页。
② 王锡锌：《滥用知情权的逻辑及展开》，《法学研究》2017年第6期，第57页。

关滥用收费机制,用高收费吓退申请人,从而扭曲了收费制度的本意,也提高了政府信息公开申请权的行使门槛。未来,还可以借助提升《政府信息公开条例》位阶的我国行政基本法典编纂契机,① 为系统地解决非正常申请寻求最优方案。

 思考题

1. 名词解释

信息处理费

2. 简答题

(1) 简述我国政府信息公开信息处理费制度的沿革。

(2) 简述我国政府信息公开信息处理费实证分析情况。

3. 论述题

论述我国政府信息公开信息处理费制度施行成效及改进思路。

---

① 马怀德:《行政基本法典模式、内容与框架》,《政法论坛》2022年第3期,第54页。

第五章
信息公开立法内容的国际评估[①]

【本章概要】 全球信息公开法评级体系（Global RTI Rating）在信息公开全球化推广的大背景下应运而生。评级机构期待该评级体系有助于明确各国信息公开法律与国际标准之间的内在差距，并为各国今后信息公开法律改革明确方向。但是，全球信息公开法评级体系本身也有缺陷，包括主动公开指标的缺乏以及没有兼顾到信息公开法律的实施，不利于各国最终提升其政府透明度，尤其对于我国等侧重主动公开制度的国家更是如此。

【学习目标】 了解全球信息公开法评级体系的内容；熟悉运用全球信息公开法评级体系对中国的评估结果；掌握全球信息公开法评级体系的优缺点。

一、背景

过去二十多年来，信息公开立法迎来了全球化浪潮。这得益于一些国际组织和非政府机构等在过去二十多年里对信息公

---

① 本章的主体内容已在《图书情报工作》2012年第20期上发表，题目为《全球信息公开法评级体系评析：兼论针对中国的评估》，收录时更新和增加了相关内容。

开的持续关注。各种信息公开国际标准或法律范本也应运而生。这些组织和非政府机构设计的信息公开国际标准或法律范本被推广到很多国家。当然，实际被采纳的信息公开法和这些国际标准或范本之间还存在各种差距，况且有些国家在这些国际标准或范本产生之前已经通过了信息公开法。全球信息公开法评级体系也就是在信息公开全球化大背景下，从寻求理想法律和实际法律之间的差距中应运而生。全球信息公开法评级体系于2011年开始被用于系统评估各国信息公开法并逐年更新，持续至今。

二、全球信息公开法评级体系的介绍

欧洲依申请公开（Access info Europe）和加拿大法律和民主（Centre for Law and Democracy）两大非政府组织携手众多信息公开专家于2011年9月28日（国际知情权日）推出了全球信息公开法评级体系。全球信息公开法评级体系是通过诸多指标分析一国信息公开法与国际标准之间的差距并予以打分排名的完整系统。该指标围绕知情权，设置了总分为150分、涵盖七大方面权重不等的一级指标。该七大一级指标包括知情权（6分）、信息公开适用范围（30分）、依申请公开程序（30分）、例外和拒绝（30分）、救济机制（30分）、处罚和保护措施（8分）、信息公开推进措施（16分）。一些核心指标，包括信息公开适用范围、依申请公开程序、例外和拒绝、救济机制，被配以同等权重。而其他指标则被赋予更轻的权重。一级指标下还包括61项二级指标。每项二级指标的最大分值分别有2、4、6、8、10，其中，2分居多。这些具体指标和最大分值见表5-1。其中还有评分标准，因评分标准内容过多，故省略。

表 5-1 全球信息公开法评级体系

一级指标		二级指标	最大分值
知情权(6)	1	宪法上规定了知情权	2
	2	法律上仅设定了有限的不予公开理由,总的原则是"应公开尽公开"或倾向于公共机构持有的所有信息可获取。	2
	3	有广义解释信息公开法之法律原则	2
		法律上强调了知情权的积极作用	
信息公开适用范围(30)	4	包括外国人和法人在内的任何人都有知情权	2
	5	知情权适用于由政府机关或代表政府机关拥有的不论存储格式和制作主体的任何信息	4
	6	申请人申请对象包括信息和文件	2
	7	知情权适用于所有行政机关,包括内阁、各部委、地方政府、学校、医院、公安、军队、安全部门以及其他由这些部门所辖的部门	8
	8	知情权适用于所有立法机关,包括制定行政法律文件和其他法律文件的立法机关	4
	9	知情权适用于所有司法机关,包括行使行政诉讼和其他诉讼的司法机关	4
	10	知情权适用于由国家控制或所有的国有企业	2
	11	知情权适用于其他公共机构,包括宪法、法律和审查机构,如选举委员会和信息专员	2
	12	知情权适用于履行公共职能和主要由财政出资的私营机构	2
依申请公开程序(30)	13	申请人不必提供申请信息的理由	2
	14	申请人只需提供那些为确定和寄送信息方面的必要细节,如邮寄地址	2
	15	有清晰并相对简单的为提交申请的程序要求。申请可以通过任何方式提交,不需要使用官方表格或要求声明依据信息公开法提出申请	2

183

(续表)

一级指标	二级指标		最大分值
依申请公开程序（30）	16	要求政府官员帮助申请人填写信息公开申请，或者当申请不明确、过于宽泛或其他需要进一步界定时，联系并帮助申请人	2
	17	要求政府官员对有特殊需要的申请人提供帮助，例如，申请人有阅读困难或有残疾	2
	18	要求在不超过 5 个工作日的合理时间内向申请人出具收到申请的告知书	2
	19	有关于申请人所申请的信息不属于所递交申请的行政机关公开方面的明确和适当程序要求，包括要求行政机关告知申请人不属于其公开职责，能够确定所申请信息的公开机关的，应当告知申请人或将申请直接转交给该机关	2
	20	除个别理由，要求行政机关按照申请人要求的形式予以提供	2
	21	要求政府机关尽快答复申请	2
	22	有 20 个工作日或更短的明确合理的答复申请的时间限制，不管是否通过主动公开等形式答复申请	2
	23	有 20 个工作日或更短的答复时间延长的明确规定，并且要告知申请人答复时间延长及其理由	2
	24	信息公开申请免登记费	2
	25	有关于申请费用方面的明确规定，该规定应由中央机构统一制定，而不是每个行政机关自己决定。申请费用限定在复制和邮寄信息方面的成本开支，查阅文件和电子文档免费，并且有至少 20 页信息免费提供的规定	2
	26	对低收入申请人有申请费用免除的规定	2
	27	不对从行政机关处申请得到信息的再次利用增加限制，也不另外收费，除非第三方（不包括行政机关）对所申请得到的信息拥有合法版权	2

(续表)

一级指标	二级指标		最大分值
例外和拒绝（30）	28	当与其他法律当中的保密条款相冲突时，信息公开法优于其他法律适用	4
	29	信息公开例外达到国际标准。可允许的例外包括：国家安全，国际关系，公共卫生和安全，防止、调查和起诉违法犯罪，隐私，合法商业或其他经济利益，经济管理，司法公正和法律意见，环境保护，政策制定和行政机关运作。对于那些已经在线或公开出版的信息，允许向申请人公开	10
	30	损害衡量适用于所有例外。要求只有当公开会对受保护的利益造成损害时，才不予公开	4
	31	有公共利益衡量要求。为保护公共利益，即使会损害到其他受保护的利益时，也需公开信息，同时，还有一些硬性要求，即在信息涉及人权、腐败或反人类罪时，该信息必须公开	4
	32	当例外停止适用时，信息必须公开。超过20年的信息不得以保护公共利益为理由不公开	2
	33	当涉及第三方信息时，有征询第三方意见的程序。行政机关应考虑第三方所提供的任何反对理由，但是第三方不享有信息公开否决权	2
	34	有可分割条款，以至于当部分信息受制于例外时，剩余部分可以公开	2
	35	当拒绝公开时，行政机关必须告知申请人确切的拒绝公开理由以及相应的救济途径	2
救济机制（30）	36	信息公开法规定了内部救济机制。该机制简便、不收费以及有不超过20个工作日的决定作出时间限制	2
	37	申请人有权向信息委员会或巡察官请求救济	2
	38	审查机构成员的任命不受政治干预，任期有保障，不能被随意解雇	2
	39	独立审查机构向议会报告工作，预算受议会批准，或有其他能保证其财政独立性的有效机制	2

(续表)

一级指标	二级指标		最大分值
救济机制（30）	40	限制任命那些与政治联系紧密的人，并对审查机构成员有专业知识方面的任命要求	2
	41	独立审查机构有权行使包括审查加密信息和巡视行政机关财物等方面的权力	2
	42	独立审查机构的决定有法律约束力	2
	43	在审查信息公开救济请求时，独立审查机构有权下达对申请人的救济措施，包括解密信息	2
	44	申请人有信息公开的诉讼权利	2
	45	提交给法院等审查机构的诉讼等请求免费，并不需要律师帮助	2
	46	提起诉讼等救济手段的理由涵盖广泛，包括不予公开信息，拒绝按照申请人要求的形式提供政府信息，不予答复和其他违反答复时间、收费方面的理由	4
	47	有对信息公开诉讼等外部救济程序和时间方面的明确规定	2
	48	在诉讼等外部救济阶段，行政机关负责证明其没有违反信息公开法律规定方面的义务	2
	49	法院等外部审查机构有权要求行政机关采取系统性举措，如要求增加培训或提高文件管理水平	2
处罚和保护措施（8）	50	规定了故意侵害知情权，包括未经授权的损毁信息的法律责任	2
	51	设置了要求在信息公开方面表现不佳的行政机关整改制度，要么实施制裁，要么要求相关机关进行整改	2
	52	独立审查机构及其员工有法律豁免权，只要他们在诚信的基础上依据信息公开法授予的权力或职能行事。其他机构和人员在诚信的基础上依据信息公开法公开信息也同享法律豁免权	2
	53	规定了对那些基于诚信基础披露了违法人员，如举报人，免受法律制裁的制度	2

（续表）

一级指标		二级指标	最大分值
信息公开推进措施（16）	54	要求行政机关任命信息公开官员或部门，确保信息公开义务之遵守	2
	55	有信息专员或部门等核心机构负责推进知情权	2
	56	有公众知晓率提升计划，如制作公众信息公开申请指南或倡导知情权进校园	2
	57	建立了文件管理方面的最低标准	2
	58	行政机关有义务建立并更新它们所掌握的文件清单，并向公众公开	2
	59	有对官员培训课程的硬性要求	2
	60	要求行政机关每年报告其履行信息公开义务方面的举措，这包括收到依申请公开数及对之处理情况	2
	61	有信息专员或政府部门等核心部门负责向立法机关提交关于信息公开实施方面的总报告	2

来源：Global Right to Information Rating Website。

三、全球信息公开法评级体系评估结果的评析

全球信息公开法评级体系于2011年首次被具体运用到共计89个国家和地区的信息公开法的评估中。自此之后每年均有更新，一直持续至今。各国最新得分见Global Right to Information Rating网。2011年首次评估结果反映出如下三个主要特征。一是优秀的比例极少，不及格数居多。优秀（得分在135分以上）的比例只有1%。不及格（得分在90分以下）的有54个，占比61%。评级机构认为这些指标并不是国际最高标准。虽然优秀的

比例极少,但是也说明了要达到这些指标并非不可能。① 超过一半国家的信息公开法得分不及格的事实预示着很多国家的信息公开法还有很大的提升空间。

二是首次评估结果显示除新西兰和德国等个别国家外,得分越高,信息公开法通过的时间越晚。排名前20(总得分超过100分)的国家中,除去芬兰和乌克兰外,其他国家的信息公开法都在2000年后通过。它们的平均得分高在于这些国家立法在信息公开程序和审查机构上的突出表现。这得益于过去二十多年来信息公开国际标准和法律范本的持续探讨和出台。这也充分说明全球化因素对信息公开法通过的影响之深,尤其是那些受从事信息公开活动的非政府组织影响较深的国家。全球化使得制度设计成本大大降低。各种形式的国际标准或信息公开法律范本都可被拿来使用。但是这种不经消化的"拿来主义"易造成法律无法实施的后果。虽然,一些得分高的国家,如墨西哥、印度和斯洛文尼亚,信息公开法律的实施效果较突出,但其他国家信息公开法的实施效果却不尽如人意。如塞尔维亚,在信息公开推进措施的立法规定上得了满分16分,但是该国实际在此部分几乎没有做或者做了很少工作。②

三是首次评估结果也显示着老牌西方民主国家的得分普遍偏低。作为世界上最早通过信息公开法的国家,瑞典的最终得分只有59分,排名第83位。排名最靠后20个国家中欧洲国家占了15席,而这些国家的信息公开法都通过得较早。依据分析,它们得分偏低的主要原因是在信息公开适用范围和审查机制上受限。这些国家的信息公开法受全球化的影响相对有限。它们的信息公开法大多

---

① Center for Law and Democracy, Access Information. Note on the Application of the RTI Rating Methodology, http://rti-rating.org/methodology.html, 2012-02-12.
② David Banisar, Freedom of Information Around the World 2006: A Global Survey of Access to Government Information Laws, http://www.freedominfo.org/documents/global_survey2006.pdf, 2011-09-12.

在20世纪60年代到80年代通过。这期间信息公开的全球化浪潮还未开始。这些国家采纳信息公开法更多的是出于解决政府责任缺失和改善自由民主机制的考虑。① 信息公开法也就是政府与包括媒体、议会等国内信息需求者之间经过长时间拉锯式讨价还价的妥协结果。② 这就意味着它们的信息公开法更多的不是为了吻合国际标准，而是为了寻求利益主体均可接受并有利于实施的折中结果。

四、运用全球信息公开法评级体系对我国立法的评估

全球信息公开法评级体系也被用于评测我国《政府信息公开条例》。依据2007年版的《政府信息公开条例》，我国在2011年的首次评估的最初得分是72分，在全球89个国家和地区中排名第56名，排名在前63%。在我国《政府信息公开条例》于2019年修订后，评级机构在2020年对我国信息公开立法重新进行了评估，修订后的条例最终得分提升到75分，在全球133个国家和地区中排名第85位，排名在前56%，排名略微有所上升，但均处在中等偏下水平。表5-2是2011年和2020年两次评估中所涉及的各版块得分的具体对比。

评级机构对我国2011年最初评估得分的总体评价如下：中国信息公开法最终评估得分偏低并不令人感到意外。政府体制约束，缺乏对举报人等的保护机制以及有效救济机制的缺失都是该国得分偏低的原因。但是，中国最终得分还是超出了评级机构的

---

① Alasdair Roberts, *Blacked out: Government Secrecy in the Information Age*, Cambridge University Press, 2006, 110.
② Weibing Xiao, *Freedom of Information Reform in China: Information Flow Analysis*, Routledge, 2012, 4.

表 5-2 评级体系一级指标两次评估得分对比

一级指标	2011年评估结果	2020年评估结果
知情权	1	2
信息公开适用范围	11	13
依申请公开程序	18	17
例外和拒绝	15	15
救济机制	13	12
处罚和保护措施	1	4
信息公开推进措施	13	12
总分	72	75
全球排名	56	87

预料。这主要是因为我国在依申请公开程序和信息公开推进措施方面的立法表现较为突出。我国2007年版和2019年版的《政府信息公开条例》的各项二级指标得分如表5-3所示，为避免重复，各二级指标只列出序号。受《政府信息公开条例》这一行政法规自身所限，我国在知情权、信息公开适用范围和救济机制等上很难有所突破，因此，得分相应地较低。

表 5-3 二级指标两次评估结果对比

一级指标	二级指标	2011年评估结果	2020年评估结果
知情权	1	0	0
	2	0	1
	3	1	1

(续表)

一级指标	二级指标	2011年评估结果	2020年评估结果
信息公开适用范围	4	1	1
	5	2	2
	6	2	2
	7	6	6
	8	0	0
	9	0	0
	10	0	1
	11	0	1
	12	0	0
依申请公开程序	13	0	1
	14	2	1
	15	1	2
	16	1	2
	17	2	2
	18	0	0
	19	1	1
	20	2	1
	21	2	1
	22	1	1
	23	1	1
	24	0	2

(续表)

一级指标	二级指标	2011年评估结果	2020年评估结果
依申请公开程序	25	1	1
	26	2	1
	27	2	0
例外和拒绝	28	0	0
	29	8	6
	30	2	2
	31	1	1
	32	0	1
	33	1	2
	34	2	2
	35	1	1
救济机制	36	2	2
	37	0	0
	38	0	0
	39	0	0
	40	0	0
	41	0	0
	42	0	0
	43	0	0
	44	2	2
	45	1	1

(续表)

一级指标	二级指标	2011年评估结果	2020年评估结果
救济机制	46	4	4
	47	2	0
	48	2	2
	49	0	1
处罚和保护措施	50	1	1
	51	0	1
	52	0	0
	53	0	2
信息公开推进措施	54	2	2
	55	2	2
	56	2	1
	57	0	1
	58	2	2
	59	2	2
	60	2	2
	61	1	0

五、全球化信息公开评级体系的得失分析

全球第一个信息公开评级体系的设计费时费力。这种尝试有一定的益处。如评级机构所言，希望该评级体系助力国与国之间的信息公开法本身进行比较，并且不要更多地关注各国

的最终得分多少。另外,该评级体系可以为各国信息公开法提供参考,使之得知本国信息公开法的优缺点,并明确今后法律改革的方向。①

当然,该评级体系还存在固有缺陷。一是操作层面的缺陷。这是因为评级机构并不能从所有受评估国家中找到当地专家协助评估,无法确保评估结果的准确。另外,即使找到当地专家,相互之间就某些指标在认识上的分歧也很难协调。还有就是过分依赖翻译文本,难以原汁原味地反映一国的立法情况。最后就是国与国之间存在体制等方面的内在差异,导致不得不基于这些差异在分值分配上采取不同做法。② 这些操作层面的问题在一定程度上影响了评估结果的最终准确度。

二是评级体系没有兼顾到信息公开法从原先注重依申请公开到现在兼顾依申请公开和主动公开的最新发展潮流。崇尚以市民或客户为核心的新公共管理运动和不断向纵深发展的信息时代使得将依申请公开作为最后举措的主动公开型信息公开法在全世界范围内兴起。③ 在这种大环境下推出的全球化信息公开法评级体系无疑没有理由不将主动公开方面的评价指标纳入其中,但是最终结果是没有纳入。评级机构对此的解释是因为主动公开要求散见在各国的众多法律中,造成评估上的困难。另外,许多国家当前一些举措所开展的主动公开远超出法律所规定的最低要求,这就使得评估主动公开规定方面不具有相关性。④ 这当中或许还有评级机构自身的固有成见。那就是不相信

---

① Center for Law and Democracy, Access Information. Note on the Application of the RTI Rating Methodology, http://rti-rating.org/methodology.html, 2012-02-12.
② Ibid.
③ 肖卫兵:《论我国有局限的推出型信息公开法》,《行政法学研究》2010年第3期,第128页。
④ Center for Law and Democracy, Access Information. Note on the Application of the RTI Rating Methodology, http://rti-rating.org/methodology.html, 2012-02-12.

信息公开改革可以来自政府本身。①这也是它们很难理解中国信息公开改革的原因，并且在某种程度上低估了中国信息公开所取得的成就。毕竟，我国遵循了从接受主动公开到依申请公开的发展路径，并且最终通过了一个注重主动公开的信息公开法律。② 主动公开指标的缺乏也造成我国《政府信息公开条例》无法获得相对客观的评估。因为主动公开规定在我国的条例中占有很大比重。

三是评级体系仅局限于法律本身，没有考虑到法律实施层面。这就意味着可能存在法律本身与实际实施方面的背离。也就是说，信息公开法的得分并不能与该国实际公开程度简单画等号，反之亦然。这种与实践乃至各国国情脱节的做法使我们不得不质疑该评级体系本身的实际意义。即使那些信息公开法质量需要很大提升的国家，也很难明确自己今后的法律改革方向。因为这种法律改革并不一定能提升本国政府的透明度。澳大利亚最近的信息公开改革就是例证。之前，澳大利亚信息公开法一直备受诟病。从2007年开始，该国就着手信息公开法律改革，改革的方向是摒弃原先那种倚重依申请公开到现在注重主动公开。这种主动公开型的法律在2010年得以确立。③ 但是该国尤其昆士兰州认识到这种主动公开型信息公开法律实施的根本还是在于行政机关内部的主观意愿和能力。于是，该州正考虑启动新一轮透明度提升的信息公开改革。澳大利亚最近的信息公开改革方向与当初全球信息公开法评级体系为改革指明方向的意图几乎没有交

---

① Thomas Blanton, *The Openness Revolution: The Rise of a Global Movement for Freedom of Information*, Development Dialogue, 2002(1): 16.
② Weibing Xiao, *China's Limited Push Model of FOI Legislation*, Government Information Quarterly, 2010(3): 347.
③ Department of the Prime Minister and Cabinet, Australian Government, Freedom of Information (FOI) Reform, http://www.dpmc.gov.au/foi/foi_reform.cfm, 2012-02-12.

集。这也意味着该评级体系的实际成效并不能向预期所期望的方向发展。

全球信息公开法评级体系在信息公开全球化推广的大背景下应运而生。评级机构期待该评级体系有助于明确各国信息公开法律与国际标准之间的内在差距,并为今后信息公开改革运动指明方向。但是,评级体系的固有缺陷,包括主动公开指标的缺乏以及没有兼顾到信息公开法律的实施,不利于各国最终提升其透明度,对于我国更是如此。今后,评级体系应增加主动公开评估指标,在提高它们权重的基础上予以进一步完善。

 思考题

1. 名词解释

全球信息公开法评级体系

2. 简答题

简述全球信息公开法评级体系指标的内容。

3. 论述题

论述全球信息公开法评级体系的优缺点。

第六章
信息公开法律实施的国际评估[①]

【**本章概要**】迄今为止，全球层面对信息公开法律最重要的一次高级别推动是信息公开制度颁布和实施情况被纳入联合国2030年可持续发展目标16中的第10个子目标中的第二项指标，即SDG16.10.2信息公开指标。理解其内容和定位对于做好该目标的落实评估非常重要。作为可持续发展目标之一的SDG16.10.2信息公开指标对其他可持续发展目标的落实也具有推动作用。随着全球超百个国家采纳了信息公开法，对SDG16.10.2指标的评估应侧重在法律实施层面，而该侧重带来的问题是较难建立起一套可供各国横向比较以及一国内部纵向比较的量化指标评估体系。作为官方代表的UNESCO和作为民间代表的FOIAnet联盟分别对此开始了有益探索。我国未来可在此基础上，结合过往经验，形成自身的评估指标体系，通过年度评估，不断促进该目标落实的同时提升我国信息公开实效。

【**学习目标**】了解SDG16.10.2信息公开指标的内容和定位；熟悉作为官方代表的UNESCO对SDG16.10.2信息公开指标评估的内容；掌握FOIAnet联盟所设计的SDG16.10.2信息公开指标的具体内容。

---

① 本章的主体内容已在《理论与改革》2021年第6期上发表，题目为《我国政府信息公开处理决定类型化改革效果评析》，收录时更新和增加了相关内容。

| 政府信息公开 |

一、背景

2015年9月，193个国家的领导人在联合国峰会上审议通过了《变革我们的世界：2030年可持续发展议程》。议程设定了17个可持续发展目标（SDGs）和169个具体目标（涉及244个具体指标）。信息公开法律的颁布和实施被视为可持续发展目标的一部分，被纳入其中的第16个目标下的第10个具体目标中的第二项指标，简称联合国SDG16.10.2指标。这意味着不迟于2030年，所有联合国成员国都应通过信息公开法律并付诸实施。这是迄今为止全球层面对信息公开法律最重要的一次高级别推动。2019年，SDG16目标被正式纳入联合国可持续发展目标评估的一部分并成为今后年度可持续发展高级别政治论坛议题之一，有力地推动了各成员国在落实SDG16目标上的诸多努力。

我国高度重视落实2030年可持续发展议程。在《中国落实2030年可持续发展议程国别方案》中对SDG16.10.2指标提出的我国的具体落实举措是：维护和保障公民的知情权。完善政府信息公开制度，保障公民、法人和其他组织依法获取政府信息，提高政府工作透明度，促进依法行政。基于这一落实举措，本节所探讨的知情权侧重在政府信息公开这一层面展开。

我国未来也面临着如何具体落实SDG16.10.2指标的问题。这需要研究：SDG16.10.2指标是如何定位的？它与其他可持续发展目标之间是何关系？该指标评测如何做到可量化和可国际比较？是否有侧重点？未来对我国开展该指标评测工作有何启示？

二、SDG16.10.2 指标的介绍及定位分析

SDG16.10.2 指标涉及各国信息公开法律颁布和实施两大方面。对之的理解需要结合具体定位进行分析。

(一) SDG16.10.2 指标的介绍

联合国可持续发展目标中的第 16 个目标是：创建和平、包容的社会以促进可持续发展，让所有人都能诉诸司法，在各级建立有效、负责和包容的机构。该目标下有 12 个具体目标。其中的第 10 个具体目标是：根据国家立法和国际协议，确保公众获得各种信息，保障基本自由。SDG16.10 这个具体目标将"确保公众获得各种信息"这一与信息公开直接相关的内容予以纳入。这为后续联合国统计司（UNSD）对之进行细化提供了强有力的支撑。联合国统计司于 2017 年在《〈2030 年可持续发展议程〉各项可持续发展目标和具体目标全球指标框架》中将 SDG16.10 具体切分成 SDG16.10.1 和 SDG16.10.2 两个更细化的指标，SDG16.10.2 指标直接涉及信息公开。具体阐述为："制定和实施宪法、法律和（或）政策以保障公众获取信息的国家数目。"[①] SDG16.10.2 信息公开指标围绕制定（adopt）和实施（implement）两个维度，力求从三个关键变量评估一国信息公开状况：第一个是国家是否从宪法、法律和/或政策制定角度保障公众获得信息；第二个是这种国家制度保障在多大程度上与《世界人权宣言》等国际公约的规定吻合；第三个是确保这些制度规定得以实施的执行举措，具体包括：公开推进公众知情权方面的政府举措，公民对

[①] UNSD, SDG indicators metadata repository, https://unstats.un.org/sdgs/metadata/, 2020-9-13.

知情权的知晓度及其有效利用信息的能力,公共部门向申请人提供信息的能力。参见表 6-1。

表 6-1 SDG16.10.2 信息公开指标评估框架

指标内容	关　键　变　量
SDG16.10.2 指标	国家是否从宪法、法律和/或政策制定角度保障公众获得信息
	国家制度保障在多大程度上与《世界人权宣言》等国际公约的规定吻合
	确保这些制度规定得以实施的执行举措

(二) SDG16.10.2 指标的定位分析

准确理解 SDG16.10.2 信息公开指标需要明确其定位。这是开展该指标测评的前提和基础,也是克服落入"为指标而指标"这种狭隘做法的必然选择。理解该指标的定位,我们认为缺少不了如下五个方面的内容。

一是 SDG16.10.2 信息公开指标与可持续发展及其他目标间的关系。信息公开对可持续发展意义重大,理应成为可持续发展目标的当然内容。除此之外,需认识到信息公开不仅是可持续发展指标之一,它的落实好坏还可影响到其他可持续发展目标的落实。可持续发展目标 16 是希望创建和平、包容的社会以促进可持续发展,让所有人都能诉诸司法,在各级建立有效、负责和包容的机构。信息公开直接服务于该目标。国际上信息公开发展经历了几个阶段,最开始通过信息公开法律的国家的一个主要目的就是建设责任政府。[①]之后信息公开法律的

---

① Weibing Xiao, *Freedom of Information Reform in China: Information Flow Analysis*, Routledge, 2012, 2.

立法目的实现了从一维到多维的转变。由信息公开延伸出的知情权作为一项人权规定在《世界人权宣言》(1948年)、《公民权利和政治权利国际公约》(1966年)、《欧洲人权公约》(1950年)等诸多国际和区域性的人权公约中。这些公约从不同角度将知情权作为表达权、生命权、隐私权、司法公正权以及安全权等权利的派生权利,甚至将知情权作为独立的人权对待。保障知情权的信息公开是表达权、参与权、监督权的前提和基础。通过信息公开,公众有能力在知情情况下作出抉择,有效监督政府,并知晓影响其生活的决定。① 应该说,作为可持续发展目标组成部分的信息公开法律的采纳实施情况会产生网络外部性,有助于其他可持续发展目标的落实。② 2020年,联合国教科文组织(UNESCO)将庆祝9月28日国际知情权日的主题定为"信息公开:拯救生命、建立信任、带来希望"。在对抗新型冠状病毒肺炎大流行病期间,信息公开的重要作用更加凸显。信息公开使得人民群众能够知晓与疫情相关的应对措施,包括隔离规则、旅行和就学规定、病毒检测要求、医疗物品供应以及经济援助或刺激计划等。③

二是SDG16.10.2指标的落实需要体现侧重点。信息公开法已经在全球存在了二百五十多年。瑞典于1766年制定了全球第一部信息公开法。随后,信息公开法的出台经历了很长一段时间的停滞和零星发展时期。芬兰在1951年制定了信息公

---

① UNESCO, Highlights for the 2019 UNESCO monitoring and reporting of SDG indicator 16.10.2 - access to information, https://unesdoc.unesco.org/ark:/48223/pf0000369160, 2020-9-18.
② Akademie, Free Press Limited, Global Forum for Media Development, Road to 2030: Access to Information in the Driver's Seat, https://www.law-democracy.org/live/launch-of-reports-on-sdg-16-10-2/, 2020-9-17.
③ UNESCO, Access to Information in Times of Crisis, https://en.unesco.org/news/access-information-times-crisis, 2020-9-21.

开法，美国在 1966 年制定信息公开法，法国在 1978 年制定信息公开法，加拿大、澳大利亚和新西兰均在 1982 年制定信息公开法。最近二十年是信息公开法出台的最活跃时期。迄今为止，全球已有 127 个国家出台了信息公开法。我国于 2007 年通过了《政府信息公开条例》。这一切反映了一个不可否认的事实，就是信息公开法在全球范围内得到了推广。考虑到各国普遍通过了信息公开法律，UNESCO 认为 SDG16.10.2 信息公开指标将侧重分析各国信息公开法如何具体"实施"，而不仅仅是其立法方面的信息。这意味着，要发挥信息公开对促进可持续发展的积极作用，推动信息公开法的真正实施最为关键。

三是各国落实 SDG16.10.2 指标的同时也有利于提升各国信息公开法的实效。确保 SDG16.10.2 指标的落实，实现 2030 年可持续发展目标，是包括 UNESCO 这种官方组织开展的跟踪报告和关注信息公开事业的民间组织开展的第三方评估最为关注的。但是，我们不应局限于目标测评层面，而是希望通过测评，推动各国积极评估本国信息公开法律的实施情况，提升本国信息公开法律的实施成效，实现以测评促进提升的目标。从如下所述的一些国家的测评实践来看，它确实起到了一定的效果。在 2019 年，由 UNESCO 启动的调查发现，各国不仅仅将调查模板用于评估 SDG16.10.2 指标的落实情况，也将之用于评估本国信息公开法律的实施情况。由全球各国信息公开专业人士组成的信息公开推动者联盟（FOIAnet 联盟）所开展的第三方评估也发现，评估工作受到各国政府的广泛欢迎，各国政府和评估机构间保持了良性互动。政府对第三方评估的方法很感兴趣，同时也有国家在其落实 SDG16.10.2 指标的官方报告中参考了第三方评估结果。

四是 SDG16.10.2 指标量化测评难度大，但仍具可行性。任何可持续发展目标的落实都离不开一套科学的指标体系。SDG16.10.2 指标的测评也是如此。如 UNESCO 统计部门主任所言，对该指标的测评必须确保数据具有跨国可比性，以便掌握各国现状、取得进展与理想目标间的差距。① 这意味着建立一套可供各国间横向比较以及一国内部纵向比较的信息公开法律实施评估指标体系非常有必要，也很有挑战。解决不好这个问题，就难以落实信息公开目标。虽然做好 SDG16.10.2 指标的测评难度不小，② 但是 UNESCO 总体认为，SDG16.10.2 指标是一个可衡量指标，并连续开展了两年的调查实践，积累了一定的基础。

五是 SDG16.10.2 指标测评需要鼓励多方参与，它离不开官方与民间联动。监测可持续发展目标的落实情况仅依赖政府或民间组织单独一方难以达成，呼唤多方参与是关键。联合国统计司于 2017 年发布的关于 SDG16.10.2 指标的元数据阐释文件中明确表示，UNESCO 将通过分析来自其他国际机构的数据库数据、独立机构在各国进行的国际调查数据和其他组织通过模型分析得来的数据等各种信息，最终形成各成员国在 SDG16.10.2 信息公开指标落实情况上的进展报告。其中，特别列举了为该目标提供数据的组织和专家名单，具体包括 Freedominfo.org，Fringe Special，Open Society Justice Initiative，Right to Information Rating，ARTICLE 19。该名单意

---

① UNESCO, UNESCO Launches 2020 Survey on Public Access to Information, https://en.unesco.org/news/unesco-launches-2020-survey-public-access-information, 2020-9-21.

② Thomas McIntosh, UN Makes Changes in National Survey on Access to Information, SDG 16.10, https://eyeonglobaltransparency.net/2020/03/06/un-makes-changes-in-national-survey-on-access-to-information-sdg-16-10/, 2020-9-13.

味着 SDG16.10.2 信息公开指标落实情况评估将有信息公开领域的民间组织的紧密合作。UNESCO 在 2019 年开展的调查也是借助专注于推动信息公开实践方面的法律和民主中心（CLD）得以完成。

由民间组织开展的 SDG16.10.2 目标的落实情况的第三方评估是必要的。考虑到联合国可持续发展报告中并不会公布单个国家的具体情况，因此，联合国对各国在这方面的监测的有效性将受限制。联合国不公布单个国家的情况有各种考虑：一是各国自行发布的可持续发展目标的落实进度情况报告对 17 个目标会有区别对待，不会面面俱到；二是受制于各国的政治意愿和相关人、财、物方面的因素，调查收集来的数据的完整性不易确保；三是调查所采集的数据也因各国现有统计方法存在差异，易造成数据缺口，甚至造成统计上的不能。因此，针对各个成员国的第三方评估就显得尤为必要。如果运作有序，可以有效地弥补官方数据收集和报告方面的不足。民间组织完成的第三方测评结果也会递交给 UNESCO，供其汇总整理后向联合国年度可持续发展高级别政治论坛汇报。

SDG16.10.2 指标评估探索实践分 UNESCO 启动的官方调查和以 FOIAnet 联盟为主的民间组织开展的第三方评估。两者间可以有效互动。

三、UNESCO 主导的官方调查实践

UNESCO 负责 SDG16.10.2 信息公开指标落实情况的监测并报告各国进展。具体工作由其下属的通讯和信息部下的通讯发展国际项目组（IPDC）负责。从 2017 年开始，它已连续三年向联合国秘书长递交了这方面的可持续发展进度报告。2018 年，

IPDC 理事会鼓励各成员国每年自愿向联合国递交 SDG16.10.2 可持续发展目标落实情况方面的报告。2019 年以前，包括 SDG16.10.2 指标在内的 SDG16 目标并未引起各国足够的重视。① 2019 年，SDG16 目标的落实有一个巨大的推动。这是因为 SDG16 目标被正式纳入联合国可持续发展目标评估的一部分并成为今后年度可持续发展高级别政治论坛议题之一。与 SDG16.10.2 信息公开指标评估紧密关联的是，在 2019 年 9 月 24 日至 30 日举行的联合国第 74 届大会上通过了将今后每年的 9 月 28 日定为"国际知情权日"的决议。② 2019 年开始，联合国可持续发展报告中包含了信息公开方面的实质性内容。2019 年联合国可持续发展报告中提到，虽然已有 125 个国家颁布了信息公开法，但是一些国家的信息公开法中的规定有待优化。③ 2020 年联合国可持续发展年度报告中提到，已有 127 个国家颁布了信息公开法，但它们的实施有待加快。④

UNESCO 为了完成 SDG16.10.2 指标落实情况的报告，采取向成员国收集调查数据的方式。主要涉及以下两个调查。

第一个是 2019 年由 IPDC 主导的试点调查。⑤ 2019 年年初，UNESCO 通过民间组织和信息专员等多方参与，开发了一套调查模板，用于监测各成员国对 SDG16.10.2 信息公开指标的落实

---

① Masafumi Nakamural, David Pendlebury, Joshua Schnell, Martin Szomszor：《联合国可持续发展目标的研究方向正在调整》，《科学观察》2020 年第 1 期，第 38—47 页。
② Proclamation of 28 September as the International Day for Universal Access to Information，https://www.un.org/zh/documents/view_doc.asp?symbol=A/74/L.1，2020-9-16.
③ UNSD, SDG Report 2019, https://unstats.un.org/sdgs/report/2019/goal-16/，2020-9-14.
④ Ibid.
⑤ UNESCO, SDG Indicator 16.10.2 Full Template, https://unesdoc.unesco.org/ark:/48223/pf0000366967，2020-9-18.

情况，同时也让各成员国使用相对统一的标准，报告本国在落实SDG16.10.2信息公开指标上的进展。2019年，IPDC与非政府组织加拿大法律和民主中心（CLD）合作，在43个自愿接受审查的国家中开展了试点调查。试点调查主要涉及两项。第一项调查针对信息公开主管部门，了解国家层面所开展的包括机构设立、信息公开争议和公众知情权知晓度以及文件管理等方面的信息公开工作，分基本信息、机构措施、整体表现、挑战和未来计划四部分，共14个问题。基本信息方面主要了解信息公开法律体系和推进其实施的相关举措；机构措施方面主要了解主管部门和专门监督机构信息；整体表现主要调查公众知晓度、三年信息公开年报和文件管理方面的要求；挑战和未来计划包括过去三年所遇依申请公开、主动公开、机构保密文化等方面挑战，以及未来克服相关挑战的行动计划等。

第二项调查针对10个选定的公共部门，了解其为信息公开法律实施方面所做的工作。这些工作包括任命专职人员、帮助申请者提出公开申请、2015—2017年公开申请处理情况以及主动公开信息等，分机构措施、实施表现、挑战和未来计划三部分，共10个问题。其中，实施表现方面的调查内容最为详细，包括依申请公开和主动公开两个方面。依申请公开方面涉及近三年的申请数、答复数、正常期限内或延期后答复数、全部公开和部分公开答复数、同意公开时需收费的答复数、信息不存在答复数、不属于本机关负责公开答复数、国家安全原因不予公开答复数；主动公开方面涉及财政信息、单位年度工作计划总结、领导会见日程、备忘录和文件、政策文件、公务员薪资、领导简历、政府数据集、机构职能运行程序、手册和指南、机构职能和组成、信息公开年报、信息公开指南等方面的公开情况。10个部门中的财政部、生态环境部和中央政府所在地政府是必选单位，其他7

个可根据情况选择。

最终，26个制定了信息公开法律的国家在非政府组织CLD的协调下得以由当地组织协助完成了试点调查。其中，17个国家完成了两项调查，9个国家只完成了第一项调查。17个未通过信息公开法律的国家只进行了桌面评估。此次调查发现了信息公开救济机构和公共部门在实施信息公开法律方面存在的一些问题。UNESCO认为，未来有必要优化试点调查后，将之作为评估各国落实SDG16.10.2指标的有力工具。当然，CLD认为，对于信息公开申请处理方面的数据，因缺乏来自独立调查机构的测试申请而降低了数据收集的质量。[①] 对此，UNESCO呼吁，还没有信息公开法律的国家尽快完成制定；有了信息公开法律的国家则需要强化主动公开、加强文件管理、提升公众知晓度、强化监督力度和开展国际合作等。

第二个是2020年由UNESCO统计部门（UIS）主导的调查。2020年的调查改由UIS主导，于2020年上半年在209个国家中开展，截至6月底，共有66个国家完成了相关调查。2020年的调查分国家层面问卷和选定部门问卷两项。第一项调查分立法情况和实施情况两大部分，共23个问题，主要涉及法律位阶、主管部门职责、财政投入、申请数量和处理情况。[②] 重点在实施情况部分，涉及监督机构的职责和人员任命、主管部门的职责、单位投入费用和人员专兼职情况这些有助于保障实施的举措。至于依申请公开方面，主要调查收到申请量、答复公开或部分公开的量、以何理由不予公开的量、平均答复时间、内外部救济数量

[①] Centre for Law and Democracy, UNESCO: Overview Report on SDG 16.10.2 Data Exercise, https://www.law-democracy.org/live/unesco-overview-report-on-sdg-16-10-2-data-exercise/, 2020-9-13.

[②] UIS, 2019-survey-sdg_16.10.2-National-EN.pdf, http://uis.unesco.org/en/files/2019-survey-ati-national-en_web-pdf-0, 2020-9-18.

及结果情况。第二项调查供选定部门填写，分立法情况、机构措施、申请处理、争议解决、主动公开和面临挑战四大部分，计21个问题。调查重点也是实施情况，涉及负责信息公开工作的专兼职人员人数及培训情况这些最基本的保障措施。针对部门，在依申请公开方面增加了接收信息公开申请的方式、是否收费等方面的调查数据。部门调查增加了主动公开方面的内容，主要包括单位年报、部门文件目录清单、信息公开指南、部门内部指导手册、部门组织结构图、机构职能、部门领导会见日程、工作人员的薪资水平、部门预决算、招投标结果和合同信息、部门负责人的开销信息等。

与2019年的调查相比，本次调查实现了很大程度的减负。不仅去除了一些问题，而且还减少了需要报告的国家部门，从之前的10个减少到国家财政部、生态环境部和中央政府所在地政府这3个必选单位。UIS解释，这些改动是为了提高所提问题和所用术语的清晰度，目的是以尽可能有效和精确的方式收集相关信息，同时减少各成员国完成调查的时间负担并便于分析。与2019年的试点调查相比，2020年的调查增加了不予公开答复理由、信息公开答复期限区间和信息公开部门的经费投入等方面的统计。调查报告在2020年11月形成。[①] 报告指出，最终收到了包括中国等69个国家和地区的反馈。报告提出，有必要成立一个专门的信息公开监督机构，并且加强其对信息公开申请方面的数据管理。这对提升政府信息公开制度的实施水平至关重要。基于这次调查结果，UNESCO已着手考虑未来进一步减负，不断

---

① UNESCO, From Promise to Practice: Access to Information for Sustainable Development: 2020 UNESCO Report on the Monitoring and Reporting of SDG Indicator 16.10.2 (public access to information), https://unesdoc.unesco.org/ark:/48223/pf0000375022.locale=en, 2020-12-13.

提升调查效率。

四、FOIAnet 联盟倡导的第三方评估实践[①]

非政府组织 CLD 在 2011 年就启动了各国信息公开法律制定方面的评估，并对外发布了排名情况。[②] 这为 SDG16.10.2 指标中的信息公开法律颁布情况这部分的评估打下了基础。从 2016 年开始，FOIAnet 联盟积极推动 SDG16.10.2 指标中的信息公开法律实施方面的指标设计和第三方评估工作。前后经历了两个阶段。

第一个阶段是 2017 年的试点评估。2017 年，FOIAnet 联盟设计了 SDG16.10.2 信息公开法律实施情况的评估指标并在一些国家开展了初次测评。FOIAnet 联盟意图通过自身的努力，推动 SDG16.10.2 指标关于信息公开法律的制定和实施方面的科学评估。其指导委员会一开始就定下基调，将围绕主动公开情况、机构措施、信息公开申请答复情况三部分设计相关指标，侧重就各国信息公开法律实施情况开展评估，用以指导各国民间组织开展 SDG16.10.2 信息公开指标实现方面的测评。2017 年的评估只是提供了一个较为基础的指标体系，供全球五大洲共 40 个国家开展具体测评。FOIAnet 联盟最终对外发布了加拿大等 6 个国家的评估结果或报告。考虑到是初次测评，它并没有对参与国家的测评结果评出分数并进行排名。

第二个阶段是 2018 年和 2019 年的先期评估。2018 年，

[①] FOIAnet, Measuring SDG 16.10.2, http://foiadvocates.net/?page_id=11036, 2020-9-13.

[②] 肖卫兵：《全球信息公开法评级体系评析：兼论针对中国的评估》，《图书情报工作》2012 年第 20 期，第 74—78 页。

FOIAnet 联盟根据 2017 年开展的测评后的反馈意见进一步完善了指标体系,最终形成了 2018 年版的 SDG16.10.2 第三方评估指标体系。该体系延续了之前的三大模板,围绕主动公开情况、机构措施、信息公开申请答复情况三部分设计相关指标。三部分指标的大体情况如下。

第一部分是主动公开情况。考虑到各国信息公开法有设置主动公开一些信息的义务之实际,FOIAnet 联盟为此设计了评估主动公开情况的第一部分指标体系。该部分分机构信息和知情权保障两大方面设计了两类主动公开内容评估指标。其中,机构信息方面评估了机构职能等 8 类主动公开信息,知情权保障方面评估了信息公开工作年报等 4 类主动公开信息,共计 12 个主动公开评估指标,具体见表 6-2。

表 6-2 主动公开情况评估指标体系

	信息种类	指标
机构信息方面的主动公开情况	机构职能	是否发布机构职能和权力清单信息
	组织架构	是否公布机构组成信息,包括主要官员的姓名和联系人
	运营	是否公布机构战略、计划或政策
	政策法规	是否公布规范机构业务的相关法律
	业务	是否公布机构业务和服务提供方面的说明,包括涉及服务提供方面的所需填写的表格和申请截止日期
	预决算	是否公布预算、实际收支和/或审计报告信息
	公共采购和合同	是否公布公共采购程序、标准、中标结果、合同副本和合同完成情况报告的详细信息
	公众参与	是否公布涉及协商和公众参与的机制和程序的信息

(续表)

	信息种类	指标
知情权保障方面的主动公开情况	知情权信息	是否公布关于信息公开法律实施情况的年报,包括同意公开、不予公开数量及作出答复所花时间
	如何申请	是否公布如何提出信息公开申请的信息,包括联系方式
	申请收费	是否公布收取复制费方面的文件
	所申请信息清单	是否公布同意公开所指向的信息

第二部分是机构措施情况。考虑到信息公开法律的实施离不开政府部门的各种举措,第二部分围绕机构措施设计了两个表格。一个指向国家层面的机构设置情况,共有2个指标;另一个指向所选定评估部门的公开举措,共设计了专职人员配备等5个指标。7个指标构成了该部分的指标体系,具体见表6-3。

表6-3 机构措施情况的评估指标体系

一级指标	二级指标
信息公开法律实施的总体架构	1. 政府是否设立了信息公开主管部门(如是,阐述其角色和职能) 2. 政府是否建立了独立的信息公开审查机构,如信息专员(如是,阐述其工作及成效)
单个被评估部门实施信息公开法律所采取的落实措施	1. 部门是否配备了实施信息公开法律的专职人员(如是,阐述其职责) 2. 部门是否有信息公开法律实施计划(如是,阐述该计划实施情况) 3. 部门是否制定并发布了接受和答复信息公开申请的指南(如是,阐述其用法) 4. 部门是否提供在线和纸质申请表格,信息公开工作人员的联系方式等递交申请的相关信息 5. 部门是否给信息公开工的人员提供培训(如是,阐述最近开展培训的时间)

第三部分是信息公开申请答复情况。信息公开法律最重要的一个内容就是依申请公开。为此，FOIAnet联盟分申请处理和答复结果设计了两大类指标，形成了第三部分的信息公开申请答复情况指标体系。就申请处理方面，围绕设计回执、答复期限、信息提供格式、收费4个小类予以评估；就答复结果方面，设计了1个指标，但分口头答复不予公开、信息不存在等9种类型评估得分情况。信息公开申请答复情况的评估需要通过递交测试申请的方式予以实际评估，具体见表6-4。

表6-4 信息公开申请答复情况的评估指标体系

	申请提交时间	申请提交方式	回执收到时间	提交成功与否（是/否）	答复日期	答复结果	信息如何提供	收费情况	备注
部门1，申请1			(i)	(ii)	(iii)		(iv)	(v)	
部门1，申请2									
部门2，申请1									
…									

注：(i) 邮寄、电子邮件、传真、当面提交；
(ii) 回执收到日期；
(iii) 如果申请提交不成功，请在备注栏中予以说明；
(iv) 见答复结果说明；
(v) 电子副本、复制件、现场阅览等。

以上三大部分的指标构成了FOIAnet联盟设计的SDG16.10.2信息公开指标落实情况评估的完整指标体系。最终得分也是通过这三大部分的得分相加后得出。需要指出的是，FOIAnet联盟认为，评估结果不用于各国间的得分排名，最终通过提供红、黄、绿三色结果，显示各国在落实 SDG16.10.2 信息公开指标上的进展情况。

FOIAnet 联盟依据 2018 年版的指标体系，连续于 2018 年和 2019 年在一些国家开展了测评工作并最终形成了测评报告。其中，2019 年的第三方评估最为成熟、系统。2019 年评估了 10 个国家，其中，印度尼西亚、蒙古、巴基斯坦、塞尔维亚和南非这 5 个国家是承诺当年度向联合国可持续发展高级别政治论坛提交自愿国家审查报告的国家。除此之外，加拿大、塞拉利昂、坦桑尼亚、突尼斯和乌克兰这 5 个国家开展了第三方评估。评估在所在国当地的民间组织参与下开展。2019 年全球评估报告分概览、缩略语、介绍、方法、各国分报告、总体建议和结论、各国得分情况附件这几大部分。各国的分报告又分背景、被评单位、总体分析、各部分指标评估分析、建议这五大部分。

评估结果显示，各国在主动公开情况方面的表现普遍好于其他两部分，也更易于评估。信息公开申请答复情况部分表现最不理想。最终被评为绿色等级的只有加拿大和乌克兰。略显遗憾的是，个别国家因机构调整等各种原因导致信息公开申请答复情况无法评估而最终不能得出颜色等级。各国的评估结果如表 6-5 所示。

表 6-5　2019 年 10 个国家的评估得分和颜色等级

被评估国家	评估得分和颜色等级			最终得分和颜色等级
	主动公开情况	机构措施情况	信息公开申请答复情况	
印度尼西亚	绿色（68.75）	绿色（70.00）	黄色（58.33）	黄色（65.69）
蒙　古	黄色（35.42）	红色（25.89）	黄色（58.20）	黄色（39.84）

（续表）

被评估国家	评估得分和颜色等级			最终得分和颜色等级
	主动公开情况	机构措施情况	信息公开申请答复情况	
巴基斯坦	黄色（48.96）	红色（0）	红色（2.50）	红色（17.15）
塞尔维亚	黄色（45.33）	红色（12.00）	黄色（50.00）	黄色（35.78）
南非1	黄色（56.49）	红色（53.57）	红色（15.00）	黄色（41.69）
南非2	绿色（86.72）	黄色（57.14）	评估落空	评估落空
加拿大	绿色（88.89）	绿色（86.51）	绿色（83.75）	绿色（86.38）
塞拉利昂	绿色（68.12）	黄色（50.00）	评估落空	评估落空
坦桑尼亚	红色（27.90）	评估落空	评估落空	评估落空
突尼斯	红色（31.87）	红色（37.14）	红色（16.25）	红色（28.42）
乌克兰	绿色（87.50）	绿色（61.90）	绿色（80.46）	绿色（76.62）

注：考虑到刊物只能显示黑白色，各国得分表格颜色等级改用文字标注，外加得分处理。对于南非，评估机构评估了两次，其中一次评估落空，无最后得分，此表将之全部展示。

在分析完各国情况后，总报告最终提出了总体建议和结论。就总体建议而言，评估报告指出，在主动公开方面，组织架构和如何申请方面的主动公开信息需要更加全面；在机构措施方面，信息公开专职人员配备、主管部门职能和独立审查机构能力对落实信息公开非常重要；在申请答复处理方面，信息公开工作人员和公众知晓度需要提升，同时，需要政府和民间组织对信息公开法律实施情况开展监测，另外，还离不开普遍接受的监测实施情况的可量化指标体系，弥补大家对信息公开法律实施情况认知上的不足等。就总体结论来说，评估报告认为，信息公开不仅会使公众受益，而且对政府部门本身也有益处，如反腐败、建设责任政府和提升公信力等。同时,报告认为,信息公开法律能够得到良善实施并不容易,它受到知识缺陷、政治意愿低、保密文化以及人力、物力稀缺等因素制约。

五、我国未来开展 SDG16.10.2 指标评估的展望

(一)运用 FOIAnet 联盟指标体系开展第三方评估的必要性和可行性分析

我国高度重视落实 2030 年可持续发展议程,于 2017 年率先发布了《中国落实 2030 年可持续发展议程国别方案》。在 SDG16.10.2 指标上提出中国的落实举措是维护和保障公民的知情权。具体要求是完善政府信息公开制度,目的是保障公民、法人和其他组织依法获取政府信息,提高政府工作的透明度,促进依法行政。我国分别于 2017 年和 2019 年发布了《中国落实 2030 年可持续发展议程进展报告》。其中,2017 年的进展报告提到推进《政府信息公开条例》的修订工作;2019 年的进展报告对《政府信息公开条例》修订成功未特别说明。不过,这两份进展报告尚未提到《政府信息公开条例》实施方面的具体情况。随着 SDG16 指标已列入 2019 年及之后年度的联合国可持续发展高级别政治论坛议题,我国有必要在不久的将来,及时启动相应的自愿国家审查,为最终达成该领域的可持续发展目标留足够的时间。《中共中央关于制定国民经济和社会发展第十四个五年规划和二〇三五年远景目标的建议》在"全面深化改革,构建高水平社会主义市场经济体制"部分中的"加快转变政府职能"方面提到"深化政务公开"的要求。SDG16.10.2 指标的落实情况是深化政务公开工作的重要要求。我国未来可以考虑将之纳入"十四

五"规划并通过相关专项规划或实施意见予以明确和细化,延续"十三五"规划所提出的"积极落实 2030 年可持续发展议程"要求,实现可持续发展议程与中长期发展规划的有效对接。①

从 SDG16.10.2 指标来看,我国在信息公开制度的制定层面已经达成,在实施层面,也得以实施。对应 SDG16.10.2 指标,唯一缺失的是实施方面的具体评估。UNESCO 于 2019 年和 2020 年连续启动的两次针对 SDG16.10.2 指标的调查也是重点针对实施情况。从所调查的问题来看,UNESCO 还一时难以形成可量化的指标,无法最终得出各成员国在信息公开制度实施方面的等级差异。SDG16.10.2 指标也没有纳入一些学者所分析的直接可获得数据指标、间接/修正可获得数据指标、未统计/不能获得数据指标三类数据可获得性框架里。② 最主要的原因还是信息公开法律实施水平方面的量化评价存在难度。各国政府难以依赖 UNESCO 所主导的调查完成自愿国家审查工作并有效地评估信息公开法律实施成效。基于民间组织设计的第三方评估指标和开展的评估工作不可或缺。

从上述分析来看,FOIAnet 联盟所开发设计的指标体系可以有效地弥补这方面的量化评估缺陷,并且该指标体系已经被用于 2018 年和 2019 年的两轮试点评估。2018 年修订后的指标体系已经相对成型,逐渐发展成国际公认的统一评估标准。这意味着该指标体系可以被用于我国对 SDG16.10.2 指标的第三方评估工作。我国的第三方可以是现有从事信息公开研究和实务的专业机构,由它们独立承担或受委托开展评估工作。第三方评估的结果则可作

---

① 鲜祖德、王全众、成金璟:《联合国可持续发展目标(SDG)统计监测的进展与思考》,《统计研究》2020 年第 5 期,第 3—13 页。
② 邹波、朱婧:《联合国可持续发展目标框架下中国目标数据的可获得性及进程分类研究》,《国际商务研究》2020 年第 5 期,第 15—25 页。

为我国有关负责单位撰写针对SDG16.10.2指标的自愿国家审查报告时的重要参考，同时也可将之作为提升我国信息公开质量和效果的重要抓手。

(二) 第三方具体评估工作开展方面的若干设想

政府信息公开第三方评估工作作为一项强制性要求被纳入2007年制定的《政府信息公开条例》，2019年修订后的条例保留了建立健全政府信息公开社会评议制度的要求。2016年，中共中央办公厅和国务院办公厅联合印发了《关于全面推进政务公开工作的意见》，该意见提出："鼓励支持第三方机构对政务公开质量和效果进行独立公正的评估。"我国各省（自治区、直辖市）和相关单位多年来开展了不同形式的第三方评估，积累了不少经验，有力推进了政府信息公开工作。借用FOIAnet联盟开发设计的指标体系开展评估，有助于与国际类似评估实践接轨，有利于国家间横向比较，同时也是优化我国过往第三方评估实践的一种新的探索。《国务院办公厅关于印发2020年政务公开工作要点的通知》明确提出规范考核评估、优化第三方评估的要求。针对这些要求，为顺畅未来第三方具体评估工作的开展，我们提出如下建议：

一是基本上按照现有定型的指标体系开展第三方评估工作。当然，需要意识到现有评估体系并不尽善尽美，还存在一些缺陷。例如，因工作量方面的考虑，只能选择若干代表性部门开展评估，因而无法掌握全貌。部门选择的不同必然带来结果上的技术差异。这也意味着通过最终得分对各国予以排名的做法需要慎重考虑。当然，现在的评估结果不代表最终目标，在2030年之前，各国都可参考结果进行逐步提升。另外，我国也可在现有指标体系上做一些创新。

二是基于多样性情况下择定10个被评估对象。这10个被评估对象的选择需要考虑到不同系统，兼顾国家层面和地方层面。

从国家层面来讲,财政部和生态环境部因与 2030 年可持续发展目标直接相关,属于必选部门,其他 7 个部门视具体情况在照顾到部门差异的基础上进行选定。在地方层面,选择中央政府所在地政府——北京市政府作为代表即可。这是因为 UNESCO 认为中央政府所在地政府与 2030 年可持续发展目标强相关。

三是其他方面的考虑。其一,需要做到评估过程中有根有据。任何评分情况都做到有佐证并提供详细说明,尽可能地降低主观判断,提升说服力;其二,开展测试申请必不可少。但在向被评估对象递交测试申请时,需要注意到两份测试申请所指向的政府信息都应是该单位所制作的应当同意公开的信息,尽可能地避免信息不存在等其他答复;其三,要注意第三方评估结果的转化。每年开展第三方评估,形成评估结果和报告后,向国家信息公开主管部门呈交,通过主管部门推进相关整改工作,并作为我国未来启动针对 SDG16.10.2 指标的自愿国家审查报告撰写时的重要参考,最终实现我国信息公开法律实施水平的颜色等级为绿色这一最高目标。

总之,充分借助 SDG16.10.2 指标评估之契机,在多方联动的情况下,推动我国信息公开的全面实施。应该意识到,以评估促进提升才是实现可持续发展的要义所在。

 思考题

1. 名词解释

SDG16.10.2 信息公开指标

2. 简答题

简述 SDG16.10.2 信息公开指标的定位。

3. 论述题

论述 SDG16.10.2 信息公开指标评估的现有实践。

第七章
政府信息公开典型案例汇编

【本章概要】聚焦依申请公开流程中收件、办理和答复这三个主要环节所延伸出来的补不补、是不是、属不属于、有没有、征不征求、给不给、怎么给和妥不妥等关键八问，我们选取了若干典型案例汇编成一章，进行基本案情介绍和案例评析，意图为实践操作提供恰当指引，减少今后类似案件的同类错误发生。

【学习目标】了解依申请公开的工作规范；熟悉政府信息公开各类典型案例；掌握政府信息公开典型案例背后的启示。

一、收件环节

1. 网络申请收件时间的确定

【案例】李某某诉广东省交通运输厅政府信息公开案①

【基本案情】2011年6月1日，原告李某某通过广东省人民政府公众网络系统向被告广东省交通运输厅递交了政府信息公开申请，申请获取广州广园客运站至佛冈的客运里程数等政府信

---

① 最高人民法院2014年1月26日发布的最高人民法院指导案例26号。

息。政府公众网络系统以申请编号11060100011予以确认,并通过短信通知原告确认该政府信息公开申请提交成功。7月28日,广东省交通运输厅作出受理记录确认上述事实,并于8月4日向原告送达《关于政府信息公开的答复》和《政府信息公开答复书》。

法院审理后认为,由于广东省人民政府"政府信息网上依申请公开系统"作为政府信息申请公开平台所应当具有的整合性与权威性,如未作例外说明,则在该平台上递交成功的申请应视为相关行政机关已收到原告通过互联网提出的政府信息公开申请。至于外网与内网、上下级行政机关之间对于该申请的流转,属于行政机关内部管理事务,不能成为行政机关延期处理的理由。被告认为原告是向政府公众网络系统提交的申请,因其厅内网与互联网、省外网物理隔离而无法及时发现原告申请,应以其2011年7月28日发现原告申请为收到申请日期而没有超过答复期限的理由不能成立。因此,原告通过政府公众网络系统提交政府信息公开申请的,该网络系统确认申请提交成功的日期应当视为被告收到申请之日,被告逾期作出答复的,应当确认为违法。

【案件评析】2019年修订后的《政府信息公开条例》第31条规定,申请人通过互联网渠道提交政府信息公开申请的,以双方确认之日为收到申请之日。本案例启发我们不能僵化地理解该"双方确认之日"。在公民、法人或者其他组织通过政府公众网络系统向行政机关提交政府信息公开申请时,如该网络系统未作例外说明,则系统确认申请提交成功的日期应当视为行政机关收到政府信息公开申请之日。行政机关对于该申请的内部处理流程,不能成为行政机关延期处理的理由。

2. 向行政机关负责人申请的收到时间起算

【案例】袁某某诉江苏省人民政府信息公开案[①]

【基本案情】袁某某于 2014 年 5 月 7 日向江苏省政府提出书面申请,申请公开征地补偿、取土坑用地、人造丘陵绿化用地补偿信息和补偿费的准确发放、使用情况。江苏省政府认定该申请为信访事项,将袁某某写给原省长李学勇的《申请函》转交有关机关处理。

最高人民法院再审后认为,本案需要回答向行政机关法定代表人邮寄信件能否视为政府信息公开申请问题。本案中,再审申请人向时任江苏省政府法定代表人的李学勇写信反映下级行政机关未依法公开其申请的信息并请求江苏省政府公开或者责成地方政府公开相关信息,然而,该信件既不符合政府信息公开申请的形式要件,也非向符合《政府信息公开条例》和《政府信息公开指南》规定的受理机构提出,江苏省政府根据信件内容未将其视为政府信息公开申请,而是作为信访件进行处理,并不违反法律法规的规定。需要特别指出的是,对于符合形式要件,且属于该行政机关公开的政府信息范围的申请,即使申请人未向政府信息公开工作机构提出申请,而是向法定代表人、其他内设机构提出,行政机关仍应以及时保障知情权和减轻申请人负担为原则,转本机关政府信息公开工作机构处理。本机关政府信息公开工作机构可以按照国务院办公厅政府信息与政务公开办公室发布的国办公开办函〔2015〕207 号文件规定的精神,与申请人联系确认申请事宜。但此种情况下,不应以法定代表人或者其他内设机构收到信息公开申请的时间,作为《政府信息公开条例》规定的行

[①] (2017)最高法行申 17 号。

政机关"收到申请之日",而应以指定的政府信息公开工作机构实际收到转送的申请书之日或者电话确认确系政府信息公开申请之日作为"收到申请之日",并以此计算相关答复期限。

【案件评析】对于申请人向法定代表人、其他内设机构提出的政府信息公开申请,不应以法定代表人或者其他内设机构收到信息公开申请的时间,作为《政府信息公开条例》规定的行政机关"收到申请之日",而应以指定的政府信息公开工作机构实际收到转送的申请书之日或者电话确认确系政府信息公开申请之日作为"收到申请之日",并以此计算相关答复期限。公民、法人或者其他组织申请政府信息公开,应向政府信息公开工作机构提出,向其他机构甚至向行政机关法定代表人个人提出,都不符合法律的要求,由此带来的耽误、丢失等不利后果,应当由申请人承担。

3. 电子邮箱被认为是申请渠道的情形

【案例】沈某某等与H市人民政府信息公开案[①]

【基本案情】 2019年2月28日,沈某某等向H市人民政府办公室邮寄《责令村务信息公开申请书》,认为祝东村委会收到原告申请后,未作书面答复,要求H市人民政府调查核实,并责令祝东村委会依法公布其申请的村务信息。2019年3月3日,该邮件被退回。2019年3月1日,原告向H市人民政府办公室电子邮箱 hnsxxx@haining.gov.cn 提交《监督村务公开申请书》《申请信息公开斜桥镇政府》两份文件,两份文件内容与前述《村务信息公开申请表》《责令村务信息公开申请书》相同。邮件发送成功。

---

① (2019)浙04行初56号。

法院经审理后认为，申请人向 H 市人民政府办公室邮箱发送《责令村务信息公开申请书》，邮件发送成功。行政机关对于不再使用的联系方式，应当及时调整。由于行政机关未及时调整，导致公民仍按照原来公开的联系方式向行政机关提出申请，行政机关提出当事人未以指定方式提出申请的辩解理由不能成立。本案中，H 市人民政府自 2017 年 11 月 15 日之后就将在线咨询、投诉、举报、查询等政务迁移到"浙江政务服务网"和"中国 H"门户网站办理，但是对不再继续使用的邮箱没有及时删除或者注销，造成原告认为该邮箱仍在使用，并向该邮箱成功发送申请，应当认为原告提交的申请已经成功到达 H 市人民政府。

【案件评析】（1）行政机关对于不再使用的联系方式，应当及时调整。由于行政机关未及时调整，导致公民仍按照原来公开的联系方式向行政机关提出申请，行政机关提出当事人未以指定方式提出申请的辩解理由不能成立。（2）行政机关对所开通的申请接收渠道及具体的使用注意事项应在政府信息公开指南中专门说明并向社会公告。特别需要指出的是，对于指南中所提供的电子邮箱，如有"本邮箱仅用于接收信息公开工作咨询及有关意见建议，如需提交政府信息公开申请，请参阅前述申请接收渠道"这类表述，就意味着电子邮箱不是该行政机关法定的政府信息公开申请受理渠道。

4. 行政机关内部信件收发障碍

【案例】陈某某诉北京市 M 区住房和城乡建设委员会信息公开案①

【基本案情】2019 年 7 月 3 日，原告陈某某通过顺丰快递向

---

① （2020）京 0109 行初 14 号。

被告M区住建委邮寄提交政府信息公开申请，申请内容为"M区新城MC00-0017-6013地块8#商业、商务办公楼1层103户的商品房备案价格"。被告于2019年7月4日签收后，于2019年8月2日出具登记回执，于2019年8月23日作出M区住建委（2019）第39号《政府信息答复告知书》。原告认为被告未在法定期限内作出答复的行为违法，故提起诉讼。

法院审理后查明，本案中，根据在案证据显示，原告通过顺丰速运向被告邮寄了政府信息公开申请，并在信封上备注"政府信息公开申请"字样，被告单位收发室于2019年7月4日进行了签收。考虑到快递的邮寄特点及具有明确的收件人地址、单位名称，在被告未向法院提交足以推翻上述快递签收事项的相关证据的情况下，应视为被告已经收到了原告邮寄的政府信息公开申请。被告认为负责政府信息公开工作的部门于2019年8月2日才收到快递，但行政机关内部流程障碍不构成逾期答复的正当理由。因此，应当认为被告于2019年7月4日收到原告提交的政府信息公开申请。被告于2019年7月4日收到原告提交的申请，于2019年8月23日作出《政府信息答复告知书》，且未提交证据证明依法延长答复期，显然已超过法定期限。

【案件评析】本案的核心观点是，行政机关内部流程障碍不构成逾期答复的正当理由。行政机关收发室为负责本单位公函、信件、报刊、汇款单及其他印刷品接收、发送工作的机构，其接收信息公开申请信件即视为行政机关收到申请。对于行政机关而言，应当规范内部信件流转程序，加强收发室收文转交管理，顺畅政府信息公开申请在内部的流转，确保在规定时限内答复。

5. 政府信息公开申请信件不得拒收

【案例】霍某、刘某诉北京市房山区人民政府行政不作为案[①]

【基本案情】霍某、刘某于2015年3月17日向被告北京市房山区人民政府邮寄政府信息公开申请表，要求房山区政府公开"德慧会计师事务所对韩村河镇西周各庄村账目审计结果"，挂号信填写的收件人为"房山区人民政府、北京市房山区良乡镇房山区人民政府信息办工室"。2015年3月18日，承担被告房山区政府邮件收发工作的服务中心签收该信件。2015年3月28日，服务中心以填写的收件人不明确为由将该信件退回邮政部门。霍某、刘某遂以房山区政府拒绝履行信息公开义务为由提起行政诉讼，请求人民法院确认房山区政府拒绝接收其政府信息公开信件的行为违法。

法院审理后认为：虽然霍某、刘某邮寄的挂号信上填写的收件人为"房山区人民政府、北京市房山区良乡镇房山区人民政府信息办工室"，表述不够准确，也未标注信件内容为"政府信息公开申请书"，但填写的收件人为"房山区人民政府信息办工室"，且信件已到达被告房山区政府处，按照一般理解可以得出寄件人向被告房山区人民政府提出的是要求其履行有关政府信息公开职责的公务行为，并非私务行为这一结论；同时，目前法律法规没有要求申请人在邮寄政府信息公开申请时应在信封上注明"政府信息公开申请书"的规定。因此，被告房山区人民政府的行为表明其未尽到合理注意的义务，其将涉案信件退回邮政部门的行为直接导致霍某、刘某启动的政府信息公开申请程序终结，

---

① 北京市第四中级人民法院2015年行政审判典型案例。

无法进入政府信息公开程序，致使霍某、刘某依法获取政府信息的权利无法得到实现，应确认房山区人民政府的行为违法。据此，判决确认房山区人民政府拒绝接收霍某、刘某邮寄的政府信息公开申请之行为违法。

【案件评析】 知情权需要政府的积极作为才能实现，同时，正是由于知情权得以满足，政府才能得到人民的信任。"办工室"还是"办公室"，政府以一字之差退回申请人申请，显然过于苛责。申请人多数并无行政管理的专业背景，对政府复杂的系统更是不甚了了。一些政府要求申请人必须找对信息公开义务机关、准确描述申请信息，或者必须注明"信息公开申请书"等，这些要求既于法无据，也不合理。① 本案中，虽然霍某、刘某邮寄的挂号信填写的收件人表述不准确，但按照一般理解可以得出寄件人向房山区人民政府提出的是要求其履行有关政府信息公开职责的公务行为，并非私务行为这一结论。行政机关应当尽到合理注意的义务。

二、办理环节

1. 补正

（1）补正并不是要求申请人提供具体文号和标题。

【案例】余某诉郑州市二七区人民政府信息公开案②

【基本案情】 2016 年 6 月 17 日，二七区人民政府收到余某的政府信息公开申请，内容为"2013 年 2 月征收申请人房屋依

---

① 王敬波教授点评 2015 北京四中院行政审判典型案例，http://fzzfyjy.cupl.edu.cn/info/1021/4889.htm，2023-7-6。
② （2018）最高法行申 1125 号。

据文件"。2016年6月29日,二七区人民政府作出二七政申复〔2016〕367号政府信息公开告知书,内容为"依据文件:郑州市人民政府城市建设拆迁管理办公室《房屋拆迁许可证》[郑拆许字(2010)第002号]、郑州市人民政府城市建设拆迁管理办公室《行政许可准予延续决定书》[郑拆许延(2011)第002号]、郑州市房屋征收办公室《行政许可准予延续决定书》[郑拆许延(2012)第002号]和《百年德化二期项目拆迁补偿安置方案》",并将上述文件附后对余某予以公开。余某对该信息公开答复不服,提起行政诉讼,请求撤销二七区人民政府的该信息公开答复,判令二七区人民政府重新答复。

最高人民法院再审后认为,《政府信息公开条例》规定:"政府信息公开申请应当包括……申请公开的政府信息的内容描述。"申请人在提出政府信息公开申请时,应当尽可能具体、详细地对政府信息的内容进行描述。这样做的目的是使行政机关能够寻找、确定并提供给申请人其所希望获得的信息。如果申请人提供的描述过于笼统,必然会增加行政机关检索的难度,最终导致申请人难以及时、准确地获取政府信息。但是,行政机关也应合理把握内容描述的限度。所谓的具体、详细,不是要求申请人必须说出政府信息的具体文号和标题,只要使行政机关足以知道申请人所要申请的信息是什么就可以。本案中,再审申请人申请公开的信息是"2013年2月征收申请人房屋依据文件",虽说不是非常具体,但毕竟指向了政府信息的特定范围。二审法院认为"这些文件没有文号、制作机关和数量范围等,没有特定的载体,不符合《政府信息公开条例》第二条关于申请公开的信息应当以一定的形式记录、保存的规定",是对《政府信息公开条例》第2条的过度解读,并对"内容描述"作出了过分要求。

【案件评析】 申请人在提出政府信息公开申请时，应当尽可能具体、详细地对政府信息的内容进行描述。这样做的目的是使行政机关能够寻找、确定并提供给申请人其所希望获得的信息。如果申请人提供的描述过于笼统，必然会增加行政机关检索的难度，最终导致申请人难以及时、准确地获取政府信息。但是，行政机关也应合理把握内容描述的限度。所谓的具体、详细，不是要求申请人必须说出政府信息的具体文号和标题，只要使行政机关足以知道申请人所要申请的信息是什么就可以。

（2）信息公开申请中"内容描述"是否明确具体的审查限度。

【案例】徐某某诉上海市 G 区人民政府信息公开案[①]

【基本案情】 G 区人民政府于 2016 年 11 月 14 日收到徐某某等人提出的政府信息公开申请，要求获取"贵府批准征用申请人农村宅基地使用证所载土地的批准文件、贵府批准征用申请人农村宅基地使用证所载土地的补偿方案、贵府批准征用申请人农村宅基地使用证所载土地周边农用地的批准文件"。2016 年 12 月 2 日，G 区人民政府作出延期告知书，告知徐某某等人决定将答复期限延长 15 个工作日。2016 年 12 月 22 日，G 区人民政府作出补正告知书，依据《上海市政府信息公开规定》第 23 条第 8 项的规定，告知徐某某等人，其申请内容不明确，请在 2017 年 1 月 9 日前补正申请，明确所需要政府信息的内容。逾期未补正的，视为放弃申请。同时根据便民原则向徐某某等人提供了相关文件。2017 年 1 月 3 日，徐某某向 G 区人民政府邮寄了《政府信息公开补正申请书》，认为其申请内容已明确。G 区人民政府于 2017 年 1 月 4 日收到补正申请后，于同年 1 月 6 日作出 2

[①] （2018）最高法行申 3568 号。

号《告知书》。2 号《告知书》于 2017 年 1 月 12 日邮寄送达徐某某后，徐某某不服，向一审法院提起行政诉讼。

最高人民法院再审后认为，在判断信息公开申请中"内容描述"是否明确具体，行政机关是否能够检索、查找到该政府信息时，要处理好群众习惯用语与法律专业术语之间的关系，只要申请中内容描述和特征描述能够被理解和识别，不会发生歧义，可以进行查找检索，行政机关就不能以内容描述不明确、不具体为由，拒绝答复，更不能以制作或保存的政府信息内容或者名称与申请中的内容描述不完全一致为由，不予提供。另外，根据《政府信息公开条例》的规定，申请内容不明确的，应当告知申请人作出更改、补充。因此，只有在申请人的申请内容不明确、不具体，难以查找和检索时，行政机关才能启动补正程序，告知申请人对申请内容作出更改或补充，并且在申请人拒绝更改或补充的情况下，行政机关才能不予支持。具体到本案中，徐某某将申请公开的信息内容表述为："1. 贵府批准征用申请人宅基地使用证所载土地的批准文件；2. 贵府批准征用申请人宅基地使用证所载土地的补偿方案；3. 贵府批准征用申请人宅基地使用证所载土地周边农用地的批准文件。"从内容描述来看，案涉第 1、3 项信息指向的批复及补偿方案能够特定化，并不存在不能够被识别的问题。G 区人民政府关于徐某某提出的第 1、3 项申请内容不明确的认定，不符合《政府信息公开条例》的相关规定。需要说明的是，G 区人民政府在通知徐某某补正申请内容的同时，已经将其能查找到的可能涉及徐某某要求公开的批复在内的共计 9 份批复一并提交给徐某某，亦即针对徐某某的第 1、3 项申请，G 区人民政府实际上已经履行了政府信息公开职责，法院再责令其向徐某某提供案涉批复已经无实际意义，因而在此仅对 G 区人民政府针对徐某某提出的第 1、3 项申请的答复理由予以指正。

【案件评析】实践中，为方便行政机关查找检索并及时提供政府信息，公民、法人或者其他组织在进行内容描述时，一般应当包括明确的文件名称、文号或者其他特征性描述。在判断信息公开申请中"内容描述"是否明确具体，行政机关是否能够检索、查找到该政府信息时，要处理好群众习惯用语与法律专业术语之间的关系，只要申请中内容描述和特征描述能够被理解和识别，不会发生歧义，可以进行查找检索，行政机关就不能以内容描述不明确、不具体为由，拒绝答复，更不能以制作或保存的政府信息内容或者名称与申请中的内容描述不完全一致为由，不予提供。

2. 非政府信息

（1）党务信息不属于政府信息。

【案例】郭某某诉江苏省人民政府信息公开案①

【基本案情】2016年3月23日，郭某某向江苏省人民政府申请公开"江苏省委、省政府办公厅正式批复20个镇改革试点方案"信息。江苏省人民政府于2016年5月9日作出《江苏省人民政府办公厅政府信息公开申请答复告知书》，主要内容为："您申请公开的批复文件为中共江苏省委办公厅文件，不属于本机关的公开范围。"

最高人民法院再审后认为，本案的争议焦点问题是，郭某某所申请公开的"江苏省委、省政府办公厅正式批复20个镇改革试点方案"信息是否属于被申请人江苏省人民政府的政府信息公开的范围。修订前的《政府信息公开条例》第2条规定，政府信息是指行政机关在履行职责过程中制作或者获取的，以一定形式

---

① （2018）最高法行申798号。

记录、保存的信息。《政府信息公开条例》还规定,法律、法规授权的具有管理公共事务职能的组织公开政府信息的活动,适用该条例。可见,行政机关或经法律法规授权管理公共事务的组织有关信息的公开适用《政府信息公开条例》的规定,而党组织制作的党务信息以及党组织制发的党政联合文件一般不适用《政府信息公开条例》的规定。本案中,再审申请人申请公开的信息是以中共江苏省委为制定主体并以党委文号制发的党政联合文件,并非行政机关在履行职责过程中制作或者获取的信息,不属于《政府信息公开条例》的调整范围,更不属于《政府信息公开条例》第10条规定的行政机关主动重点公开的政府信息。江苏省人民政府作出《答复告知书》,以再审申请人所申请公开的信息不属于江苏省人民政府公开范围为由不予公开并无不当。综上,再审申请人的再审申请不符合《行政诉讼法》第91条规定的情形。依照《最高人民法院关于适用〈中华人民共和国行政诉讼法〉的解释》第116条第2款之规定,裁定驳回再审申请人郭某某的再审申请。

【案件评析】行政机关或经法律法规授权管理公共事务的组织有关信息的公开适用《政府信息公开条例》的规定,而党组织制作的党务信息以及党组织制发的党政联合文件一般不适用《政府信息公开条例》的规定,按照《党务公开条例(试行)》处理。相关信息如已获取并可以公开的,行政机关可以便民提供给申请人。

(2)刑事司法信息不属于政府信息。

【案例】陈某某等诉北京市公安局大兴分局政府信息公开案①

【基本案情】陈某某等于2020年12月25日向大兴公安分

---

① (2021)京02行终1729号。

局邮寄政府信息公开申请书。大兴公安分局于2021年1月20日作出大兴公安分局（2021）第01号——答复告《政府信息答复告知书》，载明：1.根据《政府信息公开条例》第36条第（2）项之规定，经查，您申请的"一、请求被申请人公开2020年8月31日中午11时35分许，申请人陈某某等在北京市大兴区金星乡金大路11号院门口打110报警内容；要求民警到现场核实金大路11号院与北京市大兴区金星乡金星大街11号院不是同一个地址，并出具证明"相关信息可以向您公开，详见《北京市公安局大兴分局金星派出所110接处警记录》复印件。2.经查，您申请的"二、请求被申请人公开2015年10月25日上午11时许，河北省唐山市公安局路南分局办案民警跨区域至北京市大兴区金星乡金星大街11号院抓人是否有合法的法律手续，在异地执行拘留，办案单位有否提供拘留证、搜查证，被申请人有否协助路南公安局办案民警开展抓人、搜查、扣押物品等执法活动，是否见证陈某某在现场搜查证上签名，是否在被申请人的见证下开展执法办案"相关信息属于公安机关行使刑事侦查职能产生的刑事案件类信息，不属于《政府信息公开条例》第2条调整的范围。

法院二审后认为，对第二项申请内容，即要求公开河北省唐山市公安局路南分局跨区域抓捕是否有合法的法律手续，异地执行拘留是否提供拘留证、搜查证，大兴公安分局是否协助路南分局开展执法活动、是否见证陈某某在搜查证上签字，路南分局是否在大兴公安分局的见证下开展执法办案等信息，均属于涉及《刑法》《刑事诉讼法》《公安机关办理刑事案件程序规定》等相关法律规定及公安机关履行刑事司法职能时产生的信息，不属于《政府信息公开条例》第2条所规定的政府信息。据此，大兴公安分局所作被诉告知书认定事实清楚，适用法律正确，程序合法。

【案件评析】公安机关具有行政机关和刑事司法机关的双重职能，其在履行刑事侦查职能时制作或获取的信息不是政府信息。政府信息公开申请人要求公开公安机关跨区域抓捕是否有合法的法律手续，异地执行拘留是否提供拘留证、搜查证，其他地方公安机关是否协助开展执法活动、是否见证在搜查证上签字等信息，而以上执法活动的信息均属于涉及《刑法》《刑事诉讼法》《公安机关办理刑事案件程序规定》等相关法律规定及公安机关履行刑事司法职能而非行政管理职能产生的信息。公安机关办理刑事案件过程中制作或获取的信息不属于《政府信息公开条例》调整的范畴。

3. 非政府信息公开申请

（1）信访类申请。

【案例】徐某某诉常州市信访局政府信息公开案[①]

【基本案情】徐某某于2020年6月27日向常州市信访局邮寄《政府信息公开申请表》，载明的"所需信息的内容描述"为："属地政府经开区党工委、管委会、办案责任人对信访群众房产被政府强抢，十二年被公、检、法、司、政打击报复的财产损失，肉体和精神的损失，属地政府依法、合理、公平、公正的解决问题的方案及依据，并通过信息公开书面告知申请当事人。"常州市信访局于2020年7月28日作出常信依〔2020〕8号《政府信息公开申请告知书》，告知徐某某，根据《政府信息公开条例》第39条第1款的规定，徐某某的申请不作为信息公开申请处理。

---

① （2021）苏04行终90号。

| 政府信息公开 |

一审法院认为，保障公民知情权，依法公开政府信息是《政府信息公开条例》的立法宗旨。该条例是公民依法维护知情权，行政机关依法履行信息公开义务的基本法律规范。徐某某作为信息公开申请人，常州市信访局作为受理信息公开申请的政府机关，均应遵守该条例的规定。徐某某于2020年6月27日向常州市信访局提出的信息公开内容是解决徐某某十多年来因房屋拆迁问题引发的各种纠纷的解决方案及依据，其实质为徐某某通过信息公开的形式向政府部门提出信访要求。常州市信访局根据《政府信息公开条例》第39条第1款的规定，告知其申请不作为政府信息公开申请处理的答复，属于对信访事项的处理，对徐某某的权利义务不产生实际影响，不属于可诉或可申请行政复议的行政行为。二审法院维持了一审判决。

【案件评析】实践中应当注意：（1）对于形式上是政府信息公开申请，实为信访、投诉、举报的，答复不予处理没有问题。但是对于针对信访、投诉、举报信息的申请，是否也可依据该款不予处理，实践中不易区分并做法不一。（2）对于信访类申请，建议多一些便民措施，告知相应渠道。（3）该类申请实际上有可能涉及政府履职不到位问题，建议在答复之余，从为群众办实事的高度，实质性地化解社会矛盾，实现以公开促公正。

（2）咨询类申请。

【案例】朱某某因诉吉林省公主岭市人民政府信息公开案①

【基本案情】朱某某原系民办教师，在1990年中后期清理民办教师的过程中，未办理民转公教师手续。2015年8月11

---

① （2016）最高法行申3606号行政裁定。

日，朱某某向公主岭市政府申请公开民办教师有关政府信息：（1）我市认定民办教师的截止时间及其依据；（2）1986年12月31日以前我县（市）参加民办教师工作的民办教师人数及花名册；（3）1995年之前由市教育行政部门颁发《民办教师任用证》的民办教师人数及花名册；（4）1995年以后重新换发《民办教师准用证》的民办教师人数及花名册、代课教师人数及花名册；（5）将《民办教师任用证》换发成《民办教师准用证》的标准、目的和依据；（6）历年来民办教师转公办教师的人数及花名册，有无代课教师转公办教师，如有，则又是多少代课教师转公办教师；（7）1995年、1996年、1997年、1998年、1999年上报市教育局及省教育厅的民办教师人数及花名册，省市教育厅（局）下达的"民转公"指标数以及自1995年到2000年全县每年教师编制数；（8）对那些持有由县教育行政部门颁发《民办教师任用证》而没有换发《民办教师准用证》但获得相关教育职称，在1999年和2000年没有转为公办教师的民办教师所采取的安置办法及其依据。

最高人民法院经审查认为，《行政诉讼法》第2条第1款规定，公民、法人或者其他组织认为行政行为侵犯其合法权益的，有权依法提起行政诉讼。《最高人民法院关于执行〈中华人民共和国行政诉讼法〉若干问题的解释》第1条第2款第（6）项规定，对公民、法人或者其他组织权利义务不产生实际影响的行为，不属于行政诉讼的受案范围。公民、法人或者其他组织就有关事项向行政机关提出咨询，对行政机关不予解答或者对答复意见不服提起诉讼的，因行政机关对咨询的答复或者不答复行为，不会对其权利义务产生实际影响，不属于行政诉讼的受案范围。本案中，朱某某以申请政府信息公开的名义，提起了多项事实或者政策咨询。申请事项中，第一项请求告知公主岭市认定民办教师的截止时间及其依据，第七项1995、1996、1997、1998、1999年公主岭市上报四平市教育局及吉林省教育厅民办教师人数及1995—2000年公主岭市每年的教师编制数，实质上是对有关公主岭市民办教师清理整顿过程中相关事实问题的咨询；第五项将《民办教师任用证》换发为《民办教师准用证》的目的和依据，第八项对那些持有由市教育行政部门颁发《民办教师任用证》而没有换发《民办教师准用证》但获得相关教育职称，在1999年和2000年没有转为公办教师的民办教师所采取的安置办法及其依据，属于对"民转公"相关政策的咨询。无论是对事实的咨询还是对政策的咨询，行政机关答复或者不予答复的行为，均不会对当事人的权利义务产生实际影响，不属于行政诉讼的受案范围。

【案件评析】（1）公民、法人或者其他组织就有关事项向行政机关提出咨询，对行政机关不予解答或者对答复意见不服提起诉讼的，因行政机关对咨询的答复或者不答复行为，不会对其权利义务产生实际影响，不属于行政诉讼的受案范围。（2）无论是对事实的咨询还是对政策的咨询，行政机关答复或者不予答复的行为，均不会对当事人的权利义务产生实际影响，不属于行政诉讼的受案范围。（3）咨询类申请的正确处理。实践中出现过以政府信息公开申请的形式进行咨询，要求行政机关解答特定问题的情形。对于这类咨询类申请的答复处理，不能一概而论。建议行政机关对该类申请按照如下处理次序作出合适决定：（1）从便民、利民、减少行政争议的角度，优先考虑是否可以启用同意公开答复；（2）如前述答复不可行，建议是否启用需要加工分析不予提供答复；（3）如前两者答复均不可行，最后考虑以非政府信息公开申请答复，将之划入该款规定的"等"中进行理解。

4. 重复申请

【案例】高某某诉北京市某委员会政府信息公开案[①]

【基本案情】2018年7月26日，高某某通过邮政挂号信的方式向北京市某委员会提交了小客车指标申请书等相关材料。北京市某委员会于2018年7月27日收到了申请人的申请书及相关材料。但在法定履责期限内，北京市某委员会并未就申请人的申请作出书面答复。为此，高某某就北京市某委员会未履行法定职责的行为向北京市政府提起行政复议。北京市政府最终驳回了高某某的复议申请。高某某诉至法院。

法院审理后认为，问题是申请人的此次申请是否构成重复申请。重复申请是指当事人就相同事项依据同一理由反复提出的申请。这里的重点不但要申请事项的同一，还要理由或依据的同一。就本案而言，原告2014年提出小客车指标申请时依据的是当时生效并适用的《〈北京市小客车数量调控暂行规定〉实施细则（2013修订）》，"实施细则（2013）修订"在2017年进行了修订，即《〈北京市小客车数量调控暂行规定〉实施细则（2017修订）》。而此次原告提出申请的依据明确为"实施细则（2017修订）"，故原告申请的依据不同，应视为新的申请。被告即应针对原告申请法定期限内履行告知答复义务。鉴于被告某委员会未履行其法定职责，故而被告北京市政府作出被诉决定书应当予以撤销。

【案件评析】重复申请是指当事人就相同事项依据同一理由反复提出的申请。这里的重点不但要申请事项的同一，还要理由或依据的同一。实践过程中，理解一项申请是否构成重复申请主要考虑申请内容、申请指向、申请人和被申请人四个方面。对于

---

① （2019）京0101行初130号。

重复申请，行政机关可以不重复答复；决定不重复答复时，行政机关应当向申请人出具重复申请告知书。对于之后申请人还一再申请的，行政机关可以不予理睬，但是应当做好登记。

5. 不属于本机关负责公开

(1) 留意转介条款。

【案例】孙某某与上海市 G 局政府信息公开案[①]

【基本案情】上海市 G 局于 2016 年 7 月 31 日收到孙某某提交的政府信息公开申请。孙某请求获取"四至范围为北至中环线、南至尚博路、西至上南路、东至云台路此地块控制线详细规划及批准文件"。经审查，申请人要求获取的控制性详细规划由上海市人民政府审批，应当由市政府公开。G 局据此依据规定作出不属于本机关负责公开的《告知书》。

复议机关审理后认为，根据规定，政府信息由制作或获取的行政机关负责公开，法律、法规对公开职责权限范围另有规定的从其规定。本案中申请人请求获取相关地块控制线详细规划等信息，该系争规划信息虽然由上海市人民政府批准，但根据《上海市城乡规划条例》第 24 条关于城乡规划经批准后 20 日内组织编制机关应当通过政府网站或者其他途径将城乡规划向社会公布的规定，被申请人作为组织编制机关负有公开职责。据此被申请人作出系争《告知书》，称该系争规划信息不属于其公开职责权限范围，属于适用法律错误，依法应予以纠正。但鉴于被申请人已在网上作了主动公开，予以撤销并责令重新答复已无必要。最终确认 G 局违法。

【案件评析】本案涉及对于"法律、法规对政府信息公开的权限另有规定的，从其规定"的理解。该转介条款意味着，如果其

[①] 沪府复字（2016）第 700 号。

他法律、法规明确为行政机关设定了公开义务的，无论是否是制作机关还是获取机关，行政机关均应遵守，不能简单地以不属于本机关负责公开而拒绝。2019年修订的《政府信息公开条例》第10条对公开权限进行了修订，该条第1款规定："行政机关制作的政府信息，由制作该政府信息的行政机关负责公开。行政机关从公民、法人和其他组织获取的政府信息，由保存该政府信息的行政机关负责公开；行政机关获取的其他行政机关的政府信息，由制作或者最初获取该政府信息的行政机关负责公开。法律、法规对政府信息公开的权限另有规定的，从其规定。"对该款的理解目前分歧最大。一般按照"谁制作，谁公开；谁保存，谁公开"的原则处理。目前最难达成一致的是对该款当中的"最初获取"的理解。

（2）最初获取的理解。

【案例】石某某诉浙江省N县农业农村局政府信息公开案[①]

【基本案情】 2019年7月21日，原告石某某向被告N县农业农村局邮寄一份政府信息公开申请表，请求公开："一、越溪行政村基本农田保护图；二、第三轮土地承包权证发放实际到户情况。"被告于次日收到该申请，于2019年7月26日作出宁农政信〔2019〕第4号《政府信息依申请公开办理情况告知书》，并于当日寄送原告。原告收到后认为被告未按其要求公开相关政府信息，遂提起行政诉讼。

法院审理后认为，本案的争议焦点为被告N县农业农村局是否为涉案政府信息即基本农田保护图的公开义务主体。行政机关"获取"的信息，既包括行政机关履行职责过程中从公民、法

[①] （2019）浙0226行初59号。

人或者其他组织获取的信息,也包括通过交换、上报、下发、转发、抄送等公文流转途径从其他行政机关获取的政府信息。《基本农田保护条例》第6条第2款、第3款及《浙江省基本农田保护条例》第5条第2款、第3款均规定:"县级以上人民政府土地行政主管部门和农业行政主管部门按照本级人民政府规定的职责分工,负责本行政区域内基本农田保护的管理工作。""乡(镇)人民政府负责本行政区域内基本农田保护的管理工作。"《浙江省基本农田保护条例》第9条第1款、第2款规定:"基本农田保护区以乡(镇)为单位划区定界,由县级人民政府土地行政主管部门会同农业行政主管部门组织实施。""划定的基本农田保护区,由县级人民政府设立保护标志,予以公告,并由县级人民政府土地行政主管部门绘制图纸,登记造册,建立档案,抄送同级农业行政主管部门。……"据此,县级人民政府土地行政主管部门与农业行政主管部门共同承担组织实施基本农田保护区划定的职责,土地行政主管部门是制作和保存基本农田保护图纸的机关,同时须将其制作的图纸抄送共同组织实施机关——同级农业行政主管部门,农业行政主管部门通过抄送方式取得该政府信息,应为最初获取该信息的行政机关。依据《政府信息公开条例》第10条第1款的规定,行政机关获取的其他行政机关的政府信息,由制作或者最初获取该政府信息的行政机关负责公开。被告作为最初获取涉案政府信息的行政机关,应当也是涉案政府信息的公开义务主体,被告告知原告该信息不属于其负责公开,无法律依据。被告抗辩,土地行政主管部门未将基本农田保护图抄送被告,实质上是混淆了"不是政府信息公开义务主体"与"政府信息不存在"的概念。被告N县农业农村局作为县域内基本农田保护管理工作的行政主管部门,如收到同级土地行政主管部门抄送的涉案基本农田保护图,应当负责公开;如经过检索没有所申请公开的政府信息，则应当告知申请人该政府信息不存在；如该信息已经公开的，则应当告知申请人获取该政府信息的方式、途径。经查，原告所申请的越溪行政村基本农田保护图的政府信息，土地行政主管部门现已主动公开的 N 县永久基本农田分布图予以包含，原告亦予以认可，判令被告重新公开涉案基本农田保护图已无必要，故应确认被告作出的针对该项政府信息公开申请所作的答复违法。

【案件评析】行政机关获取的信息，既包括行政机关履行行政管理职责过程中从公民、法人或者其他组织获取的信息，也包括通过交换、上报、下发、转发、抄送等公文流转途径从其他行政机关获取的政府信息。行政机关获取的其他行政机关的政府信息，由制作或者最初获取该政府信息的行政机关负责公开。作为最初获取政府信息的行政机关，应当也是政府信息的公开义务主体，不应答复不属于本机关负责公开。

6. 信息不存在

【案例】王某某诉北京市丰台区人民政府信息公开案[①]

【基本案情】2015 年 8 月 23 日，王某某向丰台区人民政府提出政府信息公开申请。丰台区人民政府于 10 月 28 日作出丰台区政府信息公开办〔2015〕第 99 号《政府信息公开答复告知书》，主要内容为：经查，北京丽泽金融商务区园区 b2、b3 地块开发整理及配套市政基础设施建设项目（二标段）为北京丽泽金融商务区 b2、b3 地块土地一级开发项目中的部分用地，北京丽泽金融商务区 b2、b3 地块土地一级开发项目中土地征收补偿、补助费用信息可见于《征地公告》京（丰）政地

---

① （2016）最高法行申 2855 号行政裁定。

征〔2011〕36号、京（丰）政地征〔2011〕37号及《国家建设征收土地结案表》京国土（丰）征结字〔2014〕8号，上述文件已经主动公开并告知了王某某查询路径。北京丽泽金融商务区园区b2、b3地块开发整理及配套市政基础设施建设项目（二标段）中土地征收补偿、补助费用信息未单独制作。根据《政府信息公开条例》第21条第3项的规定，王某某申请的北京丽泽金融商务区园区b2、b3地块开发整理及配套市政基础设施建设项目（二标段）中土地征收的补偿、补助费用的总预算数额、实际发放数额和每家每户的分户补偿明细的政府信息不存在。北京丽泽金融商务区园区b2、b3地块开发整理及配套市政基础设施建设项目（二标段）中房屋拆迁补偿、补助费使用和发放情况属公开范围，相关数据信息可见于《北京丽泽金融商务区园区b2、b3地块实施开发整理及配套市政基础设施项目（二标段）拆迁实施方案》及相应的《北京市城市房屋拆迁结案表》，根据《政府信息公开条例》第21条第1项的规定，将调取到的信息向王某某提供。王某某申请的北京丽泽金融商务区园区b2、b3地块开发整理及配套市政基础设施建设项目（二标段）中房屋拆迁每家每户的分户补偿明细丰台区政府未制作且未获取，项目主体单位北京丽泽开发建设有限公司对此也未进行备案，根据《政府信息公开条例》第21条第3项的规定，该政府信息不存在。

最高人民法院再审后认为，政府信息不存在是《政府信息公开条例》规定的不予公开的法定情形之一，因此可以说，政府信息存在是行政机关公开政府信息的前提。根据《政府信息公开条例》第2条的规定，政府信息存在是指行政机关在履行职责过程中已经制作或获取，并以一定形式记录、保存了信息。因此，这种"存在"是指一种"客观存在"，而不能是

"推定存在"。再审申请人主张,"项目存在,拆迁存在,相应补偿补助费用使用情况亦存在,相应信息必然存在",就属于一种"推定"。人民法院判断政府信息是否存在,不能基于"推定",而应当基于政府信息是否"客观存在"。审查判断的方法一般是要看行政机关是否确实尽到了积极的检索、查找义务。本案中,再审被申请人丰台区人民政府收到再审申请人王某某的政府信息公开申请后,对相关档案进行了检索、查找,并向有关单位发函要求协助查找,应当视为尽到了积极的检索、查找义务。在部分政府信息"未制作且未获取"的情况下,书面告知再审申请人部分政府信息不存在并说明理由,原审法院认定其已经履行告知义务并无不当。

【案件评析】(1)政府信息不存在是《政府信息公开条例》规定的无法提供的法定情形之一,因此可以说,政府信息存在是行政机关公开政府信息的前提。根据《政府信息公开条例》第2条的规定,政府信息是指行政机关在履行行政管理职责过程中已经制作或获取,并以一定形式记录、保存了信息。因此,这种"存在"是指一种"客观存在",而不能是应当制作而未制作的"推定存在"。(2)人民法院判断政府信息是否存在,不能基于"推定",而应当基于政府信息是否"客观存在"。审查判断的方法一般是要看行政机关是否确实尽到了积极的检索、查找义务。

7. 加工分析类申请

【案例】刘某诉湖南省人力资源和社会保障厅政府信息公开案[①]

【基本案情】刘某向湖南省人社厅申请公开:(1)原长沙铜

---

① (2019)湘01行终1097号。

铝材有限公司所有生产调度已退休的相关信息（含年龄信息、审核信息）。（2）原长沙铜铝材有限公司男性55周岁已退休的信息（含员工工种信息、社保审核的经办人、处室领导、局领导信息）。（3）社保认定高温岗位的详细依据。（4）企业申报高温岗位的程序。（5）社保审核高温岗位的程序。省人社厅于2019年8月2日作出《关于对刘某同志政府信息公开申请的答复》，分别对刘某的政府信息公开申请进行了答复，主要内容为：（1）原长沙铜铝材有限公司所有生产调度已退休的相关信息属于需加工整理的信息，依法不予公开。（2）原长沙铜铝材有限公司男性55周岁已退休的信息属于需加工整理的信息和内部工作流程，依法不予公开。并对刘某申请公开的社保认定高温岗位的详细依据和企业申报高温岗位和社保审核高温岗位的程序进行了答复。

二审法院认为，《政府信息公开条例》第38条规定："行政机关向申请人提供的信息，应当是已制作或者获取的政府信息。除依照本条例第三十七条的规定能够作区分处理的外，需要行政机关对现有政府信息进行加工、分析的，行政机关可以不予提供。"本案中，上诉人申请公开的"原长沙铜铝材有限公司所有生产调度已退休的相关信息（含年龄信息、审核信息）"及"原长沙铜铝材有限公司男性55周岁已退休的信息（含员工工种信息、社保审核的经办人、处室领导、局领导信息）"，均非被上诉人已制作或者获取的政府信息，需要被上诉人对现有的相关信息进行加工、分析，被上诉人决定不予公开，符合上述规定。被上诉人收到上诉人的政府信息公开申请后，经审查，在法定期限内对上诉人作出了被诉答复，程序合法。上诉人的上诉请求没有事实根据及法律依据，本院不予支持。一审判决认定事实清楚，适用法律正确，程序合法。

【案件评析】加工分析类政府信息公开申请是指，申请人向行政机关提交的政府信息公开申请，实质要求行政机关对相关信息进行加工、分析，如对现有政府信息进行统计、汇总、制作或者获取新的政府信息，对执法依据、法律政策、性质认定、工作情况等事项进行咨询，对于具体行政行为予以解释或者说明等，该类申请合称为加工分析类政府信息公开申请。理解这类申请，需要注意《政府信息公开条例》第 38 条规定的是行政机关"可以不予提供"，而不是"不得提供"。是否进行加工分析，行政机关对此有自主决定的权力。实践中，行政机关是否进行加工分析，可以根据实际工作量大小来定。如果工作量过大，行政机关应当不予提供；如果工作量不大，只需行政机关做简单的加工分析，应该以同意公开处理，以便更为充分地保障申请人的知情权。

8. 第三方意见征求

（1）第三方意见征求非必经程序。

【案例】钱某诉 S 市自然资源和规划局政府信息公开案[①]

【基本案情】钱某向 S 市自然资源和规划局申请公开"某大厦装修改建的建设工程规划许可证及申请人提交的申请材料（含批准的方案总平面图）"。经查询，S 市自然资源和规划局认为申请人提交的身份证明、产权证等材料涉及第三方的个人隐私，遂作出答复，对该部分信息不予提供，其余政府信息予以公开。钱某认为公开不全面，提起行政诉讼。在诉讼中，经向第三方书面征求意见，第三方亦不同意公开。

---

① 苏州法院 2021 年行政审判典型案例九。

法院认为，根据《政府信息公开条例》的相关规定，涉及商业秘密、个人隐私等公开会对第三方的合法权益造成损害的政府信息，行政机关不得公开，但第三方同意公开或者行政机关认为不公开会对公共利益造成重大影响的除外，依申请的政府信息公开会损害第三方合法权益的，行政机关应当书面征求第三方的意见。条例设定征求第三方意见程序的目的，是为了更好地让第三方参与政府信息公开程序，而非必经程序，第三方意见也不具有决定性，是否公开的最终决定权在行政机关，相应的法律责任亦应由其承担。S市自然资源和规划局未向钱某公开的材料明显属于个人隐私范畴，在未征求第三方意见的情况下，亦能判断是否会对第三方的合法权益造成损害，故S市自然资源和规划局决定不公开该部分政府信息，程序并无不当。据此，法院判决驳回钱某的诉讼请求。

【案件评析】政府信息公开制度的目的是保障公民的知情权，确保公民可以获取政府信息，行政机关应当依照规定准确把握公开信息范畴，公民也应当正确行使权利，不得滥用申请权。根据《政府信息公开条例》的相关规定，涉及个人隐私的政府信息，行政机关一般不得公开，这考虑的是隐私权和知情权的平衡问题。个人隐私是指自然人的私人生活安宁和不愿为他人知晓的私密空间、私密活动和私密信息（《民法典》第1032条）。这里的私密信息一般是指，公民个人生活中不向公众公开的、不愿公众知悉的、多与公共利益无关的个人信息，包括个人的生理信息、身体、健康、家庭、财产、经历等方面的敏感个人信息。对于明显属于个人隐私的，且不公开不影响公共利益的，行政机关可不征求第三方意见，直接决定不予公开。公民在申请政府信息公开时，对于行政机关已经明确属于第三方个人隐私而不予公开的，应予以理解。

（2）公告征询可以允许。

【案例】周某诉北京市顺义区张镇
人民政府信息公开案[①]

【基本案情】2019年4月9日，张镇人民政府收到周某要求获取"2017年张镇养殖场（户）退出清单及张镇养殖场（户）退出奖励资金申请"的政府信息公开申请。2019年5月22日，张镇人民政府作出《答复告知书》，告知周某：向您提供《北京市顺义区张镇人民政府关于我镇畜禽规模养殖场（小区）关闭退出所需资金的函》及《张镇畜禽规模养殖场（小区）退出台账》复印件共4页。根据《政府信息公开条例》的规定，申请公开的政府信息中含有不应当公开的内容，但是能够区分处理的，行政机关应当向申请人提供可以公开的信息内容。故本机关对涉及个人隐私的内容予以保密，进行遮盖处理后向您进行公开。因周某申请公开的信息涉及养殖场（户）相关隐私信息，2019年4月29日，张镇人民政府通过公告方式征求意见，要求同意公开信息的养殖场（户）在5日内到所在村庄的村民委员会进行书面登记，逾期不进行书面登记的，视为不同意公开。2019年5月15日，顺义区张镇王庄村村民委员会、侯庄村村民委员会、赵各庄村村民委员会、后苏桥村村民委员会、张各庄村村民委员会分别出具说明，称张镇人民政府征求意见公告期和登记时间已经届满，至今无人至村民委员会登记同意公开相关信息。

法院审理后认为，《政府信息公开条例》修订前后对于公开涉及个人隐私信息的处理原则基本上一致。本案中，周某要求公

---

① （2020）京03行终104号。

开"2017年张镇养殖场（户）退出清单及张镇养殖场（户）退出奖励资金申请"，张镇人民政府经审查，认为周某申请的部分信息涉及第三方身份信息等个人隐私，经依法征询第三方意见，在第三方不同意公开的情况下，对周某申请公开的政府信息进行了区分处理，将可以公开的部分依法进行公开，将不应当公开的部分在被诉答复告知书中告知不予公开的理由，且张镇人民政府向周某公开的信息从内容上看涵盖了周某申请公开的内容，所公开的两份材料亦无矛盾之处。故张镇人民政府已经履行了法定告知及说明理由义务。关于周某认为张镇人民政府所公开信息涉及的行政行为没有规范性文件依据的诉讼意见，政府信息本身所涉及的行政行为的合法性并非政府信息公开案件的审查范围。关于周某认为张镇人民政府采用公告方式征求第三方意见程序违法的诉讼意见，现行并无关于征求第三方意见方式的明确规定，本案中，鉴于周某要求公开的信息涉及全镇多个养殖户，张镇人民政府采用公告的方式征求意见并无不当。

【案件评析】《政府信息公开条例》并无关于征求第三方意见方式的明确规定。当申请人要求公开的信息涉及较多利益相关人时，行政机关采用公告的方式征求意见并无不当。

9. 已主动公开

（1）已主动公开查询信息的准确性。

【案例】孙某诉中国保险监督管理委员会及湖北监管局政府信息公开案[①]

【基本案情】孙某因购买保险事宜向中国保险监督管理委员会湖北监管局（以下简称湖北保监局）进行投诉，湖北保监局对

---

① 北京市高级人民法院2017年12月19日发布的"北京法院十大金融典型行政案件"之四。

其投诉予以受理，编号为鄂保监消［2015］第87号。后，孙某向湖北保监局申请公开鄂保监消［2015］第87号保险消费投诉的工作人员执法证编号。湖北保监局答复孙某某："执法证编号为公开信息，可以在保监会网站上查询，具体地址为：'http://www.circ.gov.cn/'。"孙某不服，向中国保险监督管理委员会（以下简称中国保监会）提起行政复议。中国保监会复议维持了湖北保监局的答复。孙某提起行政诉讼。

北京市西城区人民法院审理认为，根据《政府信息公开条例》第21条的规定，行政机关认为申请信息属于公开范围的，应当告知申请人获取该政府信息的方式和途径。行政机关告知的查询方式和途径应具有针对性和准确性。本案中，湖北保监局认为孙某申请公开的信息属于主动公开的内容，作出被诉告知书，告知孙某可通过保监会网站（http://www.circ.gov.cn/）查询。经核实，湖北保监局提供的网址查询结果为保监会网站主页，无法直接获取孙某申请公开的相关内容。湖北保监局告知明确的查询路径缺乏针对性和准确性，应予纠正。同时，被诉告知书亦未写明援引法律依据的具体条款，属于法律适用错误，亦予纠正。中国保监会在接到孙某的行政复议申请后，对被诉告知书中的公开内容以及所适用的法律依据未予审查，作出的复议结论是错误的，依法应当一并予以撤销。宣判后，各方当事人均未上诉，目前一审判决已生效。

【案件评析】《政府信息公开条例》规定，行政机关应当及时、准确地公开政府信息。因此，对于行政机关以公开官方网址的方式作为答复内容的政府信息答复，其网址查询路径应当详细、精准，达到申请人凭该网址直接查询到其要求获取的政府信息或者网络页面，而非在答复中仅告知监管机构的官方网页地址。

(2) 已主动公开的其他问题。

【案例】张某某与洛阳市涧西区人民政府信息公开案①

【基本案情】张某某在 2015 年 10 月 23 日向涧西区人民政府邮寄了两份信息公开申请书，申请公开豫政土〔2014〕997 号文涉及涧西村小所村的征地补偿方案批准后征用土地各项费用的支付明细和豫政土〔2014〕997 号文涉及涧西区小所村征地补偿社会保障资金落实明细。2015 年 11 月 8 日，涧西区人民政府信息公开办公室对张某某的信息公开申请作出了书面答复，称："关于征用土地费用问题，涉及补偿的费用相关清单已经在小所村公开栏公开公示。关于土地补偿社会保障资金，我区已按规定将相关费用上缴涧西区社保中心。"涧西区人民政府于 2015 年 11 月 9 日用邮政特快专递的形式将信息公开书面答复邮寄给了张某某。本案的争议焦点集中在：属于主动公开范围且行政机关认为已经主动公开的政府信息，行政机关是否有义务依申请再行公开。本案的再审也主要围绕这一争议焦点展开。

最高人民法院再审后认为，《政府信息公开条例》规定："对申请公开的政府信息，行政机关根据下列情况分别作出答复：（一）属于公开范围的，应当告知申请人获取该政府信息的方式和途径。"该规定包括两种情形：一种是申请公开的政府信息已经主动公开的，行政机关应当告知申请人该政府信息主动公开的方式和获取途径，以便于申请人查找；另一种是申请公开的政府信息虽然属于公开范围，但尚未主动公开的，或者申请人对已经公开的信息有更具体的公开要求的，行政机关应当告知申请人办

---

① （2017）最高法行再 93 号。

理获取政府信息手续的时间、地点、形式等程序性事项。据此,无论是属于主动公开范围且已经主动公开,还是属于依申请公开范围且尚未公开,行政机关的答复都是以保证申请人能够获取为目的。有所不同的是,对于属于主动公开范围且已经主动公开的,行政机关没有向特定申请人提供该政府信息的义务,只需告知其获取信息的方式和途径。这是因为,一旦允许这种索取量很大的重复申请,不仅会造成不必要的重复劳动,破坏了行政机关履行义务的能力,也会增加巨额的公共支出,同时,主动公开政府信息的制度价值也会大打折扣。但是,不向特定申请人提供行政机关已经主动公开的政府信息,仅限于政府信息"确实可见"的情形。《最高人民法院关于审理政府信息公开行政案件若干问题的规定》第2条第2项规定的"政府公报、报纸、杂志、书籍等公开出版物",就具备"确实可见"的特性。如果行政机关拒绝提供此类信息,申请人不服提起诉讼的,人民法院不予受理。此外,《政府信息公开条例》还规定了政府网站、公共查阅室、资料索取点、信息公告栏、电子信息屏以及国家档案馆和公共图书馆等可以发布和查阅政府信息的场所和设施,对于能够通过这些途径获取政府信息的,行政机关应当告知申请人具体的获取方式和途径,但是否认定为行政机关已经履行了法定职责,不应仅以是否告知为标准,还应当看申请人通过行政机关告知的方式和途径是否确实能够获取信息。对于信息公告栏、电子信息屏等具有"转瞬即逝"特性的公开载体而言,简单的一个告知未必会满足申请人真正能够获取他所需要的信息的需求。如果申请人对于这类已经主动公开但事后无法查阅的政府信息确有需要,行政机关可以在收取必要的成本费用之后再行提供。本案就是如此。再审申请人申请获取的涉及涧西区小所村的征地补偿方案批准后征用土地各项费用的支付明细的政府信息,虽然再审被申请人举证证明已经在小所村公开栏公开公示，但这种公示显然具有"转瞬即逝"的特点，如果申请人确实需要，再审被申请人无妨再向其提供一份。至于再审申请人申请公开的涧西区小所村征地补偿社会保障资金落实明细，既然再审被申请人告知其"已按规定将相关费用上缴涧西区社保中心"，在另有申请渠道的情况下，不妨碍再审申请人实现获取信息的目的，但按照《政府信息公开条例》规定的"谁制作，谁公开"的原则，由再审被申请人径行公开，亦不是法外义务。

【案件评析】（1）对于属于主动公开范围且已经主动公开的，行政机关没有向特定申请人提供该政府信息的义务，只需告知其获取信息的方式和途径。（2）对于信息公告栏、电子信息屏等具有"转瞬即逝"特性的公开载体而言，简单的一个告知未必会满足申请人真正能够获取他所需要的信息的需求。如果申请人对于这类已经主动公开但事后无法查阅的政府信息确有需要，行政机关可以在收取必要的成本费用之后再行提供。

10. 部分公开

【案例】罗某诉 S 部政府信息公开案[①]

【基本案情】 2017 年 3 月 7 日，申请人罗某向 S 部申请公开七天酒店公司在 S 部处备案的特许经营合同样本和特许经营操作手册。S 部接到罗某该政府信息申请后，进行了审查，认为罗某申请公开的政府信息涉及七天酒店公司的商业秘密，公开后可能损害七天酒店公司的合法权益。S 部遂在履行书面向七天酒店公司发出 S 部政府信息公开申请第三方意见征询函，七天酒店公司回复因涉及商业秘密，不同意公开罗某申请公开的相关信息的情

---

① （2017）京行终字 5065 号。

况下,作出被诉政府信息答复函。主要内容为:罗某申请公开的信息涉及七天酒店公司的商业秘密,公开后可能损害七天酒店公司的合法权益。经书面征求七天酒店公司的意见,其不同意公开。S 部经审查认为,不公开相关信息不会对公共利益造成重大影响,根据《政府信息公开条例》的规定,对罗某申请的信息不予公开。

北京市第二中级人民法院经审理认为:S 部具有作出政府信息答复函的职权,且行政程序合法。但 S 部在处理罗某所提交的政府信息公开申请时,未考虑罗某作为商业被特许人的地位,亦未考虑到罗某可能已经掌握了相关商业秘密信息的事实,没有区分申请人的特殊身份进行个案综合衡量,以罗某申请的政府信息属于商业秘密为由拒绝向罗某公开,亦未作区分处理,属于认定事实不清,主要证据不足,适用法律错误,应予撤销。

【案件评析】《政府信息公开条例》规定了区分处理要求。对应的答复是部分公开。这意味着,即便行政机关认定不予公开不会对公共利益造成重大影响,也要审查相关信息是否可以区分处理。鉴于《商业特许经营管理条例》对单方解除权条款的特别规定,单方解除权条款在特许经营合同样本信息公开中具有可区分性,属于被特许人的法定权利,与特许人的技术信息或经营信息无关,不属于商业秘密,应作区分处理予以公开。

11. 国家秘密

【案例】顾某某诉某委员会政府信息公开案[1]

【基本案情】2015 年 6 月 30 日,某委员会收到顾某某提交的 7 份信息公开申请,申请公开的信息内容分别为 2005 年某委

---

[1] (2018)京行终 1235 号。

员会对科龙公司启动立案调查程序的主席办公会议立案调查理由、立案调查结论、会议举行时间、参会人员名单、会议内容、会议表决内容、会议纪要。某委员会于2015年7月31日作出《监管信息告知书》，主要内容为："根据《政府信息公开条例》（均为修订前的《政府信息公开条例》）第2条、第14条、第21条和《国务院办公厅关于做好政府信息依申请公开工作的意见》（国办发〔2010〕5号）第2条等有关规定，您申请公开的我会主席办公会议相关信息属于国家秘密，不属于《政府信息公开条例》所指应公开的政府信息。"

二审法院认为，本案中，顾某某申请某委员会公开涉案7项信息，某委员会以上述信息属于国家秘密为由不予公开，但并未提供相关证据予以佐证，故某委员会不予公开的理由在本案中无法成立，某委员会应继续履行政府信息公开法定职责。鉴于本案存在调查或裁量空间，故某委员会应对顾某某提出的涉案7项信息的公开申请重新作出处理。综上，某委员会接到申请后所履行的政府信息公开法定职责不当，顾某某请求撤销被诉告知书的相关理由成立。一审法院判决撤销被诉告知书，并责令某委员会在法定期限内对顾某某的政府信息公开申请予以重新答复正确，本院应予维持。某委员会的上诉请求和理由不能成立，本院不予支持。

【案件评析】 当事人申请行政机关公开政府信息，行政机关以属于国家秘密为由不予公开，需要提供相关证据予以佐证。修订后的《政府信息公开条例》在该不予公开理由前面加了"依法确定"。这意味着行政机关需经法定定密程序确认为国家秘密，乃至事后补定密才可以以该理由答复。如果一项政府信息只是符合定密条件，却无相关证据予以佐证，行政机关的国家秘密主张也无法成立。因此，行政机关需要树立证据规则意识，保存好相应证据。

12. "三安全一稳定"

【案例】周某某与上海市某局政府信息公开案[①]

【基本案情】2009 年 8 月 14 日,上海市某局收到周某某要求获取市某局"于 2008 年 9 月开始启动的高级职称社会评定中对申请人职称评定申请进行评审的高评委组成人员、评审经过和评审结果"的政府信息公开申请。2009 年 9 月 24 日,上海市某局作出(2009)第 104 号政府信息公开申请答复,告知周某某,其要求获取的对其"职称评定申请进行评审的高评会组成人员"信息,公开可能危及国家安全、公共安全、经济安全和社会稳定,该政府信息不属于公开的范围;其要求获取的对其"职称评定申请进行评审的评审经过和评审结果"信息不属于上海市某局公开职权范围,建议周某某向相关评委会办公室咨询。

二审法院审理后认为,关于公开"对申请人职称评定申请进行评审的高评会组成人员"的信息是否可能危及社会稳定的问题,本院认为,被上诉人申请公开的是对其 2008 年职称评定申请进行评审的卫生系列高评委组成人员,因被上诉人申请公开时 2008 年度的卫生系列高级职称评定工作已经结束,故向被上诉人公开 2008 年度相关高评委专家名单对 2008 年评审工作已无影响;《上海市高级专业技术职务任职资格评审和审定实施细则》(以下简称《实施细则》)明确规定,高评委成员对于投票情况、评审意见不得向任何人泄露,故参评人员知晓评委名单不等同于知晓评委的投票情况和评审意见。上诉人关于公开评委名单可能引发打击报复的上诉理由缺乏依据,本院不予采信。虽然《实施细则》有在抽取高评委成员时上一年度的成员应保留二分之一的

[①] (2010)沪二中行终字第 189 号。

规定，但由于每年高评委均由几十名专家组成，在确定下一年度高评委名单时，外界对于上一年度具体有哪些专家保留至下一年度并不知晓，故即使公开了上一年度的高评委名单，下两个年度高评委委员名单仍是不确定的；且《实施细则》还规定，在具体评审过程中，对审定的申报对象须获应到执行委员 2/3 以上赞成票方可通过审定，参评人员想通过向个别评委打招呼的方式通过评审的可能性不大，故上诉人关于在当期评审工作结束后公开评审专家名单将导致高评委专家库名单的泄露，不利于后两期评审工作开展的上诉理由依据不足。况且，即使在下两个年度评审过程中发生有被评审人通过非正当手段达到其目的的情况，亦不足以提升到影响"社会稳定"的层面。故上诉人以公开可能危及社会稳定为由，拒绝向被上诉人公开"对申请人职称评定申请进行评审的高评会组成人员"的政府信息，依据不足。

【案件评析】"三安全一稳定"例外是国家安全、公共安全、经济安全、社会稳定例外的简称。与国家秘密不同的是，"三安全一稳定"例外是一种损害式例外，启用前需要判断是否"可能"造成损害以及是否"危及"国家安全、公共安全、经济安全或社会稳定。本案的启示在于：不同于国家秘密这种类别式例外，判断是否构成"三安全一稳定"例外需要结合这一损害可能性和损害后果进行充分衡量。

13. 商业秘密

【案例】阳某与国家某总局政府信息公开案[①]

【基本案情】2015 年 7 月 31 日，被告收到原告提交的信息公开申请表。原告在该表所需信息内容描述一栏记载的内容为：

---

① （2017）京 01 行初 777 号。

(1)被告批准的"美爱斯挺美美乳霜"(国妆特字G20080222)产品的全部配方成分(不含百分比)、保质期、产品名称命名依据、产品质量安全控制要求(包括但不限于感官指标)、产品设计包装(含产品标签、产品说明书)、功效成分及其使用依据、生产工艺简述……同年8月6日,被告通过电话询问第三人对于原告要求公开信息的意见,并要求第三人向其提交书面说明。同年8月14日,第三人向被告提交了说明,主张该公司特殊用途化妆品"美爱斯挺美美乳霜"的有关信息已在被告网站上公布。该公司不同意向他人公开此产品的全部配方成分等相关资料信息。同年9月14日,被告作出被诉告知书,告知原告:根据《政府信息公开条例》第14条及第23条的规定,行政机关不得公开涉及商业秘密的政府信息,原告申请公开的第一项信息涉及第三人商业秘密,因此不属于依申请公开的范围。

法院审理后认为,有关产品配方资料等信息对于生产企业而言属于其技术经营信息,可能在化妆品市场竞争中使企业处于较为有利的地位,获得竞争优势。但某项信息构成商业秘密的前提是不为公众所知悉。而在案证据可以证明,在被告网站上已经公开的"美爱斯挺美美乳霜"产品信息中包括11项原料名称及其使用目的、生产工艺的六个步骤、感官指标(颜色、性状、气味)等内容。相关公众均可以查询到有关信息。在此情况下,被告对原告申请的"美爱斯挺美美乳霜"产品的全部配方成分(不含百分比)、产品名称命名依据、产品质量安全控制要求(包括但不限于感官指标)、功效成分及其使用依据、生产工艺简述,全部以涉及第三人商业秘密,第三人不同意公开为由不予公开,属于认定事实不清。化妆品的产品设计包装(包括产品标签、产品说明书)会在该产品流通环节使用。根据有关产品包装、标签以及说明书的规定,其中标注的主要是产品名称、生产企业卫生许可证编号、保质期、企业名称及地址、相关使用条件、注意事项或警示用语等内容。化妆品的保质期是生产企业根据产品包装及自身稳定性，并结合产品销售区域特定的气候影响等因素予以确定。在化妆品产品进入流通领域后，相关公众可以从公开渠道知晓上述内容。被告以上述信息涉及第三人商业秘密为由不予公开，亦属认定事实不清。《政府信息公开条例》第23条规定，行政机关认为申请公开的政府信息涉及商业秘密、个人隐私，公开后可能损害第三方合法权益的，应当书面征求第三方的意见；第三方不同意公开的，不得公开。本案中，被告收到原告的信息公开申请后，认为其申请信息可能涉及第三人商业秘密，采用电话方式征询第三人意见，不符合上述法规规定。

【案件评析】依据《反不正当竞争法》第九条的规定，商业秘密是指不为公众所知悉、具有商业价值并经权利人采取相应保密措施的技术信息、经营信息等商业信息。基于该定义，判断所涉政府信息是否构成商业秘密，需要从主体性、秘密性、价值性三个要素予以判断。实践中，只要有一个要素不符合，如主体不是经营者；不具有秘密性的公司电话号码；应当或已经公开了的政府采购信息或产品配方；不属于技术、经营等商业信息（包括设计、程序、产品配方、制作工艺、制作方法、管理诀窍、客户名单、货源情报、产品策略、招投标中的标底及标书内容等信息）的，就不构成商业秘密。

14. 个人隐私

【案例】杨政权诉山东省肥城市房产管理局政府信息公开案①

【基本案情】2013年3月，杨政权向肥城市房产管理局等

---

① 最高人民法院2014年9月12日发布的"政府信息公开十大案例"之四。

单位申请廉租住房，因其家庭人均居住面积不符合条件，未能获得批准。后杨政权申请公开经适房、廉租房的分配信息并公开所有享受该住房住户的审查资料信息（包括户籍、家庭人均收入和家庭人均居住面积等）。肥城市房产管理局于 2013 年 4 月 15 日向杨政权出具了《关于申请公开经适房、廉租住房分配信息的书面答复》，答复了 2008 年以来经适房、廉租房、公租房建设、分配情况，并告知，其中的三批保障性住房人信息已经在肥城政务信息网、肥城市房管局网站进行了公示。杨政权提起诉讼，要求一并公开所有享受保障性住房人员的审查资料信息。

泰安高新技术产业开发区人民法院经审理认为，杨政权要求公开的政府信息包含享受保障性住房人的户籍、家庭人均收入、家庭人均住房面积等内容，此类信息涉及公民的个人隐私，不应予以公开，判决驳回杨政权的诉讼请求。杨政权不服，提起上诉。泰安市中级人民法院经审理认为，《廉租住房保障办法》《经济适用住房管理办法》均确立了保障性住房分配的公示制度，《肥城市民政局、房产管理局关于经济适用住房、廉租住房和公共租赁住房申报的联合公告》亦规定："社区（单位）对每位申请保障性住房人的家庭收入和实际生活状况进行调查核实并张榜公示，接受群众监督，时间不少于 5 日。"申请人据此申请保障性住房，应视为已经同意公开其前述个人信息。与此相关的政府信息的公开应适用《政府信息公开条例》第 14 条第 4 款的规定："经权利人同意公开的涉及个人隐私的政府信息可以予以公开。"另，申请人申报的户籍、家庭人均收入、家庭人均住房面积等情况均是其能否享受保障性住房的基本条件，其必然要向主管部门提供符合相应条件的个人信息，以接受审核。当涉及公众利益的知情权和监督权与保障性住房申请人一定范围内的个人隐私相冲突时，应首先考量保障性住房的公共属性，使获得这一公共资源的公民让渡部分个人信息，既符合比例原则，又利于社会的监督和住房保障制度的良性发展。被告的答复未达到全面、具体的法定要求，因此，判决撤销一审判决和被诉答复，责令被告自本判决发生法律效力之日起 15 个工作日内对杨政权的申请重新作出书面答复。

【案件评析】本案的焦点问题是享受保障性住房人的申请材料信息是否属于个人隐私而依法免于公开。该问题实质上涉及保障公众知情权与保护公民隐私权两者发生冲突时的处理规则。保障性住房制度是政府为解决低收入家庭的住房问题而运用公共资源实施的一项社会福利制度，直接涉及公共资源和公共利益。在房屋供需存有较大缺口的现状下，某个申请人获得保障性住房，会直接减少可供应房屋的数量，对在其后欲获得保障性住房的轮候申请人而言，意味着机会利益的减损。为发挥制度效用、依法保障公平，利害关系方的知情权与监督权应该受到充分尊重，其公开相关政府信息的请求应当得到支持。因此，在保障性住房的分配过程中，当享受保障性住房人的隐私权直接与竞争权人的知情权、监督权发生冲突时，应根据比例原则，以享受保障性住房人让渡部分个人信息的方式优先保护较大利益的知情权、监督权，相关政府信息的公开不应也不必以权利人的同意为前提。

15. 内部事务信息

（1）社会稳定风险评估报告不属于内部事务信息。

【案例】某塑料技术公司诉上海市某区人民政府信息公开案[①]

【基本案情】2019 年 5 月 7 日，某塑料技术公司向上海市

---

① 上海市高级人民法院 2020 年行政审判典型案例之九。

某区人民政府提出政府信息公开申请，申请内容包括要求获取该政府作出的浦府房征决字〔2019〕第××号、第××号《国有土地上房屋征收决定》的社会稳定风险评估报告等数项内容。某区政府于2019年5月24日作出被诉告知书，认为某塑料技术公司要求获取的两份社会稳定风险评估报告，属于行政机关的内部事务信息，依据《政府信息公开条例》第16条第1款、第36条第3款的规定，决定不予公开。某塑料技术公司不服，诉至法院。

上海市第三中级人民法院二审认为，《政府信息公开条例》第2条规定，本条例所称政府信息，是指行政机关在履行行政管理职能过程中制作或者获取的，以一定形式记录、保存的信息。第16条第1款又规定，行政机关的内部事务信息，包括人事管理、后勤管理、内部工作流程等方面的信息，可以不予公开。从上述政府信息的定义及内部事务信息的范畴分析，条例所指的内部事务信息是指行政机关在日常工作的过程中，行使内部事务管理职权时产生的信息。从内容上来说，其仅涉及行政机关的日常内部管理事项，与公共利益无关。从效力上来说，对外不直接发生约束力，不会对机关外部人员的权利义务产生直接影响。因内部事务信息与公共利益无关，不予公开是为了避免给行政机关增加不必要的负担。而本案所涉的社会稳定风险评估报告是行政机关基于公共利益的需要，对外履行行政管理职能，在作出房屋征收决定前，对相关事项进行评估而产生的信息。

无论从效力还是内容而言，其均符合政府信息的定义，不属于《政府信息公开条例》第16条第1款所指的行政机关的内部事务信息。因此，被上诉人某区人民政府作出的被诉告知书认定事实不清，适用法律错误。但社会稳定风险评估报告是对房屋征收过程中可能存在的风险进行的评估。根据《政府信息公开条例》第14条的规定,该政府信息不予公开。换言之,被上诉人的答复虽然存在事实上和法律上的错误,但不予公开的处理结果并无不当。有鉴于此,撤销被诉告知书并责令被上诉人履行重新答复的职责已无实际意义。为避免当事人诉累,二审法院遂判决撤销上海铁路运输法院作出的一审判决,确认某区人民政府作出的被诉告知书违法。

【案件评析】内部事务信息仅涉及行政机关的日常内部管理事项,与公共利益无关,效力上对外不直接发生约束力。行政机关基于公共利益需要,履行行政管理职能,在作出房屋征收决定前,对相关稳定事项进行风险评估而产生的信息,不属于《政府信息公开条例》第16条第1款所指的内部事务信息。本案判决明确了社会稳定风险评估报告不属于行政机关的内部事务信息,但也认为是属于不予公开的政府信息。本案判决明确了社会稳定风险评估报告的答复口径,对行政机关未来面对同类信息的申请答复具有指引作用。

(2)内部事务信息外部化。

【案例】刘志清与某委员会信息公开案[①]

【基本案情】刘志清于2016年8月22日到某委员会提交信息公开申请表5件,其中的第1项申请内容是:某委员会调查处理证券期货违法违规案件证据准则。被告某委员会针对上述申请于2016年9月30日作出被诉告知书,主要内容为:《中国证券监督管理委员会调查处理证券期货违法违规案件证据准则》是对某委员会稽查执法人员的调查取证提出具体要求,对行政相对人

---

① (2017)京01行初72号。

的权利义务没有实际影响,属于某委员会内部管理信息。《国务院办公厅关于做好政府信息依申请公开工作的意见》第 2 条规定,行政机关在日常工作中制作或者获取的内部管理信息不属于《政府信息公开条例》所指应公开的政府信息。依据该规定,《中国证券监督管理委员会调查处理证券期货违法违规案件证据准则》不予公开。

法院审理后认为,关于原告的第 1 项申请,该申请涉及的信息属于行政机关对外执法的内部标准文件,被告以其属于内部管理信息为由不予公开,确有不当。原告针对该项申请所提诉讼请求成立,本院予以支持。鉴于被告已经当庭主张该信息不应予以公开的理由是其属于内部管理信息,故本院认为被告针对该信息是否应予公开已无判断裁量空间,本院应判决被告向原告公开上述信息。

【案件评析】(1)行政机关对外执法的内部标准文件不属于内部事务信息。(2)行政机关是以其机关的名义对外执法,除非法律明确规定行政执法人员应当表明其身份,否则,行政执法人员的身份信息应属于行政机关的内部管理信息。本案例涉及内部信息外部化问题。对此,即使该信息属于内部事务信息或过程性信息,但考虑其会对行政相对人的权利义务产生直接影响,并且作为行政机关行政管理依据的,行政机关应当公开。

16. 过程性信息

【案例】李某诉安阳市人民政府信息公开案①

【基本案情】2016 年 4 月 11 日,李某向安阳市人民政府提出政府信息公开申请,申请公开事项为:安阳市食品药品监督管

---

① (2017)最高法行申 4750 号。

理局关于李某举报反映认定生产制售假药大案向市委、市政府督查室调查汇报材料四份,领导批示、会议纪要,处理意见、结论。2016年4月29日,安阳市人民政府对李某作出《政府信息公开告知书》,对李某申请公开事项逐项作出答复。

最高人民法院再审后认为,本案中,再审申请人李某申请公开的政府信息内容是,安阳市食药局关于李某举报反映认定生产制售假药大案向市委、市政府督查室调查汇报材料四份,领导批示、会议纪要,处理意见、结论。正如再审申请人所言,依法公开行政处罚案件信息,是建设现代政府,提高政府公信力和保障公众知情权、参与权、监督权的重要举措。为了促进严格规范公正文明执法,保障和监督行政机关有效履行职责,维护人民群众合法权益,国务院办公厅已经部署开展推行行政执法公示制度的试点工作。但是,按照国务院办公厅印发的《推行行政执法公示制度执法全过程记录制度重大执法决定法制审核制度试点工作方案》(国办发〔2017〕14号)的规定,应当向社会公开的行政执法信息,主要包括行政执法主体、人员、职责、权限、随机抽查事项清单、依据、程序、监督方式和救济渠道等一般性执法信息,对于个案来讲,只要求在事中出示能够证明执法资格的执法证件和有关执法文书,在事后公开行政执法决定。具体行政执法活动中有关执法调查方法、机密信息来源、内部研究意见等敏感信息,通常不应公开,否则,将有可能妨碍行政执法活动的正常进行。《政府信息公开条例》虽然没有明确将行政执法中的敏感信息规定为可以不予公开的情形,但这类信息一般都具有内部性或非终极性的特点,如果行政机关援引《国务院办公厅关于做好政府信息依申请公开工作的意见》(国办发〔2010〕5号)第2条的规定,即"行政机关在日常工作中制作或者获取的内部管理信息以及处于讨论、研究或者审查中的过程性信息,一般不属于

《政府信息公开条例》所指应公开的政府信息",不予公开,则人民法院经权衡认为不公开更有利于保证行政执法活动(包括今后的行政执法活动)正常进行的,应当予以支持。本案中,再审申请人已经获知案件的处理结论,其所申请公开的领导批示、会议纪要、处理意见等,属于行政机关内部或者行政机关之间对于案件处理的意见交换,再审被申请人不予提供并无不当,原审法院判决驳回其诉讼请求并无不妥,再审申请人的再审理由依法不能成立。

【案件评析】行政机关启用过程性信息公开例外,需要运用"类型判断+损害判断"两步法。不能仅依据信息形成时间这个唯一因素来认定是否构成过程性信息。实践中,行政机关还应当结合是否造成损害,在过程结束前公开会对决策造成损害的,应当不予公开,而在过程结束后,基于损害的减轻或消除,视具体情形决定是否公开,如损害并未减轻,则可继续以不予公开处理。

17. 行政执法案卷信息

【案例】广东某某律师事务所诉广州市财政局政府信息公开案[①]

【基本案情】广州市财政局在"双随机,一公开"活动中选取广东某某律师事务所等单位为抽查对象并开展检查,广东某某律师事务所认为该所被确定为抽查对象的程序违法,拒绝接受检查并向广州市财政局申请公开"'双随机,一公开'选取抽查该所的过程"信息。广州市财政局受理后,于2021年5月11日作出被诉《政府信息公开申请告知书》,告知该所"双

---

① 广州铁路运输中级法院2021年度行政诉讼典型案例之十。

随机、一公开"法定应当公开的执法信息范畴,并对已主动公开的抽查事项、抽查计划、抽查对象结果信息告知查询路径;对申请公开的涉及行政机关在履行行政管理职能过程中形成的讨论记录、过程稿、磋商信函、请示报告等过程性信息以及行政执法案卷信息,告知不予公开。广东某某律师事务所不服,诉至法院。

广州铁路运输法院一审判决:驳回广东某某律师事务所的诉讼请求。广东某某律师事务所不服,提出上诉。广州铁路运输中级法院二审认为,广东某某律师事务所向广州市财政局申请公开"'双随机,一公开'选取抽查该所的过程"信息,广州市财政局根据申请公开信息的不同性质分别予以审查并答复,对根据《广东省行政执法公示办法(试行)》等规定应当公开的执法信息,告知获取的方式和途径;对过程性信息以及行政执法案卷信息,告知不予公开,符合《政府信息公开条例》的相关规定。据此判决:驳回上诉,维持原判。

【案件评析】行政执法过程中的信息,并非均属于行政执法案卷信息而可以不予公开,行政机关应当根据信息属性作区分处理。对法律、法规和规章规定应当公开的行政执法信息,依法公开;未规定应当公开的,可以不予公开。该案例所申请公开的信息,既包括行政机关在执法过程中应当主动公开的行政执法信息,又包括行政执法的过程性信息和行政执法案卷信息,答复机关针对所涉信息的不同性质作区分处理,既保障了行政相对人的执法知情权,又明确告知不予公开的信息内容,较好地回应了行政相对人对行政执法类信息的公开需求。该信息公开答复行为符合《政府信息公开条例》的立法宗旨和具体规定。生效判决对于规范行政执法类信息公开行为具有一定的参考借鉴意义。

18. 档案查询

【案例】王某诉上海市嘉定区人民政府信息公开案[①]

【基本案情】嘉定区人民政府于 2015 年 7 月 14 日收到王某的政府信息公开申请，要求获取"《关于嘉定区 2004 年第 4 次批次建设项目农转用耕地补偿征用土地的请示》〔嘉府土（2004）第 29 号〕"的信息。嘉定区人民政府经查询，嘉府土（2004）第 29 号文已经移交上海市嘉定区档案馆，遂于同月 20 日作出《告知书》，告知王某其要求获取的信息已归档，建议向嘉定区档案馆查询。

最高人民法院再审后认为，申请获取已经移交给各级国家档案馆的政府信息，应依照有关档案管理的法律、行政法规和国家有关规定执行。根据《最高人民法院关于审理政府信息公开行政案件若干问题的规定》第 7 条的规定，政府信息转变成档案信息有两种情形：一是政府信息由行政机关的档案机构或者档案工作人员保管。行政机关仍保存政府信息，仅仅是保存主体的内部分工发生改变，应适用《政府信息公开条例》的规定。二是政府信息已经移交各级国家档案馆。行政机关已不再保存该信息，在客观上难以提供相关信息的，应依照有关档案管理的法律、行政法规和国家有关规定执行。本案中，王某向嘉定区人民政府申请公开的信息已经归入上海市嘉定区档案馆，嘉定区人民政府不再保存所申请的信息。嘉定区人民政府在法定期限内作出《告知书》，告知王某信息已归档并建议王某向上海市嘉定区档案馆咨询，并无不当。

【案件评析】对于行政机关的档案机构或者档案工作人员保

---

① （2017）最高法行申 821 号。

管的政府信息，行政机关不能以档案查询答复申请人。2020 年修订后的《档案法》进一步明确了与档案相关的政府信息公开申请处理。该法第 15 条第 2 款规定："经档案馆同意，提前将档案交档案馆保管的，在国家规定的移交期限届满前，该档案所涉及政府信息公开事项仍由原制作或者保存政府信息的单位办理。移交期限届满的，涉及政府信息公开事项的档案按照档案利用规定办理。"对于提前移交给档案馆保管的档案，行政机关不得以档案查询答复，仍按政府信息公开申请处理。

19. 行政查询

【案例】杨某某诉吉林省长春净月高新技术产业开发区管委会政府信息公开案①

【基本案情】 杨某某于 2019 年 11 月 26 日向净月高新技术产业开发区管委会提交政府信息公开申请书，申请公开位于净月大街和福祉大路交汇处，地号为 51-37 宗地土地的全部资料的复印件，并加盖公章。净月高新技术产业开发区管委会于 2019 年 11 月 28 日签收，后指派其内设机构综合档案馆对杨某申请公开的内容进行查阅。净月高新技术产业开发区管委会认为杨某申请公开的信息资料中包含案外人商业秘密，依法向案外人去函，征询是否同意公开此信息，案外人书面答复不同意公开此信息。综合档案馆于 2019 年 12 月 9 日代表净月高新技术产业开发区管委会向杨某作出《关于杨某申请政务公开的答复》，告知杨某因其申请事项涉及商业秘密，对其申请的政府信息不予公开。

最高人民法院再审后认为，《政府信息公开条例》第 36 条规

---

① （2020）最高法行申 15319 号。

定:"……(七)所申请公开信息属于工商、不动产登记资料等信息,有关法律、行政法规对信息的获取有特别规定的,告知申请人依照有关法律、行政法规的规定办理。"本案中,杨某某向净月高新技术产业开发区管委会申请公开的信息属于不动产登记信息,因不动产登记信息涉及特定的权利人或利害关系人,为平衡个人隐私与公众知情权,国家从法律、法规、规章等层面对不动产登记信息查询作出了专门规定。其中,《物权法》第18条规定:"权利人、利害关系人可以申请查询、复制登记资料,登记机构应当提供。"《不动产登记暂行条例》第27条第1款规定:"权利人、利害关系人可以依法查询、复制不动产登记资料,不动产登记机构应当提供。"第28条规定:"查询不动产登记资料的单位、个人应当向不动产登记机构说明查询目的,不得将查询获得的不动产登记资料用于其他目的;未经权利人同意,不得泄露查询获得的不动产登记资料。"国务院办公厅政府信息与政务公开办公室对国土资源部办公厅《关于不动产登记资料依申请公开问题的函》作出的国办公开办函〔2016〕206号复函中明确:"不动产登记资料查询,以及户籍信息查询、工商登记资料查询等,属于特定行政管理领域的业务查询事项,其法律依据、办理程序、法律后果等,与《政府信息公开条例》所调整的政府信息公开行为存在根本性差别。当事人依据《政府信息公开条例》申请这类业务查询的,告知其依据相应的法律法规规定办理。"根据上述规定,杨某某向净月高新技术产业开发区管委会申请公开的土地登记资料不属于《政府信息公开条例》的调整范围,其向净月高新技术产业开发区管委会申请公开涉案土地登记资料的行为缺乏法律依据。

【案件评析】不动产登记资料、户籍信息查询、工商登记资料查询不属于政府信息公开范围,行政机关应依据《政府信息公开条例》第 36 条第（7）项答复申请人通过行政查询获取。

20. 工作秘密非法定不予公开理由

【案例】李某某与中华人民共和国司法部政府信息公开案[①]

【基本案情】2019 年 9 月 7 日，李某某通过邮寄的方式向司法部提交《请司法部公开 2019 年法律职业资格考试真题及答案的申请》。司法部于 2019 年 11 月 4 日作出〔2019〕263 号《政府信息公开告知书》，主要内容为："李某某，你于 2019 年 9 月 7 日向我部提交的政府信息公开申请，我部于 9 月 9 日收悉。根据《政府信息公开条例》第十七条第 2 款规定，我部对你申请公开的信息进行审查，此信息属于《国家司法考试保密工作规定》（司发通〔2008〕142 号）第 4 条第 3 款规定的情形，即国家司法考试结束后尚未公布的试题试卷、应试人员的考试成绩及其他相关情况、数据，属于工作秘密，未经司法部批准不得公开。为适应国家统一法律职业资格考试工作需要，2019 年 5 月 24 日发布的《中华人民共和国司法部公告》（第 5 号）明确规定，2019 年国家统一法律职业资格考试不公布试题及参考答案，国家统一法律职业资格考试组织实施相关规定出台前可参照适用原国家司法考试的相关规定。因此，根据《政府信息公开条例》第 36 条第（3）项规定，对你申请的信息，不予公开。"

二审法院审理后认为，《国家司法考试保密工作规定》第 4 条第 3 款规定，国家司法考试结束后未公布的试题试卷、标准答案、应试人员的考试成绩及其他有关情况、数据，属于工作秘

[①] （2020）京行终 3396 号。

密，未经司法部批准不得公开。《国家司法考试保密工作规定》是司法部会同国家保密局依据《保守国家秘密法》及其实施办法和最高人民法院、最高人民检察院、司法部制定的《国家司法考试实施办法》有关规定制定，制定机关具有相应的制定权限，制定目的合法。工作秘密虽非《政府信息公开条例》明确规定的豁免公开事项，但由国家保密行政管理部门参与制定的国家司法考试保密制度，不仅具有专业性，而且具有必要性，根据《政府信息公开条例》第17条的规定，司法部亦有权依据《保守国家秘密法》以及其他法律、法规和国家有关规定对拟公开的政府信息进行审查，故上述条款规定对于国家司法考试结束后未公布的试题试卷、标准答案、应试人员的考试成绩及其他有关情况、数据，司法部有权批准能否公开，并未与上位法规定相抵触，亦未减损公民、法人或其他组织依法获取政府信息的合法权益，可以作为认定行政行为合法性的依据。本案中，李某某向司法部申请公开2019年法律职业资格考试真题及答案，司法部根据《国家司法考试保密工作规定》第4条第3款的规定，认定李某某申请公开的信息属于工作秘密，未经司法部批准不得公开。又根据《2019年国家统一法律职业资格考试公告》第6条第3项"2019年国家统一法律职业资格考试不公布试题及参考答案"的规定，作出被诉告知书，事实清楚，依据合法，且履行了告知和说明理由的义务，行政程序符合《政府信息公开条例》的规定。

【案件评析】工作秘密虽非《政府信息公开条例》明确规定的豁免公开事项，但由国家保密行政管理部门参与制定的国家司法考试保密制度，不仅具有专业性，而且具有必要性，未经相关部门批准，不得公开。

21. 历史信息未被排除在公开范围之外

【案例】钱某某诉浙江省慈溪市掌起镇人民政府信息公开案①

【基本案情】钱某某于 2013 年 1 月 17 日向慈溪市掌起镇人民政府邮寄政府信息公开申请书，申请公布柴家村 2000 年以来的村民宅基地使用的审核情况、村民宅基地分配的实际名单及宅基地面积和地段，柴家村的大桥拆迁户全部名单及分户面积，柴家村大桥征地拆迁户中货币化安置户的全部名单及分户面积，在柴家村建房的外村人员的全部名单及实际住户名单，并注明其建房宅基地的来龙去脉。2013 年 4 月 10 日，慈溪市掌起镇人民政府作出《信访事项答复意见书》，其中，关于信息公开的内容为："柴家村大桥拆迁涉及拆迁建筑共 367 处，其中，拆迁安置 317 户，货币安置 16 户。上述信息所涉及的相关事宜已通过相关程序办理，且已通过一定形式予以公布，被相关公众所知悉。"钱某某对此答复不服，提起诉讼，认为该答复是"笼统的，不能说明任何问题的信息，与原告所要求公开的信息根本不符，实质上等于拒绝公开"。

慈溪市人民法院经审理认为，被诉答复内容仅对少量的政府信息公开申请作出了答复，对其他政府信息公开申请既没有答复，亦没有告知原告获取该政府信息的方式和途径，而且被告在诉讼中未向本院提供其作出上述答复的相应证据，故应认定被告作出的答复主要证据不足。被告辩称，《政府信息公开条例》于 2008 年 5 月 1 日起才实施，在此之前的政府信息不能公开。法院认为，原告申请公开政府信息时，该条例早已实施。针对原告

---

① 最高人民法院 2014 年 9 月 12 日发布的"政府信息公开十大案例"之八。

的申请，被告应当依据该条例的相关规定作出答复。如原告申请公开的政府信息属于不予公开范围的，被告应当告知原告并说明理由。况且，被告认为该条例施行之前的政府信息不能公开，缺乏法律依据。故被告上述辩称意见的理由并不成立，不予采信。判决撤销被告慈溪市掌起镇人民政府作出的政府信息公开答复；责令其在判决生效之日起30日内对钱某某提出的政府信息公开申请重新作出处理。一审宣判后，当事人均未上诉，一审判决发生法律效力。

【案件评析】 本案的焦点集中在历史信息的公开问题。所谓历史信息，是指《政府信息公开条例》施行前已经形成的政府信息。虽然在立法过程中确有一些机关和官员希望能够将历史信息排除在适用范围之外，但《政府信息公开条例》对政府信息的定义并没有对信息的形成时间进行限定，亦未将历史信息排除在公开的范围之外。本案判决确认"被告认为该条例施行之前的政府信息不能公开，缺乏法律依据"，符合立法本意。至于"法不溯及既往"原则，指的是法律文件的规定仅适用于法律文件生效以后的事件和行为，对于法律文件生效以前的事件和行为不适用。就本案而言，所谓的事件和行为，也就是原告依照条例的规定申请公开政府信息，以及行政机关针对申请作出答复。本案判决指出，"原告申请公开政府信息时，该条例早已实施"，就是对"法不溯及既往"原则的正确理解。

22. 政府信息公开申请权的滥用

【案例】陆某某诉南通市发展和改革委员会政府信息公开案①

【基本案情】 2013年至2015年1月，原告陆某某及其父亲、

---

① 摘自《最高人民法院公报》2015年第11期（总第229期）。

伯母张某三人以生活需要为由,分别向南通市人民政府等提起至少94次政府信息公开申请,要求公开南通市人民政府财政预算报告等政府信息。在以上提出的政府信息公开申请中,原告陆某某、张某分别向南通市人民政府等单位申请公开"南通市人民政府2013年度政府信息公开工作年度报告、南通市港闸区人民政府2007年度《财政预算决算报告》"等内容相同的信息;陆某某父亲、伯母张某分别向南通市人民政府等单位申请公开"城北大道工程征地的供地方案"等内容相同的信息。原告陆某某及其父亲、伯母在收到行政机关作出的相关《政府信息公开申请答复》后,分别向江苏省人民政府等复议机关共提起至少39次行政复议。在经过行政复议程序之后,三人又分别以政府信息公开申请答复"没有发文机关标志、标题不完整、发文字号形式错误,违反《党政机关公文处理工作条例》的规定,属形式违法;未注明救济途径,属程序违法"等为由向南通市中级人民法院等法院提起政府信息公开之诉至少36次。原告陆某某因不服被告南通市发展和改革委员会政府信息公开答复,向南通市港闸区人民法院提起诉讼。

【案件评析】知情权是公民的一项法定权利。公民必须在现行法律框架内申请获取政府信息,并符合法律规定的条件、程序和方式,符合立法宗旨,能够实现立法目的。如果公民提起政府信息公开申请违背了《政府信息公开条例》的立法本意且不具有善意,就会构成知情权的滥用。当事人反复多次地提起琐碎的、轻率的、相同的或者类似的诉讼请求,或者明知无正当理由而反复提起诉讼,人民法院应对其起诉严格依法审查,对于缺乏诉的利益、目的不当、有悖诚信的起诉行为,因违背了诉权行使的必要性,丧失了权利行使的正当性,应认定构成滥用诉权行为。2019年修订后的《政府信息公开条例》第35条涉及政府信息公开申请权滥用方面的规定。该条规定:"申请人申请公开政府信息的数量、频次明显超过合理范围,行政机关可以要求申请人说明理由。行政机关认为申请理由不合理的,告知申请人不予处理;行政机关认为申请理由合理,但是无法在本条例第33条规定的期限内答复申请人的,可以确定延迟答复的合理期限并告知申请人。"

三、答复环节

1. 逾期不答复

【案例】杨某某诉陆良县国土资源局政府信息公开案[①]

【基本案情】杨某某系陆良县马街镇马街居委会13组村民,2010年陆良县远大房地产公司征收马街居委会13组的集体土地。陆良县国土资源局对上述征收行为进行了处罚。2015年5月,杨某某向县国土资源局口头申请公开该处罚决定。县国土资源局拒绝后,杨某某通过邮政特快专递方式向县国土资源局邮寄了《信息公开申请书》,请求依法公开对陆良远大房地产公司的行政处罚决定。县国土资源局逾期未作答复。杨某某遂提起本案诉讼。

一审法院认为,虽然县国土资源局认为杨某某不是行政处罚的当事人,但县国土资源局还是应当根据《政府信息公开条例》的规定,履行相应的答复义务,否则,应属于行政不作为。遂判决:由陆良县国土资源局在判决生效后15日内对杨某某的申请履行书面答复或公开义务。一审宣判后,双方当事人均未上诉。

---

① 2015年度云南法院政府信息公开典型案例一。

【案件评析】本案的典型意义在于：即使行政机关认为不公开相关政府信息具备正当事由，如申请公开的政府信息涉及第三人的合法权益而第三人不同意公开，申请公开的政府信息涉及国家秘密、商业秘密、个人隐私等，行政机关也应依法采取适当的方式对申请人进行答复，而不能采取消极不作为的方式，对申请人的申请不作任何处理，否则，在行政诉讼中将承担败诉的后果。

2. 逾期答复

【案例】王某某等109人诉梁山县人民政府信息公开案①

【基本案情】王某某等109人于2014年8月1日向梁山县人民政府提出书面申请，要求公开对梁山县拳铺镇徐集片区东至梁嘉路，西至金马路，南至东、西徐连村路范围内房屋进行征收的省级以上部门的批准文件及梁山县人民政府授权拳铺镇人民政府对徐集片区房屋进行征收的授权文件等相关政府信息。梁山县人民政府于2014年8月3日签收了该申请，并于同年9月14日将政府信息公开答复书邮寄至王某某等。该答复书对王某某等申请事项，即是否存在批准文件、授权文件及征收公告备案记录，给予了答复，说明了不存在上述文件的理由；并公开答复了《拳铺镇徐集片区房屋征收补偿安置协议书》的存档地点及取得方式。王某某等以梁山县人民政府未针对其申请给予明确答复，且答复超过法律规定时限，违反法律规定为由，提起行政诉讼。

济宁市中级人民法院经审理认为，梁山县人民政府于2014年8月3日收到王某某等109人邮寄的政府信息公开申请，但梁

---

① 2016年3月18日山东省高级人民法院发布的"山东省十件政府信息公开典型案例"之六。

山县人民政府于 2014 年 9 月 14 日才作出被诉政府信息公开答复书,超过了《政府信息公开条例》中关于答复期限的规定。梁山县人民政府超期答复的行为虽然影响了行政效率,但未对王某某等的合法权益产生重大影响,故该行为应属于轻微程序违法。遂判决确认梁山县人民政府于 2014 年 9 月 5 日所作政府信息公开答复书违法,驳回王某某等 109 人的其他诉讼请求。

【案件评析】(1)行政机关应当严格遵循答复期限。2019 年修订后的《政府信息公开条例》规定的法定答复期限是 20 个工作日,可延期一次。同时,行政机关征求第三方和其他机关意见所需时间不计算在内。要求补正时,答复期限自行政机关收到补正的申请之日起计算。(2)本案中政府超期答复的行为虽然影响了行政效率,但未对相对人的合法权益产生重大影响,属程序轻微违法,法院根据案情综合裁量,作出确认该行政行为程序违法,但不撤销行政行为的判决,既可以督促行政机关依法定程序行使行政权,又兼顾了行政效率。

3. 口头答复

【案例】慈溪村民诉镇政府不履行政府信息公开法定职责案[①]

【基本案情】韩某某系慈溪市观海卫镇五里村村民,2013 年 3 月 26 日向慈溪市观海卫镇人民政府邮寄《政府信息公开申请书》,要求公开:(1)五里村的土地利用总体规划,村镇建设规划基本农田区域,并提供复印件;(2)当前政府对农村村民建住房的审批程序及审批条件;(3)从 2007 年至今分配给五里村村民的建房指标面积,以及指标分配的落实程序、落实地点;

---

① 浙江省高级人民法院 2014 年度行政审判十大典型案例之二。

(4) 从 2007 年至今五里村已审批的建房户名单及每户获批面积、地点。该镇政府于 2013 年 3 月 28 日收到申请并予以受理登记。4 月 12 日，该镇工作人员对原告作了口头告知。2013 年 5 月初，该镇法定代表人就《政府信息公开申请书》所涉内容口头告知韩某某到镇下属信访科咨询反映。韩某某不服，提起行政诉讼。至其起诉时，被告对原告提出的政府信息公开申请未作出书面答复。

慈溪市人民法院经审理认为，在原告申请的情况下，针对原告申请作出答复是被告的法定职责，被告应当依法告知原告获取政府信息的方式和途径。对原告而言，被告工作人员的口头告知内容模糊、抽象，并不符合《政府信息公开条例》规定的行政机关应告知申请人获取政府信息的方式和途径。这样的口头告知行为，不能视为被告依据《政府信息公开条例》作出了答复，应当认定被告未履行政府信息公开的法定职责。因原告申请信息公开内容尚需被告调查、裁量，故对原告提出的政府信息公开申请，被告应在合理期限内作出处理。据此，判决责令被告在本判决生效之日起 30 日内对原告作出答复。宣判后，双方当事人均未上诉。

【案件评析】实践中，一些行政机关对政府信息公开申请处理不规范，或通过电话答复或告知时模糊不清，均不符合《政府信息公开条例》的要求，应当予以纠正。本案中，被告收到原告的政府信息公开申请后，直至原告起诉，一直未向原告作出书面答复，构成不履行政府信息公开法定职责。

4. 答复书中未援引法律依据

【案例】朱某某诉 J 乡政府信息公开案[①]

【基本案情】2019 年 8 月 6 日，朱某某向 J 乡政府提交《北

---

① （2020）京 03 行终 213 号。

京市政府信息公开申请表》，申请公开如下信息。朱某某是J乡×度假村内涉案地块的业主，请J乡政府公开涉案地块的腾退拆迁信息，包括但不限于：（1）该地块腾退拆迁依据的相关文件（含该地块腾退拆迁的原因、目的、法律依据及合规情况等）；（2）该地块涉及的用地审查意见，如该地块涉及征收请公开征收土地的相关文件；（3）该地块建设项目的用地规划、相关项目的立项批准文件；（4）该地块腾退拆迁方案及计划；（5）该地块腾退拆迁的补偿方案、补偿标准、补偿明细及细则；（6）该地块腾退拆迁，入户丈量、测量土地及地上建筑物的基础信息情况；（7）其他涉及该地块腾退拆迁的信息。朱某某曾于2019年6月20日向J乡政府提交《北京市政府信息公开申请表》，申请公开政府信息内容与2019年8月6日的申请内容基本一致。2019年7月12日和8月6日，J乡政府分别作出答复，告知朱某某申请获取的政府信息不存在。

法院审理后认为，本案中，朱某某分别于2019年6月20日和8月6日向J乡政府提出政府信息公开申请，虽申请事项基本一致，但J乡政府按照两次不同的政府信息公开申请予以处理，即应分别履行相应的处理程序，但J乡政府针对朱某某于2019年8月6日提出的政府信息公开申请，未进行调查核实，亦未履行检索查找程序，故J乡政府作出被诉告知书缺乏相应的事实根据。且被诉告知书仅告知信息不存在，未援引具体的法律依据，显属适用法律、法规错误。

【案件评析】适用法律、法规是否正确是判断行政行为合法性的一个重要方面，行政机关作出行政行为应当援引正确的法律依据。行政机关作出政府信息公开申请答复告知书仅告知信息不存在，未援引具体的法律依据，显属适用法律、法规错误。

5. 答复书中援引法律依据错误

【案例】董某某诉上海市Q区规划和自然资源局政府信息公开案①

【基本案情】 董某某等于 2019 年 9 月 26 日，向上海市 Q 区规划和自然资源局申请获取"上海市 Q 区 XX 镇 XX 村 XX 号房屋（祖房）对应的房屋征收补偿方案，房屋（及土地）征收批准文件，区块房屋征收规划红线图的政府信息"。2019 年 10 月 29 日，Q 区规划和自然资源局作出编号为 2019116 的《告知书》。董某某等 3 人不服，诉至上海市闵行区人民法院。闵行区人民法院以 Q 区规划和自然资源局作出的编号为 2019116 的《告知书》适用的法律条文为已经失效的旧版《政府信息公开条例》，适用法律错误等为由，于 2020 年 4 月 22 日作出撤销 Q 区规划和自然资源局的编号为 2019116 的《告知书》。Q 区规划和自然资源局于 2020 年 4 月 24 日作出编号为 2020020 的《告知书》，主要内容为：依据《政府信息公开条例》第 36 条第（4）项的规定，答复董某某等 3 人。董某某等 3 人仍不服，诉至原审法院。原审法院审理后判决驳回诉讼请求。判决后，董某某等 3 人不服，上诉至上海市第一中级人民法院。

法院审理后认为，《政府信息公开条例》第 36 条第（4）项规定，经检索没有所申请公开信息的，告知申请人该政府信息不存在。本案中，被上诉人 Q 区规划和自然资源局收到上诉人董某某等 3 人申请的材料后，经检索未找到上诉人申请公开的信息，作出编号为 2019116 的《告知书》。因该《告知书》适用的法律条文为已经失效的旧版《政府信息公开条例》而被闵行区人

---

① （2020）沪 01 行终 816 号。

民法院予以撤销。后被上诉人 Q 区规划和自然资源局根据查明的事实和《政府信息公开条例》第 36 条第（4）项的规定，作出被诉告知书，其认定事实清楚，适用法律正确，程序合法。

【案件评析】我国于 2007 年通过了《政府信息公开条例》。2019 年 5 月 15 日，《政府信息公开条例》经修订后实施。自此之后收到的政府信息公开申请，行政机关应该按照修订后的《政府信息公开条例》中的法律依据进行答复，以避免新旧不分导致被法院以适用法律依据错误为由撤销答复告知书的不利后果。

6. 答复书中答复理由不明确

【案例】武某某诉 Z 部政府信息公开案①

【基本案情】2019 年 7 月 30 日，武某某向 Z 部申请公开如下内容：申请人的合法房屋位于北京市大兴区 XX 镇 XX 村。现相关单位申请占用申请人的房屋进行大兴区黄村镇孙村地区农村集体经营性建设用地入市试点项目建设，请求贵处公开政府信息，依法向申请人公开《农村土地征收、集体经营性建设用地入市和宅基地制度改革试点实施细则》的政府信息，并向申请人提供上述资料的复印件。Z 部于 2019 年 8 月 2 日作出答复告知书。武某某不服，于 2019 年 10 月 11 日向法院提起行政诉讼。

法院审理后认为，申请人申请公开《农村土地征收、集体经营性建设用地入市和宅基地制度改革试点实施细则》，Z 部依据《政府信息公开条例》第 14 条的规定，决定不公开。需要指出的是，Z 部虽在被诉告知书中援引了《政府信息公开条例》第 14 条作为法律依据，但该条款包含多种不予公开的理由。Z 部于告

---

① （2019）京 01 行初 1276 号。

知书中未将具体理由予以明确，不利于申请人准确理解告知书的说理过程。乙部须高度重视上述问题，在以后的工作中避免类似情况的发生。

【案件评析】行政机关需要意识到《政府信息公开条例》第14条不只是规定了一个不予公开的理由。该条包含国家秘密、法律行政法规禁止公开、危及"三安全一稳定"这三个不予公开的理由。如果以该条规定作为不予公开的法律依据，行政机关在答复时还需具体指出哪个不予公开的理由，如此完整答复才有利于申请人准确理解政府信息公开告知书的说理过程。

7. 答复书中救济途径未告知的法律后果

【案例】许某某诉某部委政府信息公开案[①]

【基本案情】2015年5月18日，许某某向某部委申请公开："某公司定制型号UIMI3手机的进网许可标志提交《进网许可标志订制申请表》的时间与贵部完成审核工作时间、完成该进网许可标志打印工作时间，某公司领取该进网许可标志的时间及方式。"同年6月1日，该部委向许某某作出答复书，公开其申请获取的信息。许某某不服诉至法院。该部委答辩称，其于2015年6月1日即已作出答复，许某某迟至2016年5月才提起本案诉讼，已经超过法定起诉期限，请求法院裁定驳回许某某的起诉。

法院认为，《最高人民法院关于执行〈中华人民共和国行政诉讼法〉若干问题的解释》（法释〔2000〕第8号）第41条第1款规定，行政机关作出具体行政行为时，未告知公民、法人或者其他组织诉权或者起诉期限的，起诉期限从公民、法人或者其他

---

① （2016）京01行初899号。

组织知道或者应当知道诉权或者起诉期限之日起计算，但从知道或者应当知道具体行政行为内容之日起最长不得超过 2 年。本案中，该部委于 2015 年 6 月 1 日作出答复，但该答复并未告知许某某起诉期限。依据上述规定，许某某于 2016 年 8 月 16 日提起本案诉讼，未超出法定起诉期限。故对于该部委提出的许某某起诉超期之主张，本院不予支持。

【案件评析】 行政机关在政府信息公开答复时应采用统一格式，在文书模板中将告知起诉期限的内容事先固定。虽然在政府信息公开答复书中未告知起诉期限亦不足以导致确认违法，但为避免因遗漏告知导致起诉期限延长，或被法院认定为程序瑕疵甚至收到司法建议，还是建议行政机关在答复书中告知起诉期限。涉及未告知申请人起诉期限的最新规定是《最高人民法院关于适用〈中华人民共和国行政诉讼法〉的解释》（法释〔2018〕1号）。该解释将原先行政机关未告知起诉期限时的起诉期限由 2 年缩减为 1 年。该解释第 64 条规定："行政机关作出行政行为时，未告知公民、法人或者其他组织起诉期限的，起诉期限从公民、法人或者其他组织知道或者应当知道起诉期限之日起计算，但从知道或者应当知道行政行为内容之日起最长不得超过一年。复议决定未告知公民、法人或者其他组织起诉期限的，适用前款规定。"最新修订成功的《行政复议法》第 20 条也有类似规定。

8. 政府信息公开工作机构作为答复主体

【案例】董某诉 R 县人民政府信息公开案①

【基本案情】 董某系 R 县平王乡某村村民。R 县人民政府于 2021 年 2 月、5 月先后发布《土地征收启动公告》《征地补偿安

---

① 2022 年 1 月 19 日河北省雄安新区中级人民法院发布的"雄安新区行政审判十大典型案例"之四。

置方案公告》，拟征收该村集体土地。同年5月，董某向R县人民政府申请公开该村土地征收审批手续、征地批文、安置方案、征地现状调查等信息。R县人民政府办公室收到其书面申请后，安排工作人员电话告知其可到R县自然资源局查阅相关文件。董某认为R县人民政府未按照《政府信息公开条例》的规定作出答复。2021年8月，董某以该县人民政府为被告，诉请法院判令公开上述材料并复制后交予其本人。

雄安新区中级人民法院一审认为，2021年4月1日施行的《最高人民法院关于正确确定县级以上地方人民政府行政诉讼被告资格若干问题的规定》规定："县级以上地方人民政府根据《中华人民共和国政府信息公开条例》的规定，指定具体机构负责政府信息公开日常工作，公民、法人或者其他组织对该指定机构以自己名义所作的政府信息公开行为不服提起诉讼的，以该指定机构为被告。"本案中，根据R县人民政府提交的机构改革方案，负责政府信息公开的具体机构系县政府办公室，且县政府办公室自收到董某的申请后，已安排工作人员通知其可到相关部门查阅信息。按照行政法"实体从旧、程序从新"的原则，董某如果对涉案信息的性质、公开的方式和内容等有异议，宜以适格主体为被告向有管辖权的基层人民法院提出，其依法具有另行寻求救济的权利，遂裁定驳回起诉。董某提起上诉后，二审法院以相同理由裁定驳回上诉、维持原裁定。

【案件评析】本案系涉及确认政府信息公开主体的典型案件。政府信息公开是充分尊重和保障公众知情权，监督权力在阳光下运行的重要制度。就公开主体而言，上述司法解释出台之前的法定主体为各级政府及其直属职能部门，通常不含内设办事机构即办公厅（局），之后作出改变。本案中，R县人民政府已对董某的申请作出引导，其宜针对县政府办提出相应主张。人民法院适用新司法解释以主体不适格为由并释明救济路径后裁定驳回起诉，对保护公众知情权具有指导性。实践中，政府信息公开工作本身往往不直接触及当事人的实体权益，但对促进行政机关全过程服务、强化政务公开、打造法治政府具有重要意义。各级行政机关应充分履责，在切实维护老百姓实体权益的同时，亦不可忽视尊重保障其程序权益。

9. 答非所问

【案例】李某某与 W 市高新技术产业开发区清池街道办事处政府信息公开案①

【基本案情】2019 年 8 月 12 日，李某某通过邮政特快专递向 W 市高新技术产业开发区清池街道办事处邮寄政府信息公开申请，申请公开"清池街办西宋棚户区改造项目中对李成志（西宋铸造厂）房屋的评估报告"。2019 年 8 月 19 日，W 市高新技术产业开发区清池街道办事处作出信息公开答复书，告知原告："我机关并非西宋棚户区改造项目铸造厂等安置补偿协议信息的制作和保存部门。您申请的信息在我单位不存在。"同日通过邮政特快专递邮寄原告方。

法院审理后认为，本案中，原告申请公开的信息为西宋庄村棚户区改造项目中对李成志（西宋铸造厂）房屋的评估报告，而被告答复的却是西宋庄村棚户区改造项目铸造厂等安置补偿协议的信息在被告单位不存在，明显答非所问，应视为被告对原告申请公开的信息没有答复。被告应当按照《政府信息公开条例》的相关规定，对原告申请公开的信息重新予以答复。

【案件评析】这是一起典型的答非所问的案例。申请人申请

---

① （2019）鲁 0791 行初 85 号。

的是"……房屋的评估报告",结果被答复机关理解成"安置补偿协议"。实践过程中,申请人不仅仅提交一个申请内容,行政机关需要做到一一对应,避免错答。另外,行政机关不能仅凭自身理解,建议多与申请人沟通,避免答复上的张冠李戴。

10. 答复不全

【案例】胡某某与P市安源区安源镇人民政府信息公开案①

【基本案情】2017年3月13日,胡某某以挂号信方式邮寄给P市安源区安源镇人民政府信息公开申请表,请求书面公开以下信息:(1) 2006年至2016年期间所编制的安源镇集镇总体规划;(2) 2006年至2016年期间所编制的安源镇集镇建设规划;(3) 安源欢乐谷土地租赁协议。2017年4月14日,P市安源区安源镇人民政府向胡某某作出如下书面答复意见:"(1)关于你提交的《政府信息公开申请表》所申请公开的第1项内容,本府现将相关信息向你书面公开……"

二审法院审理后认为,被上诉人针对上诉人申请公开的第一项信息"2006年至2016年期间所编制的安源镇集镇总体规划"向上诉人提供了P市安源区安源镇总体规划用地布局图(2010—2030)。经查,《城乡规划法》第17条规定:"城市总体规划、镇总体规划的内容应当包括:城市、镇的发展布局,功能分区,用地布局,综合交通体系,禁止、限制和适宜建设的地域范围,各类专项规划等。规划区范围、规划区内建设用地规模、基础设施和公共服务设施用地、水源地和水系、基本农田和绿化用地、环境保护、自然与历史文化遗产保护以及防灾减灾等内容,应当作

---

① (2017)赣03行终57号。

为城市总体规划、镇总体规划的强制性内容。城市总体规划、镇总体规划的规划期限一般为二十年。城市总体规划还应当对城市更长远的发展作出预测性安排。"被上诉人对第一项信息公开申请仅提供用地布局图，未提供镇总体规划的其他内容或作出说明，被上诉人关于上诉人第一项申请的答复不全面，应重新作出答复。

【案件评析】遇到申请人申请内容较多时，行政机关应当对申请内容进行拆分，做到一申请一答复。一申请一答复既可以通过一个告知书，也可以通过多个告知书予以答复处理。不管如何答复，行政机关都应避免漏答。

11. 提供信息不全

【案例】范某某1与上海市某区人民政府信息公开案①

【基本案情】2020年6月23日，上海市某区人民政府收到申请人范某某1提出的政府信息公开申请，范某某1要求获取"上海市某区人民政府对杨树浦路XX弄XX号出具的限期搬迁通知书的信息"。经审查，所申请的公开信息属于政府信息公开范围。某区人民政府据此依据《政府信息公开条例》第36条第（2）项和《上海市政府信息公开规定》第38条第（2）项的规定，作出系争《告知书》，告知申请人上述情况，并将范某某2、范某某1户《限期搬迁通知书》（〔2016〕杨府房征补执通字第26号）提供给申请人。本案中，申请人认为被申请人提供的信息不全。

复议机关审理后认为，杨树浦路XX弄XX号房屋共有三层，被申请人曾对每一层住户分别发出1份《限期搬迁通知书》（〔2016〕杨府房征补执通字第19、20、26号），均属于申请人申

---

① 沪府复字（2020）第313号。

请获取信息的范围。被申请人经审查认为系争信息属于政府信息，但仅提供了《限期搬迁通知书》（〔2016〕杨府房征补执通字第 26 号），提供的信息不全，属认定事实不清，应予纠正。

【案件评析】行政机关虽然作出了同意公开答复，但是却存在提供信息不全面的问题。今后工作中需要避免。

12. 政府信息提供的形式

（1）盖骑缝章并非提供政府信息的法定形式

【案例】杨某某诉新密市人民政府信息公开案[①]

【基本案情】2016 年 6 月 30 日，杨某某向新密市政府邮寄《政府信息公开申请书》，请求提供 2013 年 11 月 19 日新密政复决字〔2013〕3 号行政复议决定审批表，加盖新密市政府公章，签上经办人的姓名，并注明日期。2016 年 7 月 14 日，新密市政府作出本案被诉《政府信息公开申请答复书》。2016 年 7 月 18 日，杨某某的代理人签收该答复书。杨某某不服，提起行政诉讼，请求撤销 2016 年 7 月 14 日新密市政府法制办公室给杨某某的《政府信息公开申请答复书》，继续讨要 2013 年 11 月 19 日新密政复决字〔2013〕3 号新密市政府行政复议决定审批表，签上"情况属实"，注明日期，并加盖新密市政府红色公章。

最高人民法院最终认为，公民、法人或者其他组织向行政机关提出政府信息公开申请，向人民法院提起政府信息公开诉讼，目的通常是为了获取有关政府信息。但在本案中，根据一审法院查明的事实，再审申请人杨某某早在 2014 年其诉新密市政府行政复议决定一案审理过程中就已通过诉讼案卷查阅复制方式取得其在本案中所要求公开的行政复议决定审批表。在已经获取相关

---

① （2018）最高法行申 1579 号。

信息的情况下仍然提出公开申请,在性质上属于"重复申请",至少在效果上相当于"重复申请"。要求行政机关在其已经掌握的政府信息上加盖公章、签上经办人姓名、注明日期等,并非《政府信息公开条例》所规定的政府信息公开的方式和形式,甚至不属于政府信息公开范畴。行政机关对此予以拒绝,不构成不履行政府信息公开法定职责。

【案件评析】要求行政机关在其已经掌握的政府信息上加盖公章、签上经办人姓名、注明日期等,并非《政府信息公开条例》所规定的政府信息公开的方式和形式,甚至不属于政府信息公开范畴。行政机关对此予以拒绝,不构成不履行政府信息公开法定职责。2020年,《国务院办公厅政府信息与政务公开办公室关于转发〈江苏省政府信息公开申请办理答复规范〉的函》(国办公开办函〔2020〕2号)对此进行了明确。当中提到,行政机关依申请公开政府信息,应当根据申请人的要求及行政机关保存政府信息的实际情况,确定提供政府信息的具体形式(包括纸质、电子文档等,不包括申请人提出的"盖骑缝章""每页加盖印章"等形式),当面提供、邮政寄送或者电子发送给申请人。2007年的《政府信息公开条例》确定了依申请提供政府信息应当"以申请人指定的形式为原则,以法律规定的其他形式为例外"的原则。但是2019年修订后的《政府信息公开条例》第40条规定:"行政机关依申请公开政府信息,应当根据申请人的要求及行政机关保存政府信息的实际情况,确定提供政府信息的具体形式;按照申请人要求的形式提供政府信息,可能危及政府信息载体安全或者公开成本过高的,可以通过电子数据以及其他适当形式提供,或者安排申请人查阅、抄录相关政府信息。"新的规定体现的原则是根据申请人的要求及行政机关保存政府信息的实际情况,最终确定提供政府信息的具体形式。

(2) 安排现场查阅的情形

【案例】占某某诉杭州市滨江区
人民政府信息公开案[①]

【基本案情】2019年7月24日,原告占某某向被告滨江区人民政府提交《政府信息公开申请表》,所需信息的内容描述为"马湖社区整村拆迁项目全部被补偿安置户的补偿安置档案。包括每户的户籍人口材料、土地房屋材料、《补偿安置协议》、《滨江区农转居拆迁安置房申购表》及审批意见、《购房协议》等相关材料档案",所需信息的用途描述为"了解情况"。2019年9月18日,滨江区人民政府作出杭滨信告〔2019〕39号《政府信息公开告知书》,内容为:"1. 经审查,你所要求的第一、二、三项信息,本机关非公开义务人。因此建议你向滨江区西兴街道办事处咨询或申请,联系电话:xxx。2. 经审查,你所要求的第四项信息中涉及你户的《滨江区农转居拆迁安置房申购表》及审批意见属于公开范围,现提供予你(具体详见附件占某某户《滨江区农转居拆迁安置房申购表》);马湖社区剩下其他户的《滨江区农转居拆迁安置房申购表》及审批意见涉及第三方个人隐私等合法权益,因此不予公开。另本着便民原则,将马湖社区427户的《农转居拆迁安置房申购资料情况表》(此份材料涵盖了马湖社区每户的基本安置情况)提供予你。3. 经审查,你所要求的第五项信息中涉及你户的购房协议属于公开范围,现提供予你〔具体详见附件中占某某户《购房协议书》(滨农宅顺序号〔2018-1099〕号)〕;马湖社区剩下其他户的购房协议涉及第三方个人隐私等合法权益,因此不予公开。"

---

① (2021)浙行终48号。

法院审理后认为，本案上诉人占某某申请公开的涉案信息涉及被补偿安置户多达数百户，且每户所涉《滨江区农转居拆迁安置房申购表》及审批意见、《购房协议》等相关材料散见于各户补偿安置档案。被上诉人滨江区人民政府如直接全部归集成档并复制提供给占某某，公开成本明显过高。在此情况下，由占某某前往指定地点进行现场查阅，符合法律规定和案件实际情况。一审判决也已明确占某某可抄录、复制其需要的信息，能够满足占某某申请政府信息公开的用途。据此，被诉政府信息公开答复并无不当。

【案件评析】在公开成本明显过高的情况下，行政机关要求通过现场查阅的方式能够满足原告申请政府信息公开的用途，符合法律规定。行政机关在告知可以现场查阅的同时，还有必要明确是否允许申请人依法进行抄录或复制，避免双方对公开方式产生争议。

13. 顺丰寄送信息公开答复书违法

【案例】耿某某与 G 市物价局政府信息公开案[①]

【基本案情】耿某某于 2017 年 3 月 14 日向 G 市物价局邮寄《关于要求公开 G 市东方御景小区商品房备案价格的申请》。G 市物价局于同年 3 月 23 日通过顺丰速运公司向耿某某寄送《关于申请信息公开的答复》，该答复书面告知耿某某其申请公开的信息可到 G 市物价局网站查询或到 G 市物价局复印取得。

上诉法院审理后认为，首先，G 市物价局未能完全履行其法定职责。这是因为：一方面，G 市物价局向一审法院提供的邮递单、签收单以及顺丰速运公司的情况说明，均不能有效地证明耿某某已经收到该邮件，且耿某某亦否认其收到该邮件；另一方面，在二审中，为查明该邮件的投递情况，法院曾于 2018 年 5

---

① （2018）苏 10 行终 51 号。

月12日向扬州顺丰速运有限公司进行书面函询，试图了解该邮件是否已由耿某某签收，但函询的口头答复是不能确认耿某某已经收到该邮件。其次，《国务院办公厅政府信息与政务公开办公室关于政府信息公开处理决定送达问题的解释》（国办公开办函〔2016〕235号）第一条、第二条规定："行政机关作出的信息公开处理决定，是正式的国家公文，应当以权威、规范的方式依法送达申请人。参照有关法律规定，送达方式包括直接送达、委托其他行政机关代为送达和邮寄送达。采取邮寄送达方式送达的，根据《邮政法》第55条的规定，以及我国国家公文邮寄送达实际做法，应当通过邮政企业送达，不得通过不具有国家公文寄送资格的其他快递企业送达。"本案中，G市物价局通过顺丰速运邮寄送达信息公开处理决定，不符合上述解释的要求。

【案件评析】（1）行政机关作出的信息公开处理决定，是正式的国家公文，行政机关应当将其以权威、规范的方式依法送达申请人。参照有关法律的规定，送达方式包括直接送达、委托其他行政机关代为送达和邮寄送达。（2）采取邮寄送达方式送达的，行政机关应当依照《邮政法》第55条的规定，通过邮政企业送达，不得通过不具有国家公文寄送资格的其他快递企业送达。

思考题

1. 名词解释

逾期答复　答非所问

2. 简答题

简述政府信息公开案件的分析思路。

3. 论述题

论述政府信息公开典型案例对优化本单位申请办理实践的启发。

附录
中华人民共和国政府信息公开条例

(2007年4月5日中华人民共和国国务院令第492号公布 2019年4月3日中华人民共和国国务院令第711号修订)

第一章 总 则

第一条 为了保障公民、法人和其他组织依法获取政府信息，提高政府工作的透明度，建设法治政府，充分发挥政府信息对人民群众生产、生活和经济社会活动的服务作用，制定本条例。

第二条 本条例所称政府信息，是指行政机关在履行行政管理职能过程中制作或者获取的，以一定形式记录、保存的信息。

第三条 各级人民政府应当加强对政府信息公开工作的组织领导。

国务院办公厅是全国政府信息公开工作的主管部门，负责推进、指导、协调、监督全国的政府信息公开工作。

县级以上地方人民政府办公厅（室）是本行政区域的政府信息公开工作主管部门，负责推进、指导、协调、监督本行政区域的政府信息公开工作。

实行垂直领导的部门的办公厅（室）主管本系统的政府信息公开工作。

第四条 各级人民政府及县级以上人民政府部门应当建立健

全本行政机关的政府信息公开工作制度,并指定机构(以下统称政府信息公开工作机构)负责本行政机关政府信息公开的日常工作。

政府信息公开工作机构的具体职能是:

(一)办理本行政机关的政府信息公开事宜;

(二)维护和更新本行政机关公开的政府信息;

(三)组织编制本行政机关的政府信息公开指南、政府信息公开目录和政府信息公开工作年度报告;

(四)组织开展对拟公开政府信息的审查;

(五)本行政机关规定的与政府信息公开有关的其他职能。

第五条 行政机关公开政府信息,应当坚持以公开为常态、不公开为例外,遵循公正、公平、合法、便民的原则。

第六条 行政机关应当及时、准确地公开政府信息。

行政机关发现影响或者可能影响社会稳定、扰乱社会和经济管理秩序的虚假或者不完整信息的,应当发布准确的政府信息予以澄清。

第七条 各级人民政府应当积极推进政府信息公开工作,逐步增加政府信息公开的内容。

第八条 各级人民政府应当加强政府信息资源的规范化、标准化、信息化管理,加强互联网政府信息公开平台建设,推进政府信息公开平台与政务服务平台融合,提高政府信息公开在线办理水平。

第九条 公民、法人和其他组织有权对行政机关的政府信息公开工作进行监督,并提出批评和建议。

第二章 公开的主体和范围

第十条 行政机关制作的政府信息,由制作该政府信息的行政机关负责公开。行政机关从公民、法人和其他组织获取的政府信息，由保存该政府信息的行政机关负责公开；行政机关获取的其他行政机关的政府信息，由制作或者最初获取该政府信息的行政机关负责公开。法律、法规对政府信息公开的权限另有规定的，从其规定。

行政机关设立的派出机构、内设机构依照法律、法规对外以自己名义履行行政管理职能的，可以由该派出机构、内设机构负责与所履行行政管理职能有关的政府信息公开工作。

两个以上行政机关共同制作的政府信息，由牵头制作的行政机关负责公开。

第十一条 行政机关应当建立健全政府信息公开协调机制。行政机关公开政府信息涉及其他机关的，应当与有关机关协商、确认，保证行政机关公开的政府信息准确一致。

行政机关公开政府信息依照法律、行政法规和国家有关规定需要批准的，经批准予以公开。

第十二条 行政机关编制、公布的政府信息公开指南和政府信息公开目录应当及时更新。

政府信息公开指南包括政府信息的分类、编排体系、获取方式和政府信息公开工作机构的名称、办公地址、办公时间、联系电话、传真号码、互联网联系方式等内容。

政府信息公开目录包括政府信息的索引、名称、内容概述、生成日期等内容。

第十三条 除本条例第十四条、第十五条、第十六条规定的政府信息外，政府信息应当公开。

行政机关公开政府信息，采取主动公开和依申请公开的方式。

第十四条 依法确定为国家秘密的政府信息，法律、行政法规禁止公开的政府信息，以及公开后可能危及国家安全、公共安全、经济安全、社会稳定的政府信息,不予公开。

第十五条 涉及商业秘密、个人隐私等公开会对第三方合法权益造成损害的政府信息,行政机关不得公开。但是,第三方同意公开或者行政机关认为不公开会对公共利益造成重大影响的,予以公开。

第十六条 行政机关的内部事务信息,包括人事管理、后勤管理、内部工作流程等方面的信息,可以不予公开。

行政机关在履行行政管理职能过程中形成的讨论记录、过程稿、磋商信函、请示报告等过程性信息以及行政执法案卷信息,可以不予公开。法律、法规、规章规定上述信息应当公开的,从其规定。

第十七条 行政机关应当建立健全政府信息公开审查机制,明确审查的程序和责任。

行政机关应当依照《中华人民共和国保守国家秘密法》以及其他法律、法规和国家有关规定对拟公开的政府信息进行审查。

行政机关不能确定政府信息是否可以公开的,应当依照法律、法规和国家有关规定报有关主管部门或者保密行政管理部门确定。

第十八条 行政机关应当建立健全政府信息管理动态调整机制,对本行政机关不予公开的政府信息进行定期评估审查,对因情势变化可以公开的政府信息应当公开。

第三章 主 动 公 开

第十九条 对涉及公众利益调整、需要公众广泛知晓或者需要公众参与决策的政府信息,行政机关应当主动公开。

第二十条　行政机关应当依照本条例第十九条的规定，主动公开本行政机关的下列政府信息：

（一）行政法规、规章和规范性文件；

（二）机关职能、机构设置、办公地址、办公时间、联系方式、负责人姓名；

（三）国民经济和社会发展规划、专项规划、区域规划及相关政策；

（四）国民经济和社会发展统计信息；

（五）办理行政许可和其他对外管理服务事项的依据、条件、程序以及办理结果；

（六）实施行政处罚、行政强制的依据、条件、程序以及本行政机关认为具有一定社会影响的行政处罚决定；

（七）财政预算、决算信息；

（八）行政事业性收费项目及其依据、标准；

（九）政府集中采购项目的目录、标准及实施情况；

（十）重大建设项目的批准和实施情况；

（十一）扶贫、教育、医疗、社会保障、促进就业等方面的政策、措施及其实施情况；

（十二）突发公共事件的应急预案、预警信息及应对情况；

（十三）环境保护、公共卫生、安全生产、食品药品、产品质量的监督检查情况；

（十四）公务员招考的职位、名额、报考条件等事项以及录用结果；

（十五）法律、法规、规章和国家有关规定规定应当主动公开的其他政府信息。

第二十一条　除本条例第二十条规定的政府信息外，设区的市级、县级人民政府及其部门还应当根据本地方的具体情况，主动公开涉及市政建设、公共服务、公益事业、土地征收、房屋征收、治安管理、社会救助等方面的政府信息；乡（镇）人民政府还应当根据本地方的具体情况，主动公开贯彻落实农业农村政策、农田水利工程建设运营、农村土地承包经营权流转、宅基地使用情况审核、土地征收、房屋征收、筹资筹劳、社会救助等方面的政府信息。

第二十二条　行政机关应当依照本条例第二十条、第二十一条的规定，确定主动公开政府信息的具体内容，并按照上级行政机关的部署，不断增加主动公开的内容。

第二十三条　行政机关应当建立健全政府信息发布机制，将主动公开的政府信息通过政府公报、政府网站或者其他互联网政务媒体、新闻发布会以及报刊、广播、电视等途径予以公开。

第二十四条　各级人民政府应当加强依托政府门户网站公开政府信息的工作，利用统一的政府信息公开平台集中发布主动公开的政府信息。政府信息公开平台应当具备信息检索、查阅、下载等功能。

第二十五条　各级人民政府应当在国家档案馆、公共图书馆、政务服务场所设置政府信息查阅场所，并配备相应的设施、设备，为公民、法人和其他组织获取政府信息提供便利。

行政机关可以根据需要设立公共查阅室、资料索取点、信息公告栏、电子信息屏等场所、设施，公开政府信息。

行政机关应当及时向国家档案馆、公共图书馆提供主动公开的政府信息。

第二十六条　属于主动公开范围的政府信息，应当自该政府信息形成或者变更之日起20个工作日内及时公开。法律、法规对政府信息公开的期限另有规定的，从其规定。

第四章 依申请公开

第二十七条 除行政机关主动公开的政府信息外,公民、法人或者其他组织可以向地方各级人民政府、对外以自己名义履行行政管理职能的县级以上人民政府部门(含本条例第十条第二款规定的派出机构、内设机构)申请获取相关政府信息。

第二十八条 本条例第二十七条规定的行政机关应当建立完善政府信息公开申请渠道,为申请人依法申请获取政府信息提供便利。

第二十九条 公民、法人或者其他组织申请获取政府信息的,应当向行政机关的政府信息公开工作机构提出,并采用包括信件、数据电文在内的书面形式;采用书面形式确有困难的,申请人可以口头提出,由受理该申请的政府信息公开工作机构代为填写政府信息公开申请。

政府信息公开申请应当包括下列内容:

(一)申请人的姓名或者名称、身份证明、联系方式;

(二)申请公开的政府信息的名称、文号或者便于行政机关查询的其他特征性描述;

(三)申请公开的政府信息的形式要求,包括获取信息的方式、途径。

第三十条 政府信息公开申请内容不明确的,行政机关应当给予指导和释明,并自收到申请之日起7个工作日内一次性告知申请人作出补正,说明需要补正的事项和合理的补正期限。答复期限自行政机关收到补正的申请之日起计算。申请人无正当理由逾期不补正的,视为放弃申请,行政机关不再处理该政府信息公开申请。

第三十一条 行政机关收到政府信息公开申请的时间，按照下列规定确定：

（一）申请人当面提交政府信息公开申请的，以提交之日为收到申请之日；

（二）申请人以邮寄方式提交政府信息公开申请的，以行政机关签收之日为收到申请之日；以平常信函等无需签收的邮寄方式提交政府信息公开申请的，政府信息公开工作机构应当于收到申请的当日与申请人确认，确认之日为收到申请之日；

（三）申请人通过互联网渠道或者政府信息公开工作机构的传真提交政府信息公开申请的，以双方确认之日为收到申请之日。

第三十二条 依申请公开的政府信息公开会损害第三方合法权益的，行政机关应当书面征求第三方的意见。第三方应当自收到征求意见书之日起15个工作日内提出意见。第三方逾期未提出意见的，由行政机关依照本条例的规定决定是否公开。第三方不同意公开且有合理理由的，行政机关不予公开。行政机关认为不公开可能对公共利益造成重大影响的，可以决定予以公开，并将决定公开的政府信息内容和理由书面告知第三方。

第三十三条 行政机关收到政府信息公开申请，能够当场答复的，应当当场予以答复。

行政机关不能当场答复的，应当自收到申请之日起20个工作日内予以答复；需要延长答复期限的，应当经政府信息公开工作机构负责人同意并告知申请人，延长的期限最长不得超过20个工作日。

行政机关征求第三方和其他机关意见所需时间不计算在前款规定的期限内。

第三十四条 申请公开的政府信息由两个以上行政机关共同

制作的，牵头制作的行政机关收到政府信息公开申请后可以征求相关行政机关的意见，被征求意见机关应当自收到征求意见书之日起15个工作日内提出意见，逾期未提出意见的视为同意公开。

第三十五条　申请人申请公开政府信息的数量、频次明显超过合理范围，行政机关可以要求申请人说明理由。行政机关认为申请理由不合理的，告知申请人不予处理；行政机关认为申请理由合理，但是无法在本条例第三十三条规定的期限内答复申请人的，可以确定延迟答复的合理期限并告知申请人。

第三十六条　对政府信息公开申请，行政机关根据下列情况分别作出答复：

（一）所申请公开信息已经主动公开的，告知申请人获取该政府信息的方式、途径；

（二）所申请公开信息可以公开的，向申请人提供该政府信息，或者告知申请人获取该政府信息的方式、途径和时间；

（三）行政机关依据本条例的规定决定不予公开的，告知申请人不予公开并说明理由；

（四）经检索没有所申请公开信息的，告知申请人该政府信息不存在；

（五）所申请公开信息不属于本行政机关负责公开的，告知申请人并说明理由；能够确定负责公开该政府信息的行政机关的，告知申请人该行政机关的名称、联系方式；

（六）行政机关已就申请人提出的政府信息公开申请作出答复、申请人重复申请公开相同政府信息的，告知申请人不予重复处理；

（七）所申请公开信息属于工商、不动产登记资料等信息，有关法律、行政法规对信息的获取有特别规定的，告知申请人依照有关法律、行政法规的规定办理。

第三十七条　申请公开的信息中含有不应当公开或者不属于政府信息的内容，但是能够作区分处理的，行政机关应当向申请人提供可以公开的政府信息内容，并对不予公开的内容说明理由。

第三十八条　行政机关向申请人提供的信息，应当是已制作或者获取的政府信息。除依照本条例第三十七条的规定能够作区分处理的外，需要行政机关对现有政府信息进行加工、分析的，行政机关可以不予提供。

第三十九条　申请人以政府信息公开申请的形式进行信访、投诉、举报等活动，行政机关应当告知申请人不作为政府信息公开申请处理并可以告知通过相应渠道提出。

申请人提出的申请内容为要求行政机关提供政府公报、报刊、书籍等公开出版物的，行政机关可以告知获取的途径。

第四十条　行政机关依申请公开政府信息，应当根据申请人的要求及行政机关保存政府信息的实际情况，确定提供政府信息的具体形式；按照申请人要求的形式提供政府信息，可能危及政府信息载体安全或者公开成本过高的，可以通过电子数据以及其他适当形式提供，或者安排申请人查阅、抄录相关政府信息。

第四十一条　公民、法人或者其他组织有证据证明行政机关提供的与其自身相关的政府信息记录不准确的，可以要求行政机关更正。有权更正的行政机关审核属实的，应当予以更正并告知申请人；不属于本行政机关职能范围的，行政机关可以转送有权更正的行政机关处理并告知申请人，或者告知申请人向有权更正的行政机关提出。

第四十二条　行政机关依申请提供政府信息，不收取费用。但是，申请人申请公开政府信息的数量、频次明显超过合理范围的，行政机关可以收取信息处理费。

行政机关收取信息处理费的具体办法由国务院价格主管部门会同国务院财政部门、全国政府信息公开工作主管部门制定。

第四十三条 申请公开政府信息的公民存在阅读困难或者视听障碍的，行政机关应当为其提供必要的帮助。

第四十四条 多个申请人就相同政府信息向同一行政机关提出公开申请，且该政府信息属于可以公开的，行政机关可以纳入主动公开的范围。

对行政机关依申请公开的政府信息，申请人认为涉及公众利益调整、需要公众广泛知晓或者需要公众参与决策的，可以建议行政机关将该信息纳入主动公开的范围。行政机关经审核认为属于主动公开范围的，应当及时主动公开。

第四十五条 行政机关应当建立健全政府信息公开申请登记、审核、办理、答复、归档的工作制度，加强工作规范。

第五章　监督和保障

第四十六条 各级人民政府应当建立健全政府信息公开工作考核制度、社会评议制度和责任追究制度，定期对政府信息公开工作进行考核、评议。

第四十七条 政府信息公开工作主管部门应当加强对政府信息公开工作的日常指导和监督检查，对行政机关未按照要求开展政府信息公开工作的，予以督促整改或者通报批评；需要对负有责任的领导人员和直接责任人员追究责任的，依法向有权机关提出处理建议。

公民、法人或者其他组织认为行政机关未按照要求主动公开政府信息或者对政府信息公开申请不依法答复处理的，可以向政府信息公开工作主管部门提出。政府信息公开工作主管部门查证属实的，应当予以督促整改或者通报批评。

第四十八条 政府信息公开工作主管部门应当对行政机关的政府信息公开工作人员定期进行培训。

第四十九条 县级以上人民政府部门应当在每年1月31日前向本级政府信息公开工作主管部门提交本行政机关上一年度政府信息公开工作年度报告并向社会公布。

县级以上地方人民政府的政府信息公开工作主管部门应当在每年3月31日前向社会公布本级政府上一年度政府信息公开工作年度报告。

第五十条 政府信息公开工作年度报告应当包括下列内容：

（一）行政机关主动公开政府信息的情况；

（二）行政机关收到和处理政府信息公开申请的情况；

（三）因政府信息公开工作被申请行政复议、提起行政诉讼的情况；

（四）政府信息公开工作存在的主要问题及改进情况，各级人民政府的政府信息公开工作年度报告还应当包括工作考核、社会评议和责任追究结果情况；

（五）其他需要报告的事项。

全国政府信息公开工作主管部门应当公布政府信息公开工作年度报告统一格式，并适时更新。

第五十一条 公民、法人或者其他组织认为行政机关在政府信息公开工作中侵犯其合法权益的，可以向上一级行政机关或者政府信息公开工作主管部门投诉、举报，也可以依法申请行政复议或者提起行政诉讼。

第五十二条 行政机关违反本条例的规定，未建立健全政府信息公开有关制度、机制的，由上一级行政机关责令改正；情节严重的，对负有责任的领导人员和直接责任人员依法给予处分。

第五十三条 行政机关违反本条例的规定，有下列情形之一的，由上一级行政机关责令改正；情节严重的，对负有责任的领导人员和直接责任人员依法给予处分；构成犯罪的，依法追究刑事责任：

（一）不依法履行政府信息公开职能；

（二）不及时更新公开的政府信息内容、政府信息公开指南和政府信息公开目录；

（三）违反本条例规定的其他情形。

第六章　附　　则

第五十四条 法律、法规授权的具有管理公共事务职能的组织公开政府信息的活动，适用本条例。

第五十五条 教育、卫生健康、供水、供电、供气、供热、环境保护、公共交通等与人民群众利益密切相关的公共企事业单位，公开在提供社会公共服务过程中制作、获取的信息，依照相关法律、法规和国务院有关主管部门或者机构的规定执行。全国政府信息公开工作主管部门根据实际需要可以制定专门的规定。

前款规定的公共企事业单位未依照相关法律、法规和国务院有关主管部门或者机构的规定公开在提供社会公共服务过程中制作、获取的信息，公民、法人或者其他组织可以向有关主管部门或者机构申诉，接受申诉的部门或者机构应当及时调查处理并将处理结果告知申诉人。

第五十六条 本条例自 2019 年 5 月 15 日起施行。

《政府信息公开条例》修订前后条文对照表

标注情况：改变、*新增*、~~删除~~	
修订前	修订后
第一章 总 则	第一章 总 则
第一条 为了保障公民、法人和其他组织依法获取政府信息，提高政府工作的透明度，**促进依法行政**，充分发挥政府信息对人民群众生产、生活和经济社会活动的服务作用，制定本条例。	第一条 为了保障公民、法人和其他组织依法获取政府信息，提高政府工作的透明度，**建设法治政府**，充分发挥政府信息对人民群众生产、生活和经济社会活动的服务作用，制定本条例。
第二条 本条例所称政府信息，是指行政机关在履行**职责**过程中制作或者获取的，以一定形式记录、保存的信息。	第二条 本条例所称政府信息，是指行政机关在履行**行政管理职能**过程中制作或者获取的，以一定形式记录、保存的信息。
第三条 各级人民政府应当加强对政府信息公开工作的组织领导。 　　国务院办公厅是全国政府信息公开工作的主管部门，负责推进、指导、协调、监督全国的政府信息公开工作。 　　县级以上地方人民政府办公厅（室）**或者县级以上地方人民政府确定的其他政府信息公开工作主管部门**负责推进、指导、协调、监督本行政区域的政府信息公开工作。	第三条 各级人民政府应当加强对政府信息公开工作的组织领导。 　　国务院办公厅是全国政府信息公开工作的主管部门，负责推进、指导、协调、监督全国的政府信息公开工作。 　　县级以上地方人民政府办公厅（室）**是本行政区域的政府信息公开工作主管部门**，负责推进、指导、协调、监督本行政区域的政府信息公开工作。 　　*实行垂直领导的部门的办公厅（室）主管本系统的政府信息公开工作。*

(续表)

修 订 前	修 订 后
第四条　各级人民政府及县级以上人民政府部门应当建立健全本行政机关的政府信息公开工作制度，并指定机构（以下统称政府信息公开工作机构）负责本行政机关政府信息公开的日常工作。 　　政府信息公开工作机构的具体职**责**是： 　　（一）**具体承办**本行政机关的政府信息公开事宜； 　　（二）维护和更新本行政机关公开的政府信息； 　　（三）组织编制本行政机关的政府信息公开指南、政府信息公开目录和政府信息公开工作年度报告； 　　（四）对拟公开**的**政府信息**进行保密审查**； 　　（五）本行政机关规定的与政府信息公开有关的其他**职责**。	第四条　各级人民政府及县级以上人民政府部门应当建立健全本行政机关的政府信息公开工作制度，并指定机构（以下统称政府信息公开工作机构）负责本行政机关政府信息公开的日常工作。 　　政府信息公开工作机构的具体职**能**是： 　　（一）**办理**本行政机关的政府信息公开事宜； 　　（二）维护和更新本行政机关公开的政府信息； 　　（三）组织编制本行政机关的政府信息公开指南、政府信息公开目录和政府信息公开工作年度报告； 　　（四）**组织开展**对拟公开的政府信息**的审查**； 　　（五）本行政机关规定的与政府信息公开有关的其他**职能**。
第五条　行政机关公开政府信息，应当遵循公正、公平、便民的原则。	第五条　行政机关公开政府信息，应当**坚持以公开为常态、不公开为例外**，遵循公正、公平、*合法*、便民的原则。
第六条　行政机关应当及时、准确地公开政府信息。行政机关发现影响或者可能影响社会稳定、扰乱社会管理秩序的虚假或者不完整信息的，应当**在其职责范围内**发布准确的政府信息予以澄清。	第六条　行政机关应当及时、准确地公开政府信息。 　　行政机关发现影响或者可能影响社会稳定、扰乱社会*和经济*管理秩序的虚假或者不完整信息的，应当发布准确的政府信息予以澄清。
	第七条　各级人民政府应当积极推进政府信息公开工作，逐步增加政府信息公开的内容。
	第八条　各级人民政府应当加强政府信息资源的规范化、标准化、信息化管理，加强互联网政府信息公开平台建设，推进政府信息公开平台与政务服务平台融合，提高政府信息公开在线办理水平。

(续表)

修 订 前	修 订 后
	第九条　公民、法人和其他组织有权对行政机关的政府信息公开工作进行监督，并提出批评和建议。
第二章　公开的范围	第二章　公开的**主体和**范围
第十七条　行政机关制作的政府信息，由制作该政府信息的行政机关负责公开；行政机关从公民、法人**或者**其他组织获取的政府信息，由保存该政府信息的行政机关负责公开。法律、法规对政府信息公开的权限另有规定，从其规定。	第十条　行政机关制作的政府信息，由制作该政府信息的行政机关负责公开。行政机关从公民、法人和其他组织获取的政府信息，由保存该政府信息的行政机关负责公开；*行政机关获取的其他行政机关的政府信息，由制作或者最初获取该政府信息的行政机关负责公开*。法律、法规对政府信息公开的权限另有规定，从其规定。 *行政机关设立的派出机构、内设机构依照法律、法规对外以自己名义履行行政管理职能的，可以由该派出机构、内设机构负责与所履行行政管理职能有关的政府信息公开工作。* *两个以上行政机关共同制作的政府信息，由牵头制作的行政机关负责公开。*
第七条　行政机关应当建立健全政府信息**发布**协调机制。行政机关**发布**政府信息涉及其他**行政机关**的，应当与有关**行政机关进行沟通**、确认，保证行政机关**发布**的政府信息准确一致。 行政机关**发布**政府信息依照国家有关规定需要批准的，未经批准**不得发布**。	第十一条　行政机关应当建立健全政府信息**公开**协调机制。行政机关**公开**政府信息涉及其他机关的，应当与有关机关**协商**、确认，保证行政机关**公开**的政府信息准确一致。 行政机关**公开**政府信息依照**法律、行政法规和**国家有关规定需要批准的，经批准**予以公开**。
第十九条　行政机关应当编制、公布政府信息公开指南和政府信息公开目录，**并**及时更新。 政府信息公开指南，应当包括政府信息的分类、编排体系、获取方式，政府信息公开工作机构的名称、办公地址、办公时间、联系电话、传真号码，**电子邮箱**等内容。	第十二条　行政机关编制、公布**的**政府信息公开指南和政府信息公开目录应当及时更新。 政府信息公开指南包括政府信息的分类、编排体系、获取方式**和**政府信息公开工作机构的名称、办公地址、办公时间、联系电话、传真号码、**互联网联系方式**等内容。

(续表)

修　订　前	修　订　后
政府信息公开目录,应当包括政府信息的索引、名称、内容概述、生成日期等内容。	政府信息公开目录包括政府信息的索引、名称、内容概述、生成日期等内容。
	第十三条 除本条例第十四条、第十五条、第十六条规定的政府信息外,政府信息应当公开。 行政机关公开政府信息,采取主动公开和依申请公开的方式。
第八条　行政机关公开政府信息,不得危及国家安全、公共安全、经济安全和社会稳定。	**第十四条** 依法确定为国家秘密的政府信息,**法律、行政法规禁止**公开的政府信息,以及公开后可能危及国家安全、公共安全、经济安全、社会稳定的政府信息,不予公开。
原第十四条第四款修订 第十四条第四款　行政机关不得公开涉及国家秘密、商业秘密、个人隐私的政府信息。但是,经权利人同意公开或者行政机关认为不公开**可能**对公共利益造成重大影响的涉及商业秘密、个人隐私的政府信息,可以予以公开。	**第十五条** 涉及商业秘密、个人隐私等公开会对第三方合法权益造成损害的政府信息,行政机关不得公开。但是,第三方同意公开或者行政机关认为不公开会对公共利益造成重大影响的,予以公开。
	第十六条 行政机关的内部事务信息,包括人事管理、后勤管理、内部工作流程等方面的信息,可以不予公开。 行政机关在履行行政管理职能过程中形成的讨论记录、过程稿、磋商信函、请示报告等过程性信息以及行政执法案卷信息,可以不予公开。法律、法规、规章规定上述信息应当公开的,从其规定。
原第十四条第一、二、三款修订 第十四条　行政机关应当建立健全政府信息**发布保密**审查机制,明确审查的程序和责任。 行政机关在公开政府信息前,应当依照《中华人民共和国保守国家秘密	**第十七条** 行政机关应当建立健全政府信息公开审查机制,明确审查的程序和责任。 行政机关应当依照《中华人民共和国保守国家秘密法》以及其他法律、法规和国家有关规定对拟公开的政府信息

(续表)

修 订 前	修 订 后
法》以及其他法律、法规和国家有关规定对拟公开的政府信息进行审查。 　　行政机关**对政府信息不能确定是否可以公开时**，应当依照法律、法规和国家有关规定报有关主管部门或者**同级保密工作**部门确定。	进行审查。 　　行政机关**不能确定**政府信息是否可以公开的，应当依照法律、法规和国家有关规定报有关主管部门或者**保密行政管理**部门确定。
	第十八条　行政机关应当建立健全政府信息管理动态调整机制，对本行政机关不予公开的政府信息进行定期评估审查，对因情势变化可以公开的政府信息应当公开。
	第三章　主动公开
第九条　行政机关对符合下列基本要求之一的政府信息应当主动公开： 　　（一）涉及公民、法人或者其他组织切身利益的； 　　（二）需要社会公众广泛知晓或者参与的； 　　（三）反映本行政机关机构设置、职能、办事程序等情况的； 　　（四）其他依照法律、法规和国家有关规定应当主动公开的。	第十九条　对涉及公众利益调整、需要公众广泛知晓或者需要公众参与决策的政府信息，行政机关应当主动公开。
第十条　县级以上各级人民政府及其部门应当依照本条例第九条的规定，在各自职责范围内确定主动公开的政府信息的具体内容，并重点公开下列政府信息： 　　（一）行政法规、规章和规范性文件； 　　（二）国民经济和社会发展规划、专项规划、区域规划及相关政策； 　　（三）国民经济和社会发展统计信息； 　　（四）财政预算、决算报告； 　　（五）行政事业性收费的项目、依据、标准；	第二十条　行政机关应当依照本条例第十九条的规定，主动公开本行政机关的下列政府信息： 　　（一）行政法规、规章和规范性文件； 　　（二）机关职能、机构设置、办公地址、办公时间、联系方式、负责人姓名； 　　（三）国民经济和社会发展规划、专项规划、区域规划及相关政策； 　　（四）国民经济和社会发展统计信息； 　　（五）办理行政许可和其他对外管理服务事项的依据、条件、程序以及办理结果；

(续表)

修 订 前	修 订 后
（六）政府集中采购项目的目录、标准及实施情况； （七）行政许可的事项、依据、条件、数量、程序、期限以及申请行政许可需要提交的全部材料目录及办理情况； （八）重大建设项目的批准和实施情况； （九）扶贫、教育、医疗、社会保障、促进就业等方面的政策、措施及其实施情况； （十）突发公共事件的应急预案、预警信息及应对情况； （十一）环境保护、公共卫生、安全生产、食品药品、产品质量的监督检查情况。	**（六）实施行政处罚、行政强制的依据、条件、程序以及本行政机关认为具有一定社会影响的行政处罚决定；** （七）**财政预算、决算信息；** （八）**行政事业性收费项目及其依据、标准；** （九）政府集中采购项目的目录、标准及实施情况； （十）重大建设项目的批准和实施情况； （十一）扶贫、教育、医疗、社会保障、促进就业等方面的政策、措施及其实施情况； （十二）突发公共事件的应急预案、预警信息及应对情况； （十三）环境保护、公共卫生、安全生产、食品药品、产品质量的监督检查情况； **（十四）公务员招考的职位、名额、报考条件等事项以及录用结果；** **（十五）法律、法规、规章和国家有关规定规定应当主动公开的其他政府信息。**
第十一条 设区的市级人民政府、县级人民政府及其部门重点公开的政府信息还应当包括下列内容： （一）城乡建设和管理的重大事项； （二）社会公益事业建设情况； （三）征收或者征用土地、房屋拆迁及其补偿、补助费用的发放、使用情况； （四）抢险救灾、优抚、救济、社会捐助等款物的管理、使用和分配情况。 第十二条 乡（镇）人民政府应当依照本条例第九条的规定，在其职责范围内确定主动公开的政府信息的具体内容，并重点公开下列政府信息： （一）贯彻落实国家关于农村工作政策的情况； （二）财政收支、各类专项资金的管理和使用情况；	第二十一条 除本条例第二十条规定的政府信息外，设区的市级、县级人民政府及其部门还应当根据本地方的具体情况，主动公开涉及*市政建设、公共服务、公益事业、土地征收、房屋征收、治安管理、社会救助*等方面的政府信息； 乡（镇）人民政府还应当根据本地方的具体情况，主动公开贯彻落实农业农村政策、*农田水利工程建设运营、农村土地承包经营权流转*、宅基地使用情况审核、土地征收、房屋征收、筹资筹劳、社会救助等方面的政府信息。

311

（续表）

修 订 前	修 订 后
（三）乡（镇）土地利用总体规划、宅基地使用的审核情况； （四）征收或者征用土地、房屋拆迁及其补偿、补助费用的发放、使用情况； （五）乡（镇）的债权债务、筹资筹劳情况； （六）抢险救灾、优抚、救济、社会捐助等款物的发放情况； （七）乡镇集体企业及其他乡镇经济实体承包、租赁、拍卖等情况； ~~（八）执行计划生育政策的情况。~~	
	第二十二条　行政机关应当依照本条例第二十条、第二十一条的规定，确定主动公开政府信息的具体内容，并按照上级行政机关的部署，不断增加主动公开的内容。
第三章　公开的方式和程序	
第十五条　行政机关应当将主动公开的政府信息，通过政府公报、政府网站、新闻发布会以及报刊、广播、电视等便于公众知晓的方式公开。	第二十三条　行政机关应当**建立健全政府信息发布机制**，将主动公开的政府信息通过政府公报、政府网站**或者其他互联网政务媒体**、新闻发布会以及报刊、广播、电视等**途径予以公开**。
	第二十四条　各级人民政府应当加强依托政府门户网站公开政府信息的工作，利用统一的政府信息公开平台集中发布主动公开的政府信息。政府信息公开平台应当具备信息检索、查阅、下载等功能。
第十六条　各级人民政府应当在国家档案馆、公共图书馆设置政府信息查阅场所，并配备相应的设施、设备，为公民、法人或者其他组织获取政府信息提供便利。 行政机关可以根据需要设立公共查阅室、资料索取点、信息公告栏、电子信息屏等场所、设施，公开政府信息。 行政机关应当及时向国家档案馆、公共图书馆提供主动公开的政府信息。	第二十五条　各级人民政府应当在国家档案馆、公共图书馆、**政务服务场所**设置政府信息查阅场所，并配备相应的设施、设备，为公民、法人和其他组织获取政府信息提供便利。 行政机关可以根据需要设立公共查阅室、资料索取点、信息公告栏、电子信息屏等场所、设施，公开政府信息。 行政机关应当及时向国家档案馆、公共图书馆提供主动公开的政府信息。

(续表)

修　订　前	修　订　后
第十八条　属于主动公开范围的政府信息，应当自该政府信息形成或者变更之日起20个工作日内**予以公开**。法律、法规对政府信息公开的期限另有规定的，从其规定。	第二十六条　属于主动公开范围的政府信息，应当自该政府信息形成或者变更之日起20个工作日内**及时**公开。法律、法规对政府信息公开的期限另有规定的，从其规定。
	第四章　依申请公开
第十三条　除**本条例第九条、第十条、第十一条、第十二条规定的行政机关主动公开的政府信息外**，公民、法人或者其他组织**还可以**根据自身生产、生活、科研等特殊需要，向国务院部门、地方各级人民政府及县级以上地方人民政府部门申请获取相关政府信息。	第二十七条　除行政机关主动公开的政府信息外，公民、法人或者其他组织可以**向地方各级人民政府、对外以自己名义履行行政管理职能的县级以上人民政府部门(含本条例第十条第二款规定的派出机构、内设机构)**申请获取相关政府信息。
	第二十八条　本条例第二十七条规定的行政机关应当建立完善政府信息公开申请渠道，为申请人依法申请获取政府信息提供便利。
第二十条　公民、法人或者其他组织依照本条例第十三条规定向行政机关申请获取政府信息的，应当采用书面形式（包括数据电文形式）；采用书面形式确有困难的，申请人可以口头提出，由受理该申请的**行政机关**代为填写政府信息公开申请。 政府信息公开申请应当包括下列内容： （一）申请人的姓名或者名称、联系方式； （二）申请公开的政府信息的**内容描述**； （三）申请公开的政府信息的形式要求。	第二十九条　公民、法人或者其他组织申请获取政府信息的，应当向行政机关的政府信息公开工作机构提出，并采用包括信件、数据电文在内的书面形式；采用书面形式确有困难的，申请人可以口头提出，由受理该申请的**政府信息公开工作机构**代为填写政府信息公开申请。 政府信息公开申请应当包括下列内容： （一）申请人的姓名或者名称、**身份证明**、联系方式； （二）申请公开的政府信息的**名称、文号或者便于行政机关查询的其他特征性**描述； （三）申请公开的政府信息的形式要求，**包括获取信息的方式、途径**。

(续表)

修 订 前	修 订 后
原第二十一条第（四）项修订 　　第二十一条　对申请公开的政府信息，行政机关根据下列情况分别作出答复： 　　（四）申请内容不明确的，应当告知申请人作出更改、补充。	第三十条　政府信息公开申请内容不明确的，行政机关应当给予指导和释明，并自收到申请之日起7个工作日内一次性告知申请人作出补正，说明需要补正的事项和合理的补正期限。答复期限自行政机关收到补正的申请之日起计算。申请人无正当理由逾期不补正的，视为放弃申请，行政机关不再处理该政府信息公开申请。
	第三十一条　行政机关收到政府信息公开申请的时间，按照下列规定确定： 　　（一）申请人当面提交政府信息公开申请的，以提交之日为收到申请之日； 　　（二）申请人以邮寄方式提交政府信息公开申请的，以行政机关签收之日为收到申请之日；以平常信函等无需签收的邮寄方式提交政府信息公开申请的，政府信息公开工作机构应当于收到申请的当日与申请人确认，确认之日为收到申请之日； 　　（三）申请人通过互联网渠道或者政府信息公开工作机构的传真提交政府信息公开申请的，以双方确认之日为收到申请之日。
第二十三条　行政机关认为申请公开的政府信息涉及商业秘密、个人隐私，公开后可能损害第三方合法权益的，应当书面征求第三方的意见；第三方不同意公开的，不得公开。但是，行政机关认为不公开可能对公共利益造成重大影响的，应当予以公开，并将决定公开的政府信息内容和理由书面**通知**第三方。	第三十二条　**依**申请公开的政府信息**公开会**损害第三方合法权益的，行政机关**应当**书面征求第三方的意见。**第三方应当自收到征求意见书之日起15个工作日内提出意见。第三方逾期未提出意见的，由行政机关依照本条例的规定决定是否公开**。第三方不同意公开**且有合理理由的**，行政机关**不予公开**。行政机关认为不公开可能对公共利益造成重大影响的，**可以决定**予以公开，并将决定公开的政府信息内容和理由书面**告知**第三方。

(续表)

修　订　前	修　订　后
第二十四条　行政机关收到政府信息公开申请,能够当场答复的,应当当场予以答复。 　　行政机关不能当场答复的,应当自收到申请之日起 **15** 个工作日内予以答复;**如需**延长答复期限的,应当经政府信息公开工作机构负责人同意,并告知申请人,延长**答复**的期限最长不得超过 **15** 个工作日。 　　申请公开的政府信息涉及第三方权益的,行政机关征求第三方意见所需时间不计算在**本条第二款**规定的期限内。	**第三十三条**　行政机关收到政府信息公开申请,能够当场答复的,应当当场予以答复。 　　行政机关不能当场答复的,应当自收到申请之日起 **20** 个工作日内予以答复;**需要**延长答复期限的,应当经政府信息公开工作机构负责人同意并告知申请人,延长的期限最长不得超过 **20** 个工作日。 　　行政机关征求第三方**和其他机关**意见所需时间不计算在**前款**规定的期限内。
	第三十四条　申请公开的政府信息由两个以上行政机关共同制作的,牵头制作的行政机关收到政府信息公开申请后可以征求相关行政机关的意见,被征求意见机关应当自收到征求意见书之日起 15 个工作日内提出意见,逾期未提出意见的视为同意公开。
	第三十五条　申请人申请公开政府信息的数量、频次明显超过合理范围,行政机关可以要求申请人说明理由。行政机关认为申请理由不合理的,告知申请人不予处理;行政机关认为申请理由合理,但是无法在本条例第三十三条规定的期限内答复申请人的,可以确定延迟答复的合理期限并告知申请人。
第二十一条　对申请公开的政府信息,行政机关根据下列情况分别作出答复: 　　(一)属于公开范围的,应当告知申请人获取该政府信息的方式和途径; 　　(二)属于不予公开范围的,应当告知申请人并说明理由; 　　(三)依法不属于本行政机关公开或者该政府信息不存在的,应当告知申请人,对能够确定该政府信息的公	**第三十六条**　对政府信息公开申请,行政机关根据下列情况分别作出答复: 　　(一)所申请公开信息已经主动公开的,告知申请人获取该政府信息的方式、途径; 　　(二)所申请公开信息可以公开的,向申请人提供该政府信息,或者告知申请人获取该政府信息的方式、途径和时间; 　　(三)行政机关依据本条例的规定决

315

(续表)

修 订 前	修 订 后
开机关的，应当告知申请人该行政机关的名称、联系方式； （四）申请内容不明确的，应当告知申请人作出更改、补充。	定不予公开的，告知申请人不予公开并说明理由； （四）经检索没有所申请公开信息的，告知申请人该政府信息不存在； （五）所申请公开信息不属于本行政机关负责公开的，告知申请人并说明理由；能够确定负责公开该政府信息的行政机关的，告知申请人该行政机关的名称、联系方式； （六）**行政机关已就申请人提出的政府信息公开申请作出答复、申请人重复申请公开相同政府信息的，告知申请人不予重复处理；** （七）**所申请公开信息属于工商、不动产登记资料等信息，有关法律、行政法规对信息的获取有特别规定的，告知申请人依照有关法律、行政法规的规定办理。**
第二十二条　申请公开的政府信息中含有不应当公开的内容，但是能够作区分处理的，行政机关应当向申请人提供可以公开的信息内容。	第三十七条　申请公开的信息中含有不应当公开**或者不属于政府信息**的内容，但是能够作区分处理的，行政机关应当向申请人提供可以公开的**政府信息**内容，**并对不予公开的内容说明理由。**
	第三十八条　行政机关向申请人提供的信息，应当是已制作或者获取的政府信息。除依照本条例第三十七条的规定能够作区分处理的外，需要行政机关对现有政府信息进行加工、分析的，行政机关可以不予提供。
	第三十九条　申请人以政府信息公开申请的形式进行信访、投诉、举报等活动，行政机关应当告知申请人不作为政府信息公开申请处理并可以告知通过相应渠道提出。 　　申请人提出的申请内容为要求行政机关提供政府公报、报刊、书籍等公开出版物的，行政机关可以告知获取的途径。

(续表)

修　订　前	修　订　后
第二十六条　行政机关依申请公开政府信息，应当按照申请人要求的形式予以提供；无法按照申请人要求的形式提供的，可以通过安排申请人查阅相关资料、提供复制件或者其他适当形式提供。	第四十条　行政机关依申请公开政府信息，应当根据申请人的要求**及行政机关保存政府信息的实际情况**，确定提供政府信息的具体形式；按照申请人要求的形式提供政府信息，**可能危及政府信息载体安全或者公开成本过高的**，可以通过电子数据以及其他适当形式提供，或者安排申请人查阅、抄录相关政府信息。
第二十五条　公民、法人或者其他组织向行政机关申请提供与其自身相关的税费缴纳、社会保障、医疗卫生等政府信息的，应当出示有效身份证件或者证明文件。 公民、法人或者其他组织有证据证明行政机关提供的与其自身相关的政府信息记录不准确的，有权要求该行政机关予以更正。该行政机关无权更正的，应当转送有权更正的行政机关处理，并告知申请人。	第四十一条　公民、法人或者其他组织有证据证明行政机关提供的与其自身相关的政府信息记录不准确的，可以要求行政机关更正。有权更正的行政机关审核属实的，应当予以更正并告知申请人；不属于本行政机关职能范围的，行政机关可以转送有权更正的行政机关处理并告知申请人，或者告知申请人向有权更正的行政机关提出。
第二十七条　行政机关依申请提供政府信息，除可以收取检索、复制、邮寄等成本费用外，不得收取其他费用。行政机关不得通过其他组织、个人以有偿服务方式提供政府信息。 行政机关收取检索、复制、邮寄等成本费用的标准由国务院价格主管部门会同国务院财政部门制定。	第四十二条　行政机关依申请提供政府信息，不收取费用。但是，申请人申请公开政府信息的数量、频次明显超过合理范围的，行政机关可以收取信息处理费。 行政机关收取**信息处理费的具体办法**由国务院价格主管部门会同国务院财政部门、**全国政府信息公开工作主管部门**制定。
第二十八条　~~申请公开政府信息的公民确有经济困难的，经本人申请、政府信息公开工作机构负责人审核同意，可以减免相关费用。~~ 申请公开政府信息的公民存在阅读困难或者视听障碍的，行政机关应当为其提供必要的帮助。	第四十三条　申请公开政府信息的公民存在阅读困难或者视听障碍的，行政机关应当为其提供必要的帮助。

(续表)

修 订 前	修 订 后
	第四十四条　多个申请人就相同政府信息向同一行政机关提出公开申请，且该政府信息属于可以公开的，行政机关可以纳入主动公开的范围。 对行政机关依申请公开的政府信息，申请人认为涉及公众利益调整、需要公众广泛知晓或者需要公众参与决策的，可以建议行政机关将该信息纳入主动公开的范围。行政机关经审核认为属于主动公开范围的，应当及时主动公开。
	第四十五条　行政机关应当建立健全政府信息公开申请登记、审核、办理、答复、归档的工作制度，加强工作规范。
第四章　监督和保障	第五章　监督和保障
第二十九条　各级人民政府应当建立健全政府信息公开工作考核制度、社会评议制度和责任追究制度，定期对政府信息公开工作进行考核、评议。	第四十六条　各级人民政府应当建立健全政府信息公开工作考核制度、社会评议制度和责任追究制度，定期对政府信息公开工作进行考核、评议。
第三十条　政府信息公开工作主管部门和监察机关负责对行政机关政府信息公开的实施情况进行监督检查。 第三十三条第一款　公民、法人或者其他组织认为行政机关不依法履行政府信息公开义务的，可以向上级行政机关、监察机关或者政府信息公开工作主管部门举报。收到举报的机关应当予以调查处理。	第四十七条　政府信息公开工作主管部门应当加强对政府信息公开工作的日常指导和监督检查，对行政机关未按照要求开展政府信息公开工作的，予以督促整改或者通报批评；需要对负有责任的领导人员和直接责任人员追究责任的，依法向有权机关提出处理建议。 公民、法人或者其他组织认为行政机关**未按照要求主动公开政府信息或者对政府信息公开申请不依法答复处理的**，可以向政府信息公开工作主管部门提出。政府信息公开工作主管部门查证属实的，应当予以督促整改或者通报批评。
	第四十八条　政府信息公开工作主管部门应当对行政机关的政府信息公开工作人员定期进行培训。

(续表)

修 订 前	修 订 后
第三十一条　各级行政机关应当在每年 3 月 31 日前公布本行政机关的政府信息公开工作年度报告。	第四十九条　县级以上人民政府部门应当在每年 1 月 31 日前向本级政府信息公开工作主管部门提交本行政机关上一年度政府信息公开工作年度报告并向社会公布。 　　县级以上地方人民政府的政府信息公开工作主管部门应当在每年 3 月 31 日前向社会公布本级政府上一年度政府信息公开工作年度报告。
第三十二条　政府信息公开工作年度报告应当包括下列内容： 　　（一）行政机关主动公开政府信息的情况； 　　（二）行政机关**依申请公开政府信息和不予公开政府信息**的情况； 　　~~（三）政府信息公开的收费及减免情况；~~ 　　（四）因政府信息公开申请行政复议、提起行政诉讼的情况； 　　（五）政府信息公开工作存在的主要问题及改进情况； 　　（六）其他需要报告的事项。	第五十条　政府信息公开工作年度报告应当包括下列内容： 　　（一）行政机关主动公开政府信息的情况； 　　（二）行政机关**收到和处理政府信息公开申请**的情况； 　　（三）因政府信息公开工作被申请行政复议、提起行政诉讼的情况； 　　（四）政府信息公开工作存在的主要问题及改进情况，**各级人民政府的政府信息公开工作年度报告还应当包括工作考核、社会评议和责任追究结果情况**； 　　（五）其他需要报告的事项。 　　**全国政府信息公开工作主管部门应当公布政府信息公开工作年度报告统一格式，并适时更新。**
第三十三条第二款 　　公民、法人或者其他组织认为行政机关在政府信息公开工作中**的具体行政行为**侵犯其合法权益的，可以依法申请行政复议或者提起行政诉讼。	第五十一条　公民、法人或者其他组织认为行政机关在政府信息公开工作中侵犯其合法权益的，**可以向上一级行政机关或者政府信息公开工作主管部门投诉、举报**，也可以依法申请行政复议或者提起行政诉讼。
第三十四条　行政机关违反本条例的规定，未建立健全政府信息**发布保密审查机制**的，由监察机关、上一级行政机关责令改正；情节严重的，对**行政机关主要负责人**依法给予处分。	第五十二条　行政机关违反本条例的规定，未建立健全政府信息**公开有关制度、机制**的，由上一级行政机关责令改正；情节严重的，对**负有责任的领导人员和直接责任人员**依法给予处分。

(续表)

修　订　前	修　订　后
第三十五条　行政机关违反本条例的规定，有下列情形之一的，由监察机关或上一级行政机关责令改正；情节严重的，对**行政机关直接负责的主管**人员**和其他**直接责任人员依法给予处分；构成犯罪的，依法追究刑事责任： 　　（一）不依法履行政府信息公开**义务**的； 　　（二）不及时更新公开的政府信息内容、政府信息公开指南和政府信息公开目录**的**； 　　（三）违反规定收取费用的； 　　（四）通过其他组织、个人以有偿服务方式提供政府信息的； 　　（五）公开不应当公开的政府信息的； 　　（六）违反本条例规定的其他行为。	第五十三条　行政机关违反本条例的规定，有下列情形之一的，由上一级行政机关责令改正；情节严重的，对**负有责任的领导**人员和直接责任人员依法给予处分；构成犯罪的，依法追究刑事责任： 　　（一）不依法履行政府信息公开**职能**； 　　（二）不及时更新公开的政府信息内容、政府信息公开指南和政府信息公开目录； 　　（三）违反本条例规定的其他**情形**。
第五章　附　则	第六章　附　则
第三十六条　法律、法规授权的具有管理公共事务职能的组织公开政府信息的活动，适用本条例。	第五十四条　法律、法规授权的具有管理公共事务职能的组织公开政府信息的活动，适用本条例。
第三十七条　教育、医疗卫生、**计划生育**、供水、供电、供气、供热、**环保**、公共交通等与人民群众利益密切相关的公共企事业单位在提供社会公共服务过程中制作、获取的信息的**公开**，参照本条例执行，具体办法由国务院有关主管部门或者机构制定。	第五十五条　教育、**卫生健康**、供水、供电、供气、供热、**环境保护**、公共交通等与人民群众利益密切相关的公共企事业单位，**公开**在提供社会公共服务过程中制作、获取的信息，**依照相关法律、法规和国务院有关主管部门或者机构的规定执行**。全国政府信息公开工作主管部门根据实际需要可以制定专门的规定。 　　**前款规定的公共企事业单位未依照相关法律、法规和国务院有关主管部门或者机构的规定公开在提供社会公共服务过程中制作、获取的信息，公民、法人或者其他组织可以向有关主管部门或者机构申诉，接受申诉的部门或者机构应当及时调查处理并将处理结果告知申诉人。**
第三十八条　本条例自 **2008 年 5 月 1 日**起施行。	第五十六条　本条例自 **2019 年 5 月 15 日**起施行。

参考文献

一、著作

Roberts Alasdair, *Blacked out: Government Secrecy in the Information Age*, Cambridge University Press, 2006.

Xiao Weibing, *Freedom of Information Reform in China: Information Flow Analysis*, Routledge, 2012.

后向东：《〈中华人民共和国政府信息公开条例〉（2019）理解与适用》，中国法制出版社 2019 年版。

王敬波：《五十国信息公开制度概览》，法律出版社 2016 年版。

王敬波：《政府信息公开国际视野与中国发展》，法律出版社 2016 年版。

王学堂：《政府信息公开一本通》，中国法制出版社 2021 年版。

肖卫兵：《新时代政务公开》，复旦大学出版社 2023 年版。

肖卫兵：《政府信息公开热点专题实证研究：针对条例修改》，中国法制出版社 2017 年版。

肖卫兵：《政府信息公开研究多维视角：流通、开放、实证》，中国政法大学出版社 2019 年版。

中国社会科学院国家法治指数研究中心、法学研究所法治指数创新工程项目组：《政府信息公开工作年度报告发布情况评估报告（2019）》，中国社会科学出版社 2019 年版。

二、论文

Blanton Thomas, *The Openness Revolution: The Rise of a Global Movement for Freedom of Information*, Development Dialogue, 2002（1）.

Xiao Weibing, *China's Limited Push Model of FOI Legislation*, Government Information Quarterly, 2010（3）.

崔晓东：《政府信息公开保密审查的功能、特点和范围》，《保密工作》2018 年第 10 期。

段尧清、周密、尚婷：《我国政府信息公开态势及其调控策略研究：基于 2008—2018 年国务院部门政府信息公开年报分析》，《现代情报》2020 年第 8 期。

费丽芳：《政府信息依申请公开实证分析：以浙江省 11 个市政府为例》，《浙江社会科学》2010 年第 10 期。

耿宝建、周觅：《新条例制度环境下政府信息公开诉讼的变化探析》，《中国行政管理》2020 年第 2 期。

郭泰和：《立法扩展与实践局限：公共企事业单位信息公开诉讼的路径选择》，《行政法学研究》2014 年第 3 期。

后向东、赵建基：《准确理解和适用政府信息公开行政复议案件审理规范》，《中国司法》2022 年第 1 期。

后向东：《构建新时代中国特色政府信息公开制度》，《中国行政管理》2018 年第 5 期。

后向东：《论我国政府信息公开制度变革中的若干重大关系》，《中国行政管理》2017 年第 7 期。

后向东：《论我国政府信息公开制度变革中的若干重大问题》，《行政法学研究》2017 年第 5 期。

后向东：《论政府信息公开处理决定类型化》，《行政法学研究》2019 年第 4 期。

后向东：《美国 2016 年〈信息自由法〉改革法案述评》，《电子政务》2016 年第 10 期。

蒋红珍：《从"知的需要"到"知的权利"：政府信息依申请公开制度的困境及其超越》，《政法论坛》2012 年第 6 期。

李广宇、耿宝建、周觅：《政府信息公开非正常申请案件的现状与对策》，《人民司法》2015 年第 15 期。

李广宇：《反信息公开行政诉讼问题研究》，《法律适用》2007 年第 8 期。

吕艳滨：《如何理解依申请公开中的政府信息概念》，《中国行政管理》

2012年第8期。

马怀德：《行政基本法典模式、内容与框架》，《政法论坛》2022年第3期。

王敬波：《政府信息公开中的公共利益衡量》，《中国社会科学》2014年第9期。

王军：《信息公开收费制度的立法完善》，《上海政法学院学报》2016年第2期。

王锡锌：《滥用知情权的逻辑及展开》，《法学研究》2017年第6期。

魏成龙、王东帅、魏荣桓：《中国地方政府信息依申请公开问题研究：基于2009—2014年29个省份的数据》，《中国行政管理》2016年第7期。

鲜祖德、王全众、成金璟：《联合国可持续发展目标（SDG）统计监测的进展与思考》，《统计研究》2020年第5期。

肖卫兵、林正海：《政府信息公开查阅中心实证研究：条例第十六条存废之争》，《电子政务》2016年第9期。

肖卫兵：《联合国SDG16.10.2信息公开指标内涵及其落实评述》，《情报杂志》2021年第8期。

肖卫兵：《论便民原则在政府信息公开申请答复中的适用》，《河北法学》2014年第4期。

肖卫兵：《论我国有局限的推出型信息公开法》，《行政法学研究》2010年第3期。

肖卫兵：《论我国政府信息公开例外体系构建完善》，《交大法学》2018年第1期。

肖卫兵：《论信息公开法中的公共利益测试》，《情报杂志》2006年第9期。

肖卫兵：《论政府信息公开例外立法的类别》，《情报理论与实践》2010年第4期。

肖卫兵：《论政府信息公开申请权滥用行为规制》，《当代法学》2015年第5期。

肖卫兵：《论政府信息开发利用的商业模式》，《图书情报工作》2011年第7期。

肖卫兵：《全球信息公开法评级体系评析：兼论针对中国的评估》，《图书情报工作》2012年第20期。

肖卫兵：《上海政府信息公开十年：成就、挑战、前瞻》，《电子政务》2014年第10期。

肖卫兵：《我国政府信息公开处理决定类型化改革效果评析》，《理论与改革》2021年第6期。

肖卫兵：《政府数据开放机制的建立和完善：结合〈政府信息公开条例〉谈起》，《理论探讨》2015年第4期。

亚夫：《发改委价格司副司长许昆林、财政部综合司副司长苑广睿：〈政府信息公开条例〉施行中的收费政策》，《中国商界》2008年第10期。

于文豪、吕富生：《何为滥用政府信息公开申请权——以既有裁判文书为对象的分析》，《行政法学研究》2018年第5期。

邹波、朱婧：《联合国可持续发展目标框架下中国目标数据的可获得性及进程分类研究》，《国际商务研究》2020年第5期。

图书在版编目(CIP)数据

政府信息公开/肖卫兵著. —上海:复旦大学出版社,2023.11
ISBN 978-7-309-16980-5

Ⅰ.①政… Ⅱ.①肖… Ⅲ.①国家行政机关-信息管理-研究-中国 Ⅳ.①D630.1

中国版本图书馆 CIP 数据核字(2023)第 170153 号

政府信息公开
肖卫兵 著
责任编辑/张 炼

复旦大学出版社有限公司出版发行
上海市国权路 579 号 邮编:200433
网址:fupnet@fudanpress.com http://www.fudanpress.com
门市零售:86-21-65102580 团体订购:86-21-65104505
出版部电话:86-21-65642845
上海四维数字图文有限公司

开本 890 毫米×1240 毫米 1/32 印张 10.375 字数 251 千字
2023 年 11 月第 1 版
2023 年 11 月第 1 版第 1 次印刷
印数 1—4 100

ISBN 978-7-309-16980-5/D·1166
定价:50.00 元

如有印装质量问题,请向复旦大学出版社有限公司出版部调换。
版权所有　侵权必究